AF894722

HELMUT KOHL

Die „Verwässerung“ berühmter Kennzeichen

Schriften zum Wirtschaftsrecht

Band 17

Die „Verwässerung“ berühmter Kennzeichen

Von

Dr. Helmut Kohl

DUNCKER & HUMBLOT / BERLIN

Alle Rechte vorbehalten
© 1975 Duncker & Humblot, Berlin 41
Gedruckt 1975 bei Buchdruckerei A. Sayffaerth - E. L. Krohn, Berlin 61
Printed in Germany

ISBN 3 428 03322 1

Inhaltsverzeichnis

Abkürzungen

Die deutschen Abkürzungen folgen den Vorschlägen von *Hildebert Kirchner*, Abkürzungsverzeichnis der Rechtssprache, Berlin, 1957, jene aus dem angelsächsischen Rechtskreis dem Buch A Uniform System of Citation, 11. Aufl., Cambridge, Mass., 1967 (hrsg. v. Columbia Law Review, Harvard Law Review, University of Pennsylvania Law Review und dem Yale Law Journal).

Einige dort nicht aufgeführte oder ungewöhnliche Abkürzungen:

AIPPI	Association Internationale pour la Protection de la Propriété Industrielle
JurA	Juristische Analysen
KJ	Kritische Justiz
Mon. Trib.	Monitore dei Tribunali
ÖBl.	Österreichische Blätter für Gewerblichen Rechtsschutz und Urheberrecht
P.I.	La Propriété Industrielle
Rev. Trim. Dr. Comm.	Revue Trimestrielle de Droit Commercion
R.I.P.I.A.	Revue Internationale de la Propriété Industrielle et Artistique
Riv. Dir. Ind.	Rivista di Diritto Industriale
Schw. Mitt.	Schweizerische Mitteilungen für Gewerblichen Rechtsschutz und Urheberrecht
T.M.R.	Trade Mark Reporter
ZSR	Zeitschrift für Schweizerisches Recht

Einführung

I. Der Spezialitätsgrundsatz

Das Warenzeichenrecht wird vom Grundsatz der Spezialität beherrscht: Meldet ein Unternehmer ein Zeichen zur Eintragung in das Register an, so erwirbt er nur die alleinige Befugnis, solche Waren mit diesem Zeichen zu versehen, die er bei der Anmeldung genau aufgeführt hat (§ 15 WZG). Ein Alleinbenutzungsrecht für andere Warengruppen steht ihm nicht zu.

Das neben dem Benutzungsrecht stehende Verbietungsrecht geht weiter. Durch Widerspruch kann der Zeicheninhaber verhindern, daß identische oder verwechselbare (§ 31 WZG) Zeichen für gleiche oder gleichartige Waren eingetragen werden (§ 5 Abs. 4 WZG). Im gleichen Umfang[1] kann er einen Drittbenutzer auf Unterlassung (§ 24 Abs. 1 WZG), bei schuldhafter Verletzung auf Schadenersatz in Anspruch nehmen. Entsprechende Rechte kann der Ausstattungsinhaber geltend machen (§ 25 WZG)[2].

Jedermann steht es mithin frei, eine Marke, die dem eingetragenen oder benutzten Warenzeichen eines Dritten identisch — oder verwechselbar ähnlich — ist, für ungleichartige Waren anzumelden und zu benutzen. Die Kriterien zur Ermittlung von Warengleichartigkeit[3] und Verwechslungsgefahr[4] sind einem ständigen Wandel unterworfen und in Einzelheiten umstritten. An dieser Stelle genügt es, sie — etwas ungenau — wie folgt zu kennzeichnen:

---

[1] Zwar sind weder Verwechslungsgefahr noch Warengleichartigkeit ausdrücklich in § 24 WZG als Anspruchsvoraussetzungen genannt; aus dem Begriff „widerrechtlich" wird jedoch nach allg. M. eine Verweisung auf § 5 Abs. 4 WZG entnommen (z. B. *v. Gamm*, Rdnr. 9 zu § 24 m. w. Nachw.).

[2] Die Ausstattung wird künftig nur dann noch besonders genannt werden, wenn sich ausnahmsweise für sie Besonderheiten ergeben.

[3] Zu den unterschiedlichen Ansätzen des BPatA einerseits und des BGH andererseits s. z. B. *Munzinger*, GRuR 1964, 186 ff. und *Woesler*, GRuR 1971, 287 ff.; insbes. der „Dolan"-Beschluß des BGH (BGHZ 52, 337) hat zur Frage des Gleichartigkeitsbereichs eine intensive Diskussion entfacht (dazu *Woesler*, a.a.O.; *Krüger-Nieland* in: Wilde-Festschr. S. 83 ff.; *Völp*, WRP 1970, 85 ff.).

[4] Besondere Probleme wirft immer wieder die Frage auf, inwieweit Warennähe und Verwechslungsgefahr einander beeinflussen; s. z. B. BGHZ 50, 77 ff. — „Prospan"; *Baumbach/Hefermehl*, Rdnr. 15 zu § 31 WZG; *Reimer/Trüstedt*, Kap. 15, Rdnr. 26; *Heydt*, Wilde-Festschr. S. 67 ff. mit umfangreichen Nachweisen.

Waren sind gleichartig, wenn sie nach wirtschaftlicher Bedeutung und Verwendungsweise, insbesondere auch hinsichtlich ihrer regelmäßigen Produktions- und Verkaufsstätten so enge Berührungspunkte miteinander besitzen, daß nach Auffassung der beteiligten Verkehrskreise die Meinung entstehen kann, sie entstammten dem gleichen Geschäftsbetrieb[5].

Verwechslungsgefahr besteht, wenn der Verkehr durch die Ähnlichkeit der Zeichen zu der Annahme gelangen kann, die so gekennzeichneten Waren stammten aus demselben Unternehmen (Verwechslungsgefahr im engeren Sinn) oder zwischen den Unternehmen bestünden wirtschaftliche oder vertragliche Beziehungen (Verwechslungsgefahr im weiteren Sinn)[6].

Kennzeichnet beispielsweise ein Getränkehersteller seine Limonade mit der Marke „Astra", so steht es einem Lederfabrikanten frei, Schuhsohlen unter derselben Bezeichnung — oder leicht abgewandelt: „Astar"/„Astral"/„Astro" — in Verkehr zu bringen.

II. Der Sonderschutz berühmter Marken

Der Grundsatz der Spezialität ist unangefochten; Warengleichartigkeit und Verwechslungsgefahr, so heißt es, seien gar „die Säulen", auf denen „der Zeichenschutz beruht"[7].

Gleichermaßen unbestritten ist in der Rechtsprechung jedoch seit Jahrzehnten, daß einer besonderen Kategorie von Marken — außerhalb des Warenzeichenrechts — ein gesteigerter Schutz gewährt werden muß. Die Bezeichnung für diese Sondergruppe wechselte; man nannte sie „Marken von Rang"[8], „Weltmarken"[9], „berühmte Marken"[10], „notorisch bekannte Marken"[11], „Kennzeichen mit überragender Verkehrsgeltung"[12]. Welche Voraussetzungen im einzelnen ein Zeichen erfüllen muß, um in diese Klasse aufzusteigen, wird häufig nicht erörtert; soweit Stellungnahmen vorliegen, differieren sie[13]. Sicher ist aber — insoweit ist sich die h. M.[14] einig —, daß die Verkehrsgeltung dieser besonderen Zeichen diejenige

---

[5] So — mit geringen Variationen — die st. Rspr.; z. B. BGH GRuR 1968, 550 — „Prospan" (insoweit nicht in BGHZ veröffentlicht); BGH GRuR 1959, 25, 26 — „Triumph"; BGHZ 19, 23 — „Magirus".

[6] BGHZ 39, 266, 269 f. — „Sunsweet"; BGH GRuR 1957, 281, 283 — „Karo-As"; *v. Gamm*, Rdnr. 10 - 13 zu § 31 WZG; *Baumbach/Hefermehl*, Rdnr. 12 ff. zu § 31 WZG, jeweils m. w. N.; *Hubmann*, S. 228.

[7] *Baumbach/Hefermehl*, Rdnr. 18 Einleitung zum WZG.

[8] *Mayer*, GRuR 1953, 277.

[9] *Heydt*, GRuR 1952, 321.

[10] *Troller*, Marke, passim.

[11] *Moser v. Filseck* und *Schreiber*, GRuR Al 1952, 70.

[12] So die neuere Rechtsprechung, z. B. BGHZ 28, 327 — „Quick" —.

[13] *Miosga*, Markenschutz, S. 49: „Eine befriedigende Definition der berühmten Marke besteht nicht."

[14] Wenigstens in den letzten Jahrzehnten in Deutschland.

der „notorischen" Marken im Sinne des Art. 6bis der Pariser Verbandsübereinkunft[15] übersteigen muß.

Diese aus der Masse der gewöhnlichen Zeichen herausragenden Marken, wie auch immer sie zu definieren seien, sind nach der Rechtsprechung immun gegen warenzeichenmäßige Verwendung auch für Waren, die ungleichartig sind; darüber hinaus soll jegliche sonstige Drittbenutzung, wenn sie den Interessen des Inhabers zuwiderläuft, untersagt werden können. Auch die gesetzlichen Vorschriften, auf die dieser Rechtsschutz gestützt wurde, wechselten; der Rechtssatz dagegen blieb identisch. Jahrzehntelang sah man in den §§ 1, 16 UWG, 12 und 826 BGB — teils einzeln, teils kumulativ — den Anknüpfungspunkt. Seit der Grundsatzentscheidung des BGH im Rechtsstreit der Illustrierten Quick gegen ihre Konkurrentin „Das Glück"[16] gilt es allgemein[17] als gesichert, daß § 823 Abs. 1 BGB, der Schutz des eingerichteten und ausgeübten Gewerbebetriebes, die Grundlage bildet. Allenfalls kommt, wenn die Marke identisch mit der Firma ist oder aber „Namensfunktion" besitzt, das Unternehmen als Ganzes bezeichnet, § 12 BGB in Frage.

Um zum Ausgangsfall zurückzukehren: Während unser Lederfabrikant unbesorgt „Astra"-Schuhsohlen vertreiben darf, ohne daß der Hersteller der „Astra"-Limonade rechtlich Anlaß zur Klage besäße, ist es ihm versagt, „Coca-Cola"-Sohlen auf den Markt zu bringen. Versuchte er es dennoch, so wären hier nach der herrschenden Doktrin — da jedenfalls dieses Zeichen zur Klasse jener Aristokraten unter den Marken gezählt werden muß — die Inhaber des deutschen „Coca-Cola"-Zeichens berechtigt, ihn nach § 823 Abs. 1 BGB auf Schadenersatz und nach §§ 823 Abs. 1, 1004 BGB auf Unterlassung in Anspruch zu nehmen.

Das Schrifttum hat sich dieser Rechtsprechung mit überwältigender Mehrheit angeschlossen. *Ulmer* war schon 1951 der Ansicht, die letzten Zweifel auf diesem Rechtsgebiet seien — wenigstens vorläufig — beseitigt[18]. Es wird sogar behauptet, dieser Schutz sei gewohnheitsrechtlich gesichert[19]. *Elsaesser*[20] hat die Rechtsprechung und Lehre bis 1959 sorgfältig und überwiegend zutreffend geschildert. Diskussionen, die gele-

---

[15] Hierzu s. die Erläuterungen zu § 4 Abs. II Nr. 5, z. B. *Baumbach/Hefermehl*, Rdnr. 102 f. zu § 4 WZG.

[16] BGHZ 28, 314 ff. — „Quick".

[17] Die Angabe bei *Busse* (Anm. 8 f. zu § 25 WZG), die einschlägige Rechtsnorm sei § 1 UWG, dürfte auf einer mangelnden Überarbeitung der Neuauflage beruhen (wie die h. M. bei Anm. 19,3 zu § 31 WZG); gleichfalls dürfte der Hinweis auf § 1 UWG in BGH GRuR 1965, 671 — „Basoderm" (und bei *Teubner*, S. 11) nur als eine Unachtsamkeit anzusehen sein; kritisch gegenüber § 823 Abs. 1 wohl nur *Storkebaum/Kraft*, Rdnr. 111 zu § 31 WZG und *Deutsch*, JuS 1967, 152.

[18] *Ulmer*, ZHR 114, 42 ff.

[19] Vgl. *Katzenberger*, S. 13 u. 163 f.

[20] *Elsaesser*, Der Rechtsschutz berühmter Marken.

gentlich in der Nachkriegszeit noch aufflackerten, befassen sich nur mit Randproblemen: sollte nicht besser der berühmten Marke als solcher der Schutz als sonstigem Recht im Sinne des § 823 Abs. 1 BGB gewährt werden, ohne daß das Recht am Gewerbebetrieb bemüht werden müßte[21]? Ist eine „Alleinstellung"[22] Voraussetzung für den erweiterten Schutz[23], oder sollte eine Drittbenutzung unschädlich sein, solange nur die betreffende Marke den relevanten Berühmtheitsgrad erreicht[24]?

Grundsätzliche Gegenstimmen sind kaum zu vernehmen. Soweit ersichtlich, wurden in der Nachkriegszeit nur zweimal Zweifel laut: Einmal in einer Fußnote[25], ein anderes Mal beiläufig in einem Satz[26]. Nur von zwei Autoren[27] wurde die Rechtsprechung frontal angegriffen. Der Konsens erscheint als so allgemein, daß der juristische Anfänger ernste Bedenken hegen muß, den Versuch einer kritischen Prüfung zu wagen. Diese Bedenken verstärken sich noch, wenn man über die Grenzen Deutschlands schaut. Trotz einiger Abweichungen im Einzelnen herrscht im Markenrecht aller Industrieländer der Spezialitätsgrundsatz, und dort ebenso — so wird uns in zahlreichen Abhandlungen versichert[28] — werden berühmte Marken kraft richterlicher Rechtsfortbildung außerzeichenrechtlich geschützt. In einigen Rechtsgebieten ist der Schutz sogar gesetzlich verankert worden[29], in weiteren[30] wird dies erwogen. Die deutsche Rechtsprechung wird zudem gelegentlich im Ausland geradezu als beispielhaft dargestellt[31]. Solche Einigkeit herrscht nicht nur auf

---

[21] So *Soergel/Siebert/Zeuner*, Rdnr. 86 zu § 823.

[22] Zum Begriff „Alleinstellung" s. unten Zweites Kapitel III. 1.b).

[23] So überwiegend die Rspr., z. B. BGHZ 15, 107, 111 — „Koma"; 19, 23, 27 — „Magirus"; BGH GRuR 1958, 393 — „Anker"; einschränkend BGH GRuR 1966, 623, 624 — „Kupferberg".

[24] z. B. *Heydt*, GRuR 1959, 30; *Beier*, GRuR 1966, 628.

[25] *Hatzius*, S. 588 Fn. 89 stellt die Erforderlichkeit eines Schutzes — ohne nähere Begründung — in Frage.

[26] *Meyer-Cording* (JZ 1964, 310 f.) regt — ausgehend von seiner These, wirtschaftlich relevante Sachverhalte müßten rechtlich an den Prinzipien der sozialen Marktwirtschaft gemessen werden — an: „Ferner sollte man sich überlegen, ob man wirklich das gewaltige Anwachsen der Warenzeichen und die damit verbundene Monopolisierung von Bezeichnungen noch weiter fördern sollte wie bisher durch Zulassung von Vorrats- und Defensivzeichen, Motiv- und Verwässerungsschutz." (a.a.O., 311).

[27] *Riehle*, Markenrecht und Parallelimport, S. 131, 205; *Deutsch*, JuS 1967, 152 f.

[28] z. B. *Magnin, Protection; Saint/Gal*, GRuR Al 1958, 402 ff.; *Lang*, S. 86 - 108; *Pérot-Morel*, Rev. Trim. Dr. Comm. 1966, 32 - 38.

[29] s. z. B. Art. 13 A-2° des einheitlichen Benelux-Warenzeichengesetzes (s. dazu *Braun*, S. 222); ferner die „Anti-Dilution-Statutes" der US-Staaten Illinois, Georgia, Massachusetts und New York (dazu *Derenberg*, 44 Calif. L. Rev. 439, 451 ff. [1956]).

[30] So in Art. 12 Abs. II des Vorentwurfs eines neuen Schweizerischen Bundesgesetzes betr. den Schutz der Marken.

[31] z. B. *Schechter*, 40 Harv. L. Rev. 813, 831 (1927); *Hearings Before the House Committee on Patents*, 72nd Cong., 1st Sess. 15 (1932) (zit. nach *Derenberg*, 44 Calif. L. Rev. 449 [1956]).

nationaler Ebene, so hört man. Auch international soll die in einem Land berühmte Marke gegen jegliche Benutzung im Ausland geschützt werden. Die internationale Handelskammer (IHK)[32] und die internationale Vereinigung für gewerblichen Rechtsschutz (AIPPI) sind unermüdlich tätig geworden, um eine entsprechende Vorschrift in der PVÜ zu verankern[33]. Nicht an grundsätzlichen Erwägungen, sondern nur an den Bedenken weniger Länder in Definitionsfragen sind diese Bemühungen gescheitert.

Folgt man dem gebräuchlichen Satz, daß eine Regelung, die sich in einer überwältigenden Mehrheit der uns kulturell verwandten Rechtskreise durchgesetzt hat, die Vermutung der „Richtigkeit" in sich trägt[34], so muß der Versuch, den Regelungsgegenstand neu zu überdenken, noch vermessener erscheinen. Dennoch sei er gewagt.

III. Eingrenzung des Themas, Gang der Untersuchung

1. a) Gegenstand der Untersuchung soll allein der Schutz berühmter Marken im deutschen Recht sein. So reizvoll eine eingehende rechtsvergleichende Untersuchung auch wäre — sie muß unterbleiben. Insbesondere Schwierigkeiten bei der Beschaffung ausländischen Materials verbieten eine vergleichende Arbeit. Wenn dennoch gelegentlich ausländische Quellen erwähnt werden, so geschieht dies dort, wo tatsächliche Prämissen und meta-rechtliche Grundsätze behandelt werden, die — wenigstens nach Ansicht der jeweiligen Autoren — universale Geltung beanspruchen.

b) Da Warenzeichen häufig der Firma entlehnt werden und umgekehrt besonders bekannte Zeichen bisweilen nachträglich in die Firma aufgenommen werden[35], wird auch der Schutz berühmter Firmen behandelt werden.

c) Nur der außerzeichenrechtliche (und außerfirmenrechtliche) Schutz berühmter Kennzeichen soll überprüft werden. Ausgeschieden wird damit z. B. die Diskussion über den erweiterten Verwechslungsbereich bekannter oder „starker" Zeichen[36].

Gleichermaßen außer Betracht bleiben soll zunächst der Schutz von Unternehmenskennzeichen nach § 16 UWG, der nach allgemeiner Auf-

---

[32] *Magnin*, a.a.O.

[33] Actes de Lisbonne, 660 ff.; *Franceschelli/Chavanne*, R.I.P.I.A. 1968, 211.

[34] Zurückhaltender aber etwa *Rabel*, RabelsZ 1927, 5, 7.

[35] z. B. wurde das Zeichen „Salamander" zwischen den Entscheidungen RGZ 87, 274 (1915) — „Salamander I" — und RGZ 115, 401 (1927) — „Salamander II" — zum Bestandteil der Firma des Schuhherstellers.

[36] s. z. B. *Baumbach/Hefermehl*, Rdnr. 38, 39 zu § 31 WZG; *Reimer/Trüstedt*, S. 396 ff.; *v. Gamm*, Rdnr. 24 zu § 31 jeweils m. w. Nachw.

fassung nur dann eingreift, wenn zu besorgen steht, daß die Abnehmer infolge identischer oder ähnlicher Bezeichnungen die Unternehmen verwechseln[37].

d) Wir wollen uns lediglich auf die Frage konzentrieren, ob berühmte Kennzeichen Schutz gegen Verwendung durch Dritte auch dann genießen, wenn eine Verwirrung des Käuferpublikums ausgeschlossen ist.

2. Um den Problemkreis zu erfassen, werden wir den derzeitigen Stand und — kurz — die historische Entwicklung aufzeigen müssen. Sodann sollen die tatsächlichen Bewertungen, die dem Sonderschutz zugrundegelegt werden, überprüft werden. Erst danach wird es möglich sein, endgültig zu ermitteln, ob die Rechtsfortbildung als „geglückt"[38] anzusehen ist.

---

[37] *Baumbach/Hefermehl*, Rdnr. 57 zu § 16 UWG m. w. Nachw.

[38] *Larenz*, Kennzeichen geglückter richterlicher Rechtsfortbildungen (1965).

Erstes Kapitel

Bestandsaufnahme

I. Die historische Entwicklung des Sonderschutzes

1. Die Entwicklung bis zum 1. Weltkrieg

Sowohl das Markenschutzgesetz vom 30. 11. 1874[1], welches als erstes die als Teil der Gewerbefreiheit verstandene Markenfreiheit einschränkte[2], als auch das Reichsgesetz zum Schutz der Warenbezeichnungen vom 12. 5. 1894[3] wurden als abschließende Spezialregelungen für das Zeichenrecht verstanden. Soweit das Gesetz dem Berechtigten keinen Schutz gewährte, blieb die Markenfreiheit erhalten[4]. Jedermann durfte sich für fremde Warengebiete Zeichen wählen, die bereits für andere Gebiete monopolisiert waren. Auch die Einführung der Gesetze zur Bekämpfung des unlauteren Wettbewerbs von 1896[5] und 1909[6] änderten nichts an dieser Betrachtungsweise. Die Wortgewalt *Kohlers*, der mit Vehemenz den Einschluß des Markenrechts in ein Wettbewerbsrecht forderte[7], verhallte zunächst.

---

1 RGBl. 143.

2 Zuvor war nur die fälschliche Bezeichnung von Waren mit fremden Firmen gemäß § 287 StGB strafbar; sonstige reichseinheitliche Regelungen fehlten. Ein Warenzeichengesetz besaß lediglich Elsaß-Lothringen; hier war die französische Regelung nach 1871 beibehalten worden. Landesrechtlicher Schutz bestand sonst nur mit Privilegiencharakter oder für besondere Gewerbebereiche (z. B. in der Rheinprovinz und in Westfalen für Eisen- und Stahlwaren) (hierzu z. B. *Finger*, Anm. 4 zu § 24; vereinzelte Gerichtsentscheidungen, die Zeichenschutz gewähren, finden sich bei *Kohler*, Markenschutz, S. 512, 514 ff.).

3 RGBl. 441.

4 RGZ 25, 114, 120 — „Lowendall" (1889); 48, 233, 238; RG JW 1898, 172; 1916, 194 — „Salamander".

5 RGBl. 145.

6 RGBl. 499.

7 „Wenn die deutsche Jurisprudenz einst der Hydra der illoyalen Konkurrenz ebenso mächtig auf das Haupt tritt, wie die englische, die anglo-amerikanische, die französische und jetzt auch die italienische Jurisprudenz; wenn jede dolosive Veranstaltung des Verkehrs, durch welche sich der eine Produzent in das Renommee, in das Ansehen und in den geschäftlichen Erfolg seines Konkurrenten einzuschleichen sucht, in Deutschland ebenso kräftig niedergestoßen wird ..., dann wird auch die Zeit kommen, wo die deutsche Industrie ihr Haupt erhebt und als Weltmacht auf den Markt tritt, entsprechend der Weltstellung, welche unserem Volke beschieden ist." (*Kohler*, Markenschutz [1885]; hier zitiert nach *ders.*, Warenzeichenrecht, S. 45).

So wurde den Inhabern des Zeichens „Kodak“ für Fotoartikel im Jahre 1905 beschieden, die Eintragung eines identischen Zeichens für Badewannen möge zwar unmoralisch sein; rechtlich sei sie aber nicht zu beanstanden[8]. Wie stark die Markenfreiheit außerhalb der durch das Spezialgesetz gezogenen Grenzen betont wurde, zeigt das „Ha-Ka-Wan“-Urteil des RG aus dem Jahre 1915[9].

Die Klägerin war Inhaberin des Warenzeichens „Hawaka“, welches u. a. für Tee eingetragen war. Die Beklagte ließ sich das verwechselbare Zeichen „Ha-Ka-Wan“ schützen. Die Parteien verlangten jeweils die Löschung des Gegenzeichens. Die Beklagte trug vor, die Klägerin, die in der Tat Tee vertreibe, benutze dieses Zeichen nicht. Sie habe es sich nur für diese Ware schützen lassen, um im Interesse eines Dritten, der das identische Zeichen für Kaffee-Ersatz, Kakao und Schokolade verwende, aber keinen Tee produziere, andere vom Zeichengebrauch auszuschließen.

„Ist es wahr,“ so führte das Reichsgericht aus, „so hat die von der Klägerin erwirkte Eintragung nur den Zweck, andere Gewerbetreibende an der Benutzung des Zeichens „Hawaka“ für Waren anderer Art, als für die es der Firma H. geschützt ist, zu hindern und das Recht H.s auf ausschließlichen Gebrauch des Zeichens über die vom Gesetz gezogenen Grenzen auszudehnen. Das wäre ein Mißbrauch der Eintragung zur Beeinträchtigung fremder Rechte und zur Vereitelung der Rechtsordnung, der den Schutz der Gerichte nicht finden kann, gleichviel ob man darin ein Handeln wider die guten Sitten im Sinne des § 826 BGB erblicken will oder nicht[10].“ Die Meinung des Untergerichts und der Klägerin, der Beklagte selbst handele unlauter, wenn er entgegen den Grundsätzen reeller Konkurrenz das Warenzeichen, welches sich als Zeichen einer anderen Firma eingebürgert habe, für andere Warengattungen verwende, wird kurz zurückgewiesen: „Das Gesetz hat dem eingetragenen Inhaber das ausschließliche Recht der Zeichenführung ausdrücklich nur im Bezug auf die von ihm angemeldeten Warengattungen verliehen und hat überlegtermaßen den übrigen Gewerbetreibenden die Benutzung desselben Zeichens für Waren, die nicht derselben oder gleicher ... Art sind, freigestellt. Die Beklagte macht also nur von der ihr vom Gesetzgeber absichtlich gelassenen Freiheit Gebrauch, wenn sie das H.sche Zeichen für sich zur Kennzeichnung einer Ware anderer Gattungen eintragen ließ, als H. sie führt. Es verstößt folglich gegen das Gesetz, wenn das OLG solches Verfahren für unlauter erklärt und die Eintragung der Klägerin auf alle Fälle deswegen aufrecht erhalten will, weil sie zur Bekämpfung einer gegen H. gerichteten unlauteren Handlungsweise der Beklagten geschehen sei und folglich kein berechtigtes Interesse der Beklagten verletze[11].“

---

[8] RG MuW V 73.

[9] RGZ 78, 89.

[10] S. 91.

[11] S. 91, 92.

Der gleiche Gedankengang liegt der „Salamander I"-Entscheidung[12] zugrunde. Die Klage des Herstellers der „Salamanderschuhe" gegen einen Papiergroßhändler, der ein ähnliches Zeichen für Papier und Pappe hatte eintragen lassen, konnte mit einem kurzen Hinweis auf fehlende Warengleichartigkeit abgewiesen werden. Ein neues Element zeigt sich jedoch, wenn der Senat es immerhin für möglich hält, § 16 UWG und § 826 BGB dann anzuwenden, wenn Täuschung und Verwechslung auftreten[13]. Dies könne etwa geschehen, wenn ein anderer Schuhfabrikant „Salamander"-Papiere zur Verpackung seiner Schuhe verwende[14].

Den Hinweis auf § 16 UWG griff *Kohler*[15] in seiner Anmerkung zu diesem Urteil auf und führte ihn fort. Es sei falsch, meinte er, das Warenzeichen allein als „Warenbezeichnung" zu werten. Ein so bekanntes Zeichen weise stets zugleich auf den Hersteller hin. Die Käufer könnten leicht der Meinung erliegen, es bestünden irgendwelche Beziehungen zwischen der Klägerin und der Papierhandlung. Solches müsse die Klägerin nach § 16 UWG verhindern können.

Noch kritischer ist *Rosenthal:* „... wenn die Phantasiebezeichnungen, die ein Gewerbetreibender in den Verkehr eingeführt hat, seitens der Rechtsprechung nicht geschützt werden, vielmehr der Gefahr ausgesetzt sind, von beliebig vielen anderen Gewerbetreibenden für andere Erzeugnisse übernommen und vulgarisiert zu werden, dann bricht man dem Unternehmungsgeist die Schwungkraft und schafft eine förmliche Bestrafung für diejenigen Kaufleute ..., die Jahre und oft Jahrzehnte hindurch Kapital und Mühe aufgewendet haben, bis es ihnen gelungen ist, einer Bezeichnung im Verkehr Achtung und Geltung zu verschaffen[16]." Denn: „Die Reklamewirkung der im Verkehr bekannten Schlagworte wirbt für *jede*[17] Ware, die unter dem Schlagwort vertrieben wird[18]." Die Rechtsgrundlage möchte *Rosenthal* in § 16 UWG, § 826 BGB sehen[19].

In diesen beiden kurzen Abhandlungen sind die Gedanken vorgezeichnet, die uns künftig begleiten werden: Vom durch Spezialgesetz gewährten Privileg, dessen Grenzen streng zu beachten sind, wird übergeleitet auf ein durch Individualbedürfnisse des Unternehmers bestimmtes subjektives Recht. Nicht die öffentliche Ordnung des Wettbewerbs[20]

[12] RGZ 87, 274.

[13] 276.

[14] 275.

[15] JW 1916, 1952.

[16] GRuR 1918, 106, 108.

[17] Hervorhebung im Original.

[18] a.a.O.

[19] a.a.O., 107, 108.

[20] Noch *Otto Mayer* betonte: Nach deutschem Standpunkt sei „das Gebiet des Gewerbebetriebes uns ein Gebiet wirklicher Freiheit, auf welchem jede

entscheidet über das Ausmaß des Schutzes; der Schutzbereich ist vielmehr so weit zu ziehen, wie die „Ausstrahlungskraft" — und damit die kommerzielle Verwertbarkeit — des Zeichens auf das Publikum reicht. Damit gewinnt zum ersten Male der Bekanntheitsgrad des Zeichens in der Rechtswissenschaft Bedeutung: je bekannter das Zeichen, desto größer die Wirkung auf das Publikum, desto weiter der Schutzbereich der Marke.

Überraschend erscheint die Methode dieser — damals wie noch heute — hochgeachteten Wissenschaftler. Beide unternehmen nicht einmal den Versuch, die Sachverhalte unter die Normen, die sie nennen, zu subsumieren. So erwähnt *Rosenthal*[21] mit keinem Wort, inwieweit ein Wettbewerbsverhältnis zwischen Schuhfabrikant und Papierhändler zu begründen sei. *Kohler*[22] läßt offen, wie er § 16 UWG anwenden kann, obwohl doch diese Vorschrift nach ihrem Wortlaut „auf den Schutz von Warenzeichen und Ausstattungen ... keine Anwendung" findet (§ 16 Abs. 3 Satz 2 UWG)[23]. Noch weniger fragen beide Autoren, wie das Konkurrenzverhältnis zwischen WZG einerseits und UWG bzw. BGB andererseits beschaffen sei.

Es wird deutlich, daß es *Rosenthal* und *Kohler* nicht so sehr darum geht, das Reichsgericht der Verletzung geltenden Rechts zu zeihen. Beide halten vielmehr eine andere rechtliche Regelung für geboten und suchen durch Neuinterpretation von Vorschriften, die für andere Lebenssachverhalte geschaffen worden waren, die von ihnen vorgeschlagene Regelung im geltenden Kanon abzusichern.

2. *Die „Mitropa"-, „4711"- und „Odol"-Entscheidungen*

Einen ersten Erfolg dieser literarischen Bemühungen mag man im „Mitropa"-Urteil des Landgerichts Berlin I vom 19. 12. 1917[24] sehen[25]. Hier ging es nicht darum, wieweit der Schutzumfang eines Warenzeichens auf andere Waren auszudehnen sei; die entscheidende Frage war

---

einzelne Handlung nach ihrem Rechtstitel nicht erst gefragt wird" (Zeitschr. f. d. ges. H. 26, 363, 434 [1881]). Regulator sei das Strafgesetzbuch (436), wo, wie in wettbewerblichen Normen, privatrechtlich Schutz gewährt werde, sprächen dafür „... offenkundig volkswirtschaftliche, wohl auch sozialpolitische Erwägungen" (436). „Jedenfalls handelte es sich ... um positive Beschränkungen der Gewerbefreiheit aus höheren Rücksichten" (437). So verstanden ist das Markenrecht Stück des Verwaltungsrechts „durch und durch" (437).

[21] a.a.O.

[22] a.a.O. (Fn. 15).

[23] Daß § 16 Abs. 3 S. 2 sich auf die ganze Vorschrift und nicht nur auf Abs. 3 beziehe, entsprach der damals ganz herrschenden Lehre (vgl. *Rosenthal*, Rdnr. 121 zu § 16 UWG, der allerdings die vom Gesetzgeber getroffene Entscheidung für sinnwidrig hielt).

[24] GRuR 1918, 28 f.

[25] So *Elsaesser*, S. 32.

vielmehr, ob ein Firmeninhaber es einem Dritten untersagen könne, einen Bestandteil seiner Firma als Warenzeichen zu verwenden, auch wenn das Betätigungsfeld des ersten Unternehmens und die Waren des Zeicheninhabers keinerlei Berührungspunkte aufwiesen.

Die „Mitropa-Mitteleuropäische Schlafwagen- und Speisewagen AG", die erst am 6. 1. 1917 diese Firma hatte eintragen lassen, verlangte von einem Hersteller von Sensen, Sicheln und anderen Messerschmiedewaren, der am 25. 4. 1917 das Warenzeichen „Mitropa" für seine Waren hatte registrieren lassen, u. a. Löschung des Zeichens.

In seinem viel beachteten[26] Urteil erkannte das LG erstmals einer Firma den Namensschutz des § 12 BGB[27] zu. Ohne eine besondere Bekanntheit der klägerischen Firma, oder auch nur eine Verkehrsdurchsetzung festzustellen[28], schloß das LG allein aus der Priorität der *Firmeneintragung*, das später erworbene Warenzeichen müsse — ungeachtet der Verschiedenheit der Geschäftsbereiche der Parteien — weichen. Hierzu stützte sich das Gericht auf die „Zeppelin"-Entscheidung des RG[29]. Zu Unrecht, wie es scheint. Zwar war dort ausgesprochen worden, aus § 12 BGB könne auch die Eintragung eines Warenzeichens verhindert oder beseitigt werden. Die Unterschiede der Fälle erscheinen jedoch als zu bedeutend, um zu gestatten, das eine Urteil als Präzedenzfall für das andere anzuerkennen. Tragender Gesichtspunkt im „Zeppelin"-Erkenntnis[30] waren persönlichkeitsrechtliche Erwägungen[31], die Frage, ob eine berühmte natürliche Person die Verwendung ihres Namens, ihres Bildes zur Kennzeichnung von Waren zu dulden habe. Die Übertragung dieser Grundsätze auf eine *juristische* Person, deren Bekanntheit zweifelhaft ist, hätte jedenfalls intensiver Begründung bedurft.

Im Ergebnis geht das Landgericht weit über seine Lehrmeister hinaus: sobald, so kann man die von ihm gesetzte Norm formulieren, eine Firma im Handelsregister eingetragen ist, darf kein Firmenbestandteil, der als Abkürzung, als „Schlagwort", benutzt werden könnte, mehr als Warenzeichen eingetragen werden, gleich welcher Art die bezeichneten Güter seien. Worin das Interesse des Unternehmens i. S. des § 12

[26] Zustimmend etwa *Osterrieth*, GRuR 1918, 29; mit Einschränkungen *Rosenthal*, GRuR 1918, 106 ff.; ablehnend *Niebour*, MuW XVII, 149.

[27] Unter Berufung auf RGZ 74, 114 — „Verein für deutsche Schäferhunde", der Grundsatzentscheidung des RG, die grundsätzlich eingetragenen Vereinen Namensschutz zugestand, wohlgemerkt „entsprechend" § 12 BGB.

[28] Darauf weist schon *Rosenthal*, GRuR 1918, 106 kritisch hin.

[29] RGZ 74, 308.

[30] Ein Tabakhersteller hatte ohne Wissen und Willen des Grafen das Wortzeichen „Graf Zeppelin" und ein Bild- und Wortzeichen mit der Abbildung des Grafen eintragen lassen.

[31] „einem feinfühlenden Menschen widerstrebt es, wenn sein Name überhaupt mit gewissen Waren in Verbindung gebracht ... wird." RGZ 74, 311.

BGB liegen soll, welches beeinträchtigt werden könnte, bleibt offen[32]. Eine Täuschungsgefahr für das Publikum braucht offensichtlich nicht zu bestehen.

Der erste Fall, der berühmten Marken einen erweiterten Schutzbereich gewährte, wurde 1923 vom LG Chemnitz[33] entschieden.

Die Parfümerie- und Kosmetikartikelfirma Ferd. Mühlens, die Inhaberin des Zeichens „4711", klagte gegen einen Strumpffabrikanten, der sich das Zeichen für seine Waren hatte sichern lassen, auf Löschung.

Das Landgericht war offensichtlich bemüht, der Parfümeriefirma ihr schon damals sehr bekanntes Zeichen uneingeschränkt zu erhalten. Um diesem Anliegen zu genügen, hätte es ausgereicht, die Klägerin zu 2 (ein Tochterunternehmen des Parfümerieherstellers, welches den Export für die Klägerin zu 1 betrieb und u. a. das Zeichen „4711" auch für Strümpfe registriert hatte[34]) obsiegen zu lassen.

Das Gericht ging aber weiter; es fühlte sich verpflichtet, auch dem Stammhaus ausdrücklich Schutz für alle Warengebiete zu garantieren. Zum erstenmal in der Rechtsprechung wird — im Anschluß an *Rosenthal*[35] der Bekanntheit des Zeichens für den Umfang des Schutzes Bedeutung beigemessen: „‚4711' ist ein Schlagwort geworden, mit dem die Firma und die Erzeugnisse der Klägerin bezeichnet werden. Wenn ‚4711' zur Bezeichnung einer Ware gebraucht wird, so wird jedermann, der diesen Kreisen angehört, unwillkürlich an die Waren der Klägerin zu 1 denken. Nicht nur das Zahlenzeichen, sondern auch der Klang des Wortes ‚viersiebenelf' übt diese Wirkung aus. Das Zeichen und das Wort ‚4711' besitzen Werbekraft, weil die von der Klägerin vertriebenen Waren als Waren von hervorragender Beschaffenheit bekannt sind. Dieses Schlagworts hat sich nun die Beklagte bemächtigt, um den Absatz eigener Waren zu heben. Sie hat es zweifellos getan, weil sie die Werbekraft, die dem Zeichen ‚4711' innewohnt, kennt. Dadurch aber, daß sie dieses Zeichen ebenfalls gebraucht, beginnt sie, die Kennzeichnungskraft und Werbekraft, die es für die Waren der Klägerin hat, zu beeinträchtigen. Der Kreis derjenigen, welche die von der Beklagten in den Handel gebrachten Waren verbrauchen, deckt sich, da es sich auch hier um eine hochwertige Luxusware handelt, mindestens teilweise mit den Verbraucherkreisen, die für die Klägerin in Betracht kommen ... Wenn sie (die Beklagte) es trotzdem weiterbehielt, so fügte sie der Klägerin vorsätzlich einen Schaden zu, der in der geschilderten Entwertung des Zeichens besteht, und verstößt damit gegen

---

[32] So auch *Elsaesser*, S. 32.

[33] JW 1924, 722.

[34] Dies ergibt sich nicht aus den veröffentlichten Gründen, wird aber in der Urteilsanmerkung von *Utescher*, JW 1924, 722 berichtet.

[35] S. 127, Anm. 56.

die guten Sitten, nämlich gegen das, was der billig und gerecht denkende Kaufmann für anständig hält (§ 826 BGB). Auf den vorliegenden Fall tritt allenthalben zu, was Rosenthal ... sagt: Schlagworte ..., die man im Verkehr auf eine fremde Ware ... bezieht, dürfen nicht ohne weiteres für Waren ... anderer Gattungen übernommen werden. Darin kann eine Beeinträchtigung der Eigenart und Unterscheidungskraft des fremden Betriebes liegen. Es ist nicht entscheidend, ob durch die Benutzung des fremden Schlagworts eine Verwechslungsgefahr herbeigeführt wird, oder eine Irreführung des Publikums ermöglicht wird[36]."

Es sind also die besondere Bekanntheit und die Werbekraft, die den Schutzbereich weiter werden lassen; durch Benutzung für andere Waren wird das Zeichen — so meint das Gericht — für den Erstbenutzer entwertet. § 826 BGB und § 1 UWG sollen eine solche sittenwidrige Schädigung verhindern können. Irreführung des Publikums und Verwechslungsgefahr sind irrelevant. Der Hinweis auf *Rosenthal* erlaubt es, bei der Prüfung des § 1 UWG schnell über die Frage hinwegzugehen, ob ein Wettbewerbsverhältnis zwischen den Parteien bestehe[37].

Nur kurz darauf — im Jahre 1924 — fällte das Landgericht Elberfeld seine „Odol"-Entscheidung[38], die Weltruf erlangen sollte[39]. Dem Beklagten, der sich das sehr bekannte Phantasiezeichen „Odol" für Stahlwaren hatte eintragen lassen, hielt das Gericht vor, er habe in der offenbaren Absicht gehandelt, aus der Schlagkraft des Zeichens, welches einen besonders guten Klang besitze, beim Absatz seiner Waren Nutzen zu ziehen. Verwende er die Marke „Odol", so würde dieses Zeichen für den Kläger an Werbekraft einbüßen, es würde „verwässert"[40]. Da es gegen die guten Sitten verstoße, sich Früchte fremder Mühe und Arbeit so anzueignen, habe er § 826 BGB verletzt. Auch § 1 UWG steht dem Kläger nach Meinung des Gerichts zur Seite. Ausführlicher als das LG Chemnitz[41] bemüht es sich, ein Wettbewerbsverhältnis zu begründen. Wieder hilft *Rosenthal*[42]: „Freilich stehen die Parteien ... nicht im Wettbewerb. Dies tut aber nichts zur Sache ... (Es) genügt ..., daß der gegen die guten Sitten Verstoßende in den Wettbewerb zweier

---

[36] a.a.O.

[37] Wohl nicht ganz zu Recht; denn *Rosenthal* selbst scheint nicht ganz sicher zu sein, ob er solche Fälle nicht eher unter § 826 BGB als unter § 1 UWG subsumieren solle (solange — was er anstrebt — § 16 UWG noch nicht erweitert wird). Vgl. *Rosenthal*, Rdnr. 3, 14, 56 zu § 1 UWG; *ders.*, GRuR 1919, 64.

[38] JW 1925, 502.

[39] s. etwa *Schechter*, 40 Harv. L. Rev. 813, 821 ff. (1927); *Middleton*, 42 TMR 175 f. (1952); *Pérot-Morel*, Rev. Trim. Dr. Comm. 29 (1966), 32.

[40] JW 1925, 503 — Soweit ersichtlich, wird hier zum erstenmal der heute allgemein übliche Begriff „Verwässerung" gebraucht.

[41] a.a.O., Fn. 35.

[42] Im Urteil wird *Rosenthal*, Rdnr. 63 zu § 1 UWG, angeführt. Dies ist offensichtlich ein Irrtum. Gemeint dürfte Rdnr. 56 sein.

Konkurrenten eingreift. ... Hier aber wird die Wettbewerbsfähigkeit der Kl., ihre Fähigkeit mit anderen Mundwasserfabrikanten zu konkurrieren, geschädigt, ... "[43].

3. *Der ideologische Hintergrund*

Angesichts des eklatanten Widerspruchs dieser landgerichtlichen Entscheidungen gegen die zuvor geschilderte höchstrichterliche Rechtsprechung[44] mag es überraschen, daß die jeweils unterlegenen Parteien die Urteile hinnahmen und rechtskräftig werden ließen. Betrachtet man jedoch den Wandel der Vorstellungen über die „richtige" Ordnung des Wirtschaftslebens, der in Jurisprudenz und Schrifttum eingesetzt hatte, so wird die Resignation der Beklagten verständlich.

a) Dem freien Wettbewerb werden noch Lippenbekenntnisse gewidmet. Das Zeitalter des Frühliberalismus aber, dessen tatsächliche Grundlagen durch die industrielle Revolution, den Rausch und die nachfolgende Ernüchterung der Gründerjahre sowie die Kriegszwangswirtschaft schon lange beseitigt waren, ist auch gedanklich beendet.

Zwar wird noch verbissen der liberale Harmonieoptimismus verteidigt: nur der von Staatsinterventionen freie wirtschaftliche Kampf führt zur optimalen Güterallokation. „Jeder soll seinen Egoismus anspannen, um zu leisten, was er leisten kann; er soll Tag und Nacht auf Verbesserungen sinnen, um ... den Gegner aus dem Felde zu schlagen. Ein jeder ist daher der vernichtenden Tätigkeit eines einsichtsvolleren und wirtschaftlich mächtigeren Wettbewerbers preisgegeben, und keiner kann sich deswegen über den anderen beklagen ... Der Einzelne mag versinken: das ist sein Schicksal[45]." „Ganz anders" als im Völkerkrieg, wo Täuschung und Gewalt gestattet seien, „verhält es sich mit dem Wettkampf im Verkehr; dieser ist kein Macht-, sondern ein Wirtschaftsfaktor: hier soll derjenige zum Ziel gelangen, welcher am besten für die Menschheit wirkt, also die beste Leistung gibt, und zwar gegen einen verhältnismäßig geringen Preis, so daß ein menschliches Gut möglichst vielen Personen zu Nutzen kommt. Wenn hier die Kräfte ringen ..., so sorgt zwar der Einzelne für seinen Vorteil, aber diese Einzelbestrebung ist nur dann eine berechtigte, wenn sie in einer Weise geschieht, daß hierdurch die Ziele der Kultur erreicht und die Interessen der Gesamtheit gefördert werden"[46]. Zum anderen wird die Grundlage dieses nach frühliberaler Vorstellung naturhaften Prozesses Wettbewerb beseitigt. Schon die Schaffung der Sondergesetze zum ge-

---

[43] JW 1925, 503.

[44] Vgl. etwa das „Kodak"- (s. o. Fn. 8) und das „Ha-Ka-Wan"-Urteil (s. o. Fn. 9).

[45] *Kohler*, Wettbewerb, S. 17.

[46] S. 18.

werblichen Rechtsschutz[47], die auf Betreiben der Mächtigen der Industrie verabschiedet wurden[48], bedeutete eine Einschränkung der Gewerbefreiheit. Parlament[49] und Gerichte[50] waren sich bis zum Weltkrieg dieser Begrenzung durchaus bewußt; konsequenterweise war alles, was im Wettbewerb nicht ausdrücklich verboten war, erlaubt. Die Ansiedlung dieser Spezialgesetze im Privatrecht schien zunächst zufällig.

Bald jedoch zeigten sich die Konsequenzen dieser Einordnung. Hatte man einmal die Leistung des Erfinders und Künstlers als Immaterialgut, das Zeichenrecht als Persönlichkeitsrecht im Privatrecht verankert[51], so schien der Widerspruch zwischen liberalem Sozialmodell und Monopolgewährung durch gewerbliche Schutzrechte beseitigt zu sein. Der Staat gewährte nicht Ausschlußrechte, er nahm diese dem Individuum quasi naturrechtlich zustehenden Rechtspositionen lediglich zur Kenntnis.

Im liberalen Gedankengut wurde nie die ausschließliche Herrschaftsmacht eines Individuums über sein Eigentum bestritten — im Gegenteil, diese Macht war conditio sine qua non für das Funktionieren der Wirtschaft. In gleicher Weise[52] mußten jetzt auch diese Schutzrechte, die nun zu dem Eigentum vergleichbaren individuellen Herrschaftsrechten ausgebildet waren, von staatlicher Intervention und Beschränkung freigehalten werden. Noch mehr: Um die freie Entfaltung der wirtschaftenden Persönlichkeit zu gewährleisten, erschien es geradezu geboten, dem Berechtigten die Früchte seines Patents, seines Musters, seines Kennzeichens und seiner gesamten Tätigkeit in dem weitest möglichen Umfang zu sichern. Individuelle Rechtspositionen traten in den Vordergrund; „die Brücke zum Wettbewerb", zur Gewerbefreiheit wurde abgebrochen[53, 54]; die Antinomie zwischen Schutzrecht und Wettbewerb blieb auf Jahrzehnte hin verschleiert[55].

---

[47] Neben den Markenschutzgesetzen sind hier insbesondere das Geschmacksmustergesetz vom 11. 1. 1876 (RGBl. S. 11), das Patentgesetz vom 25. 5. 1877 (RGBl. S. 501) und das Gebrauchsmustergesetz vom 1. 6. 1891 (RGBl. S. 290) zu nennen.

[48] Hierauf weist *Fikentscher*, Wettbewerb, S. 46, zu Recht hin.

[49] z. B. *Nieberding* (Stenogr. Bericht des Reichstages 1874/75 I S. 32): Das Markenschutzgesetz bewirke Beschränkungen, „die der allgemeine Verkehr und die dabei beteiligten Interessenten des Publikums erfahren, daß solche Beschränkungen nur gerechtfertigt sind, wenn das Bedürfnis des allgemeinen Verkehrs sie erheischt". (zit. nach *Kohler*, Wettbewerb, S. 19, Fn. 2); ferner Entwurf eines Gesetzes zum Schutze der Warenbezeichnungen, Begründungen zu § 8 und § 14, RT-Drucksache 70/1893.

[50] z. B. RGZ 3, 67 — „Apollinaris" zum MSchG und die oben (Fn. 4) genannten RG-Entscheidungen.

[51] Dies ist insbesondere die Leistung *Kohlers* (s. *Fikentscher*, Wettbewerb, S. 142 ff.; *Walz*, S. 138 ff.).

[52] Daß gerade *Kohler* vehement gegen die Lehre vom „geistigen Eigentum" gekämpft hat (z. B. AcP 82, 141 ff.), ist hier ohne Belang; entscheidend ist allein die Gleichsetzung des Schutzes von (Sach-) Eigentum, Immaterialgüterrecht und Persönlichkeitsrecht.

[53] *Fikentscher*, S. 143.

Diese Entwicklung wurde verstärkt durch das allgemeine Mißtrauen der Bevölkerung gegenüber der absoluten „Freiheit des Verkehrs". Die Gründerjahre hatten mit all ihren Zusammenbrüchen deutlich gezeigt, daß die vollkommene Gewerbefreiheit durchaus nicht ihren Anspruch einlösen konnte, die Wirtschaftsabläufe zum privaten und zum allgemeinen Nutzen bestmöglich zu ordnen. Gewerbefreiheit wurde zum Synonym für unsittliches Treiben von „Geschäftemachern", für Chaos und für wirtschaftliche Labilität[56]. Obwohl nach ihren Zielrichtungen öffentliche Meinung und Industrieinteressen einander zuwiderliefen, ergänzten sie sich in ihrer politischen Wirkung harmonisch. Der Unwillen über „hemmungslose" Konkurrenz erleichterte die Durchsetzung staatlicher — gesetzlicher und richterrechtlicher — Normen zur Wettbewerbsregulierung, auch wenn diese nur Individualprivilegierungen bisher schon Mächtiger schufen.

b) Diese anti-liberale Tendenz läßt sich in vielen Bereichen der Rechtsprechung aufzeigen. Unter Berufung auf Privatautonomie und Vertragsfreiheit erlaubte das RG den Unternehmern, durch Kartellierung eben diese Autonomie und Freiheit zu beseitigen[57, 58]. Kartelle und Syndikate

---

[54] Im Gegensatz zu seinen Epigonen war sich *Kohler* durchaus des Widerspruches zwischen gewerblichen Ausschlußrechten und Gewerbefreiheit bewußt. Er löst ihn wie folgt: „Selbstverständlich kann man gegen diese Schutzmittel des redlichen Verkehrs, gegen diese rechtliche Bekämpfung der concurrence déloyale nicht mit dem Kraftworte des freien Verkehrs hervortreten, welcher durch solches Einschreiten verkümmert würde. Die Freiheit des Verkehrs ist selbstverständlich eine Freiheit des redlichen Verkehrs, eine Freiheit, in welcher die angemessenere Produktion vor der unangemessenen den Sieg davontragen soll, wo das tüchtige, gute, reelle durch die in ihm selbst liegenden Vorzüge dem schlechten und unreellen den Vorrang ablaufen soll — aber sie ist keine Freiheit des Betrugs, kein Wettrennen, worin Lüge, Täuschung und Fälschung den Sieg erlangen: je größer die Freiheit ist, desto größer muß die Sorge sein, daß die Freiheit eine sittliche, gerechte Freiheit ist, daß es eine Freiheit ist, bei welcher nur die sittlichen Faktoren zur Geltung kommen und den Ausschlag bieten. Sollte der Wettverkehr weniger von sittlichen Grundlagen durchdrungen sein, als ein einfaches Wettrennen, bei welchem gleichfalls alle täuschenden, unehrlichen Machinationen untersagt sind!" (*Kohler*, Markenschutz, S. 104; vgl. auch *ders.*, AcP 82, 204).

[55] Erst durch die Ordo-Liberalen der Freiburger Schule wurde dieser Widerspruch erneut aufgedeckt.

[56] s. etwa *Bernhard*, S. 14 ff.; *R. Isay* (Die Geschichte der Kartellgesetzgebungen, S. 25 f.) spricht von einem „übergroßen Umfang" der Konkurrenz.

[57] RGZ 28, 238 und insbesondere RGZ 38, 155.

[58] Es sei nur angemerkt, daß gerade *Kohler* diese Zerstörung der Wettbewerbsfreiheit durch private Abreden scharf bekämpfte. Er forderte z. B ein freies Kündigungsrecht für Kartelle (Arch. f. Bürgl. R. 5, 218 ff.) und wandte sich gegen ausschließliche Bezugsbindungen (Arch. f. Bürgl. R. 31, 237 ff.). Hier sieht er unzulässige, weil wettbewerbsfremde, Machtzusammenballungen, die er bei gewerblichen Schutzrechten, die dem Einzelnen nur das gewähren, was ihm nach „richtiger Anschauung" bereits qua-Naturrecht zur persönlichen Disposition steht, leugnet (vgl. oben Zitat bei Fn. 46).

wurden geradezu als Rückkehr zum deutschen Geist, zum Genossenschaftsgedanken gefeiert[59].

Die Schutzrechtsverwarnung, die sich nachträglich als nicht gerechtfertigt erweist, wird von der Rechtsprechung als Verstoß gegen § 823 Abs. 1 BGB gewertet[60]. Harte Auseinandersetzungen der Meinungen im Wettbewerb durch kritische Äußerungen der Wettbewerber werden unterbunden[61]. Das Recht, fremde Warenbezeichnungen zur Benennung von Ersatzteilen und Substitutionswaren für das Originalprodukt zu benutzen, wird allmählich eingeschränkt[62]. *Lobe*[63] postuliert, nur die eigene Leistung dürfe im Wettbewerb wirken; ein jeder Reklamehinweis auf einen Konkurrenten, der sich durch Arbeit und Mühe einen guten Ruf erworben habe, sei, gleich ob das Publikum getäuscht werde oder nicht, ein Verstoß gegen das Prinzip des Leistungswettbewerbs. Man darf nicht mit fremdem Kalbe ackern[64]! Mit der ähnlichen Formel, die Benutzung eines fremden, mit Mühe und Kosten errungenen Arbeitsergebnisses, sei schlechthin sittenwidrig, wird die Grundlage zum Schutz solcher künstlerischer und technischer Leistungen vor „sklavischer Nachahmung" gelegt, die nach Urheberrechts-, Patent- und Mustergesetzen nicht schutzfähig waren oder bei denen der Unternehmer die vorgeschriebenen Formalitäten (z. B. Anmeldung) unterlassen hatte[65]. Ein allgemeiner Schutz des Unternehmens, seines Kundenkreises und der in ihm verkörperten Werte war im Schrifttum propagiert worden; das Unternehmen sollte u. a. generell gegen eine Verminderung seiner Werbekraft, seiner „unkörperlichen Geschäftswerte" einschreiten können[66].

c) In einer solchen Atmosphäre müssen die geschilderten LG-Entscheidungen nur konsequent erscheinen: sie folgen genau der vorgezeichneten Linie; der Schutz des etablierten Unternehmers vor Störungen

---

[59] *Schneider*, Verhandlungen des 27. DJT, Bd. I S. 6; RGZ 28, 238.

[60] RGZ 58, 24; RG JW 1917, 712; vgl. auch RG JW 1905, 175.

[61] RG JW 1905, 20.

[62] Während das RG (Warneyer Rechtspr. 1912 Nr. 96) es zunächst noch für zulässig erachtete, ein fremdes Warenzeichen mit dem Zusatz „Ersatz für ... (hier: „Chartreuse")" zu verwenden, hielt es 1915 die Bezeichnung „Garlock-Ersatz" für einen Verstoß gegen § 1 UWG (da sich im Gegensatz zu „Chartreuse" „Garlock" noch nicht zum Warennamen entwickelt habe; RGZ 86, 123, 126 ff. Diese Begründung überzeugt nicht. Wäre nämlich „Chartreuse" ein allgemeiner Warenname gewesen, so hätte er als Warenzeichen keinen Schutz mehr genießen dürfen; schon deswegen hätte es jedermann freigestanden, „Ersatz für Chartreuse" oder gar „Chartreuse" selbst in Verkehr zu bringen).

[63] MuW 1916, 129; vgl. auch schon *ders.*, Die Bekämpfung des unlauteren Wettbewerbs, Bd. I S. 7 ff.

[64] Zustimmend RG MuW 17, 156; *Rosenthal*, Rdnr. 49 zu § 1 UWG.

[65] RGZ 73, 294 — „Schallplatten"; RG JW 1915, 579 — „X-Haken"; s. auch RGZ 111, 254 — „Käthe-Kruse-Puppen" und RGZ 115, 180 — „Puppenjunge".

[66] s. hierzu insbes. *R. Isay*, Das Recht am Unternehmen (1910), S. 31 ff. und *Hueck*, Unkörperliche Geschäftswerte (1913), S. 52.

einmal errungener Marktpositionen und Vermögenswerte wird ausgebaut.

Wie sinnvoll der Entschluß der Beklagten jeweils war, keine Rechtsmittel einzulegen, zeigt deutlich die Entwicklung der Folgezeit. Diese drei Urteile bilden die Blaupausen, denen eine Vielzahl höchstrichterlicher Entscheidungen bis 1945 und darüber hinaus nachgezeichnet sind; häufig werden wörtlich ganze Passagen — meist ohne Zitat — übernommen[67]; oft werden nur Details des Einzelfalles noch besonders ausgestaltet.

4. Die Entwicklung bis zum 2. Weltkrieg

Es soll nicht versucht werden, Rechtsprechung und Lehre vollständig wiederzugeben[68]. Nur einige beispielhafte Entscheidungen und die Reaktion, die sie im Schrifttum hervorriefen, sollen erwähnt werden, um die Entwicklung zwischen den Kriegen zu verdeutlichen.

a) Zum Firmenschutz übernahm das Reichsgericht im „Kwatta"-Ur-Urteil[69] die Grundsätze des LG Berlin I, wie sie in der „Mitropa"-Entscheidung[70] entwickelt wurden.

Die „Naamloze Vennootschap Stoom Chocolade- & Cacaofabriek ‚Kwatta'", eine holländische AG[71], die sich mit Schokoladen- und Kakaoherstellung befaßte, wandte sich gegen das deutsche Zeichen „Kwatta", welches 1922 für Margarine und Butter registriert worden war.

Der Namensschutz des § 12 BGB wurde auf die Firma der AG übertragen[72]. Ein wirtschaftliches Interesse der Klägerin daran, daß die Beklagte sich auch des nicht firmenartigen Gebrauches des Wortes „Kwatta" enthalte, wird bejaht. „Denn die Klägerin hat weder auf die Güte der Fabrikate der Beklagten, noch auf deren Geschäftsgebaren überhaupt irgendwelchen Einfluß und braucht sich schon deshalb die Benutzung ihres Namens ... nicht gefallen zu lassen[73]." Die Frage, ob solcher Schutz nur besonders bekannten Firmen zukommen solle, stellt sich dem Gericht nicht.

---

[67] Vgl. auch *Elsaesser*, S. 34.

[68] *Bußmann*, Name, Firma, Marke, hat die Rechtsprechung zum Firmenschutz und zur Kollision von Firma und Zeichen bis 1936 minutiös aufgearbeitet (vgl. nur S. 214 ff., zu berühmten Kennzeichen dort S. 330); *Elsaesser*, S. 34 ff., gibt einen guten Überblick über die wichtigsten Verwässerungsfälle.

[69] RGZ 109, 213 vom 26. 9. 1924.

[70] s. o. Fn. 25.

[71] Die international-privatrechtlichen Aspekte besaßen hier keine besondere Bedeutung, da nach der PVÜ der Kl. derselbe Schutz wie einer deutschen AG zustand (RGZ 109, 213).

[72] a.a.O., 214.

[73] a.a.O., 215.

Die Begründung aus § 12 BGB überrascht. Denn noch wenige Monate zuvor hatte das RG in der „Merx"-Entscheidung[74] § 16 UWG in einer vergleichbaren Situation angewandt und ausgeführt, ein Wettbewerbsverhältnis zwischen den Beteiligten sei nicht Voraussetzung zur Anwendung dieser Vorschrift. Es schien, als ob das Reichsgericht nunmehr bei branchenfremden Unternehmen die etwas schwierige Begründung aus § 16 UWG vermeiden wolle. Doch diese Erwartung täuschte. In der Folgezeit werden § 12 BGB und § 16 UWG zum Firmenschutz einträchtig nebeneinander verwendet.

Scheinbar wird mit der „Neuerburg"-Entscheidung des RG[75] eine restriktivere Epoche eingeleitet.

Das Zigarettenunternehmen „Haus Neuerburg" oHG, das auch zahlreiche gleichlautende Warenzeichen für Tabakprodukte besaß, verlangte von der Spirituosenfirma „Neuerburg AG", sie solle die Benutzung des Wortes „Neuerburg" unterlassen, wenn sie nicht wenigstens zur Unterscheidung dem „Neuerburg" einen Vornamen beifüge. Beiden Gesellschaften gehörten Personen namens Neuerburg an.

Das RG lehnt einen Schutz aus § 14 WZG (a. F.) ab, weil die Waren der Parteien nicht gleich oder gleichartig seien und fährt fort: „Aber auch der unabhängig vom Zeichenschutz dem Namen[76] und der Firma gewährte Schutz reicht nicht weiter, als zur Beseitigung der Gefahr der Verwechslung der widerrechtlich bezeichneten Waren mit denen des Namensträgers oder Firmeninhabers erforderlich ist[77]." Da aber auch die Erweckung des Anscheins einer Einflußnahme vom einen Unternehmen auf das andere ausreicht, um eine solche Gefahr zu begründen, bleibt das RG materiell auf der gleichen Linie wie im „Kwatta"-Urteil[78]. Solche Verwechslungsgefahr bestehe, da beide Firmen das Wort „Neuerburg" in ihrer Reklame stark herausstellten. Besondere Bedeutung mißt das Gericht der Tatsache bei, daß die Unterscheidungskraft des Schlagwortes durch die Doppelbenutzung vermindert werde[79].

Die Literatur nahm die Entwicklung der Rechtsprechung im wesentlichen ohne Kritik zur Kenntnis. Eine heftige Kontroverse entbrannte im Firmenrecht nur im Anschluß an die „Malzmann"-[80], „Arnheim"-[81], „Stoll-

---

[74] Vom 27. 5. 1924, RGZ 108, 272. Zwei Handelsgesellschaften, die den Firdenbestandteil „Merx" besaßen, stritten sich, ob nur der zuerst entstandenen Gesellschaft der Name „Merx" zukam.

[75] RGZ 114, 90 (1926).

[76] Das RG gewährt nunmehr auch der Firma der OHG grundsätzlich den Schutz des § 12 BGB (a.a.O., 93, 94).

[77] a.a.O., 92.

[78] s. o. Text vor Fn. 73.

[79] a.a.O., 95, 96.

[80] RGZ 110, 234.

[81] RGZ 111, 67.

werck"-[82] und „Wagner"-[83]Urteile, in denen das RG den Grundsatz entwickelte, der firmenmäßige Gebrauch des eigenen Namens sei bei Priorität einer gleichnamigen Firma nur dann erlaubt, wenn die Namensaufnahme firmenrechtlich zwingend geboten sei[84]. Die bändefüllende Diskussion[85], die stark emotional geprägt war, können wir übergehen, da sie unser Thema nur am Rande berührt[86].

Mit besonderer Spannung wurde die Entscheidung des RG erwartet, als der Hersteller der „Salamander"-Schuhe den zweiten Anlauf nahm, dieses Kennzeichen für sich zu monopolisieren[87].

Ein Schleif- und Schmirgelpapier-Fabrikant benutzte seit 1924 das Wortzeichen „Salamander" sowie ein Bildzeichen in Gestalt eines Salamanders für seine Produkte. Die Klägerin begehrte u. a. die Unterlassung der Benutzung dieser Zeichen und Schadenersatz.

Da nicht die Muttergesellschaft — wie im „Salamander I"-Fall[88] — sondern eine Tochtergesellschaft, die die Marke „Salamander" in ihre Firma aufgenommen hatte, klagte, konnte das RG, ohne mit dem früheren Entscheid formell in Widerspruch zu geraten, im Anschluß an „Kwatta"[89] aus § 12 BGB dem Unterlassungsbegehren stattgeben. Bedenken des Berufungsgerichts[90], welches den Namensschutz nur insoweit für gerechtfertigt hielt, als die Beklagte das Zeichen für in der Schuhfabrikation verwendbare Schleifmittel benutzte, teilte das RG nicht. Auch ein Wort aus der allgemeinen Umgangssprache müsse, wenn es einmal zur schlagwortartigen Abkürzung einer Firma geworden sei, Schutz gegenüber jedermann genießen[91].

Die Begründung des Schadenersatzanspruches aus §§ 1, 16 UWG macht eine Auseinandersetzung mit dem ersten Salamander-Urteil notwendig. Sie fällt kurz aus: „Allein diese im Schrifttum nicht unwidersprochen

---

[82] RGZ 116, 210.

[83] RG JW 1928, 345.

[84] z. B. nach § 18 HGB.

[85] Vgl. z.B. nur die Beiträge in MuW 1927/8: *Hogens*, Die Verwechslungsgefahr bei Namen und Firmen nach § 16 UWG, 289 ff.; *Kirchberger*, Die Enteignung des Familiennamens und das englische Recht, 118 ff.; *Koch*, Die Grenzen des rechtmäßigen Gebrauchs des eigenen Namens im Geschäftsverkehr, S. 299 ff.; *ders.*, Die Grenzen des rechtmäßigen Gebrauchs des eigenen Namens im Geschäftsverkehr nach englischem Recht, 42 ff.; *Becker*, Wettbewerbsgesetz und Firmenbildung, 88 ff.; *Traumann*, Grenzziehung zwischen berechtigter Namensführung und Wettbewerbsschutz, 121 ff.; *Reimer*, Vorschläge zur Behandlung der Frage des Namensrechts unter Berücksichtigung der englischen Rechtsprechung, 294 ff.; *Lifschütz*, Familienmarke als Schutzpreis, 330 ff.

[86] Nicht die Berühmtheit, sondern die Priorität entscheidet. Die Unternehmen betrieben jeweils dasselbe oder ein ähnliches Gewerbe.

[87] RGZ 115, 401 — „Salamander II".

[88] RGZ 87, 274 — „Salamander I".

[89] s. o. Fn. 69.

[90] Wiedergegeben in RGZ 115, 406.

[91] 407, 408.

gebliebene" (frühere) „Auffassung ... kann mindestens für die hier vorhandene Sachlage keine Geltung beanspruchen[92]."

Die Gründe, die die Sachlage so unterschiedlich gestalten sollten, sieht das Reichsgericht einmal in der Tatsache, daß die Produkte der Beklagten auch in der Schuhindustrie Verwendung fänden und somit beim Publikum die Gefahr der Verwirrung über die Herkunft der Schleifmittel entstehen könne; ferner sei „Salamander" für die Klägerin und die hinter ihr stehende Muttergesellschaft zu einem weithin bekannten und anerkannten Schlagwort geworden; „In einem solchen Fall will der Benutzer, wie Seligsohn WZG, 3. Aufl. § 14 Bm. 20 (S. 234) mit Recht ausführt, von dem Rufe, den ein anderer durch die Güte seiner Waren oder durch kostspielige Reklame sich erworben hat, mitgenießen, und er schädigt den anderen dadurch, daß die Unterscheidungskraft der Bezeichnung infolge dieses Mißbrauchs geschwächt wird"[93]; dies rechtfertige die Anwendung des § 16 UWG; schließlich sei die Benutzung des Zeichens für Waren aller Art, auch soweit sie nicht in Zusammenhang mit der Schuhindustrie gebraucht werden könnten, sittenwidrig. „Auch insoweit liegt eine dem Wettbewerbszweck dienende sittenwidrige Ausnutzung des weitverbreiteten Rufes der Klägerin und ihrer allgemein bekannten Namens- und Warenbezeichnung ‚Salamander' vor[94, 95]."

All dies hätte das Reichsgericht auch in der ersten Salamander-Entscheidung finden können. Nicht der unterschiedliche Sachverhalt war es, der eine andere Entscheidung verlangte, auch nicht, daß die Firma als „Schlagwort" nun auch die Marke enthielt; es war vielmehr eine gewandelte Rechtsüberzeugung.

c) Soweit nach „Salamander II" noch Zweifel bestehen konnten, ob das Alleinbenutzungsrecht an einem bekannten Zeichen nur dann gewährt werden solle, wenn der Berechtigte das Warenzeichen in seine Firma aufgenommen hatte, wurden sie durch die „Uralt"-Entscheidung des RG vom 8. 3. 1927[96] beseitigt.

Die Weinbrandherstellerin Asbach & Co. GmbH vertrieb seit etwa 20 Jahren ihre Spirituosen unter dem eingetragenen Zeichen „Asbach Uralt". Die Jahrhunderte alte, renomierte Tabakfirma Oldenkott & Söhne ließ sich 1925 die Marke „Uralt" für Tabakwaren eintragen. Asbach verlangte Löschung, Unterlassung des Gebrauchs und Schadenersatz.

---

[92] 410.

[93] a.a.O.

[94] a.a.O.

[95] Bemerkenswert erscheint, daß *Seligsohn*, der Gewährsmann des RG, gerade von dieser Entscheidung meint, sie gehe nun seines Erachtens schon zu weit. (*Seligsohn*, GRuR 1927, 636, 643).

[96] RG GRuR 1927, 480.

Das Reichsgericht gewährt Schutz aus § 1 UWG. Es wiederholt die Formeln von unbefugter Benutzung des mit Mühe und Kosten errungenen Arbeitsergebnisses, von der Möglichkeit, das Publikum könne eine Beziehung zwischen den Betrieben annehmen, die aus den Entscheidungen zum Schutz von Firma und Namen[97] hinlänglich bekannt sind. Diese Grundsätze auch auf ein bekanntes Warenzeichen anzuwenden, erscheint dem Gericht unbedenklich. Auch die Tatsache, daß ein Allerweltswort wie „Uralt" im Geschäftsbereich für ein Unternehmen „beschlagnahmt" wird[98], beunruhigt das Gericht nicht. Sei es der Klägerin einmal gelungen, diesen Begriff durch langjährige kostspielige Reklame zum Kenn- und Schlagwort ihrer Erzeugnisse zu machen, so müsse formales jüngeres Zeichenrecht weichen, zumal kein Bedürfnis des Beklagten bestehe, sich gerade dieses Wortes zu bedienen[99].

d) In der Literatur werden diese Urteile allgemein begrüßt. Man weist begeistert darauf hin, daß dieser Judikatur „der richtige Gedanke der Rechtstatsachenforschung"[100], die richtige Betrachtung des veränderten Wirtschaftssystems zugrunde liege; der Kaufmann müsse erfinderisch genug sein, eine neue Bezeichnung zu finden[101].

Einzelne Kritiker wie *Goldbaum*[102], die die Überspannung des Individualschutzes für den Besitzenden fürchten und das UWG „zum Schutze des Gemeinwohls im Sinne der Kartellverordnung"[103] anwenden wollen, werden überwältigt durch eine Lawine von Repliken der führenden Autoren[104]. Hinweise darauf, daß doch eigentlich ein triftiger Grund für eine Abweichung vom WZG aufgezeigt werden müsse, ehe man von ihm abweiche, daß § 1 UWG ein Wettbewerbsverhältnis zwischen den Beteiligten voraussetze, daß § 12 BGB im Abschnitt über natürliche Personen stehe[105], verhallen ungehört.

e) Immer häufiger sieht sich nun die Rechtsprechung mit Prozessen konfrontiert, in denen eine Partei einen Firmenbestandteil, ein Waren-

---

[97] s. die „Merx-", „Kwatta-", „Neuerburg-" und „Salamander II"-Urteile.

[98] Hierauf hatte die Berufungsinstanz ihr abweisendes Urteil gestützt, 482.

[99] Da nicht Beweis erhoben war, ob tatsächlich das Wort „Uralt" alleine, also ohne den Zusatz „Asbach", bereits zum Kennzeichen für das Unternehmen geworden sei, wurde zurückverwiesen (vgl. RG GRuR 1928, 931). Asbach unterlag letztendlich.

[100] *Mittelstaedt*, GRuR 1927, 137.

[101] *Daffis*, GRuR 1931, 801, 807; aus der großen Zahl der positiven Stellungnahmen s. nur z. B. *H. Isay*, GRuR 1927, 863, 866 f.; *Bußmann*, GRuR 1929, 992 ff. sowie alle führenden Kommentare der Zeit.

[102] GRuR 1927, 781; 1929, 298; LZ 1927, 723.

[103] *Goldbaum*, GRuR 1929, 298.

[104] Spezifisch gegen *Goldbaum* z. B.: *Callmann*, Unlauterer Wettbewerb zum Wohle der Allgemeinheit, MuW 1927, 387; *ders.*, Überspannung des Wettbewerbsgedankens, GRuR 1928, 102; *H. Isay*, Formalismus in der Rechtsprechung über unlauteren Wettbewerb, GRuR 1927, 863.

[105] Diese Einwände bringt *Weinmann*, GRuR 1931, 119 ff.

zeichen für sich im gesamten Geschäftsverkehr zu monopolisieren versucht[106]. Dies lag nicht nur, wie *Wassermann* meinte, daran, „daß auf dem Gebiete des Warenzeichen- und Wettbewerbsrechts die Parteien nicht davor zurückschrecken, Behauptungen von erstaunlicher Kühnheit aufzustellen, um den Tatbestand möglichst mit den vom RG aufgestellten Erfordernissen in Einklang zu bringen“[107]; es waren vielmehr die pauschalen, formelhaften Begründungen der Rechtsprechung, die die Parteien verführen mußten, Rechtsschutz zu suchen. Wann denn war ein Firmenbestandteil, ein Zeichen zum „Schlagwort“ geworden, wann war genug Mühe und Arbeit investiert worden, um den Sonderschutz zu erlangen? Diese Fragen waren offengeblieben.

Während weiterhin beim Schutz aus § 12 BGB und § 16 UWG für Firmenbestandteile die bloße Aufnahme der Tätigkeit genügte, fordert das RG beim Warenzeichen nun mehr und mehr einen besonders hohen Wert der Marken, die vor Verwässerungen zu schützen seien[108].

Wird dieser besondere Wert, die hohe Verkehrsdurchsetzung aber einmal bejaht, so gewährt die Rechtsprechung auch dem kleinsten Detail Schutz: Einem Hersteller von Klebstoffen, der bei seiner Marke „Rudol No. 333“ den Nummern-Kürzel und die Zahl mit einem großen ellipsenförmigen Bogen — ähnlich wie bei 4711 — verband, untersagte das RG die Benutzung des Schnörkels[109]. Eine Papierhandlung, die sich „X gegenüber der Stiftskirche“ nannte, mußte auf Intervention der Farina-Firma „gegenüber dem Jülichsplatz“ das Wörtchen „gegenüber“ opfern[110].

Die bloße Formgestaltung eines Zeichens wird schließlich auch im „Bayer-Kreuz“-Urteil[111] geschützt, in dem das Reichsgericht — soweit ersichtlich — zum letzten Mal zum Verwässerungsschutz bekannter Marken Stellung bezog.

Eine Samenzüchterin bedruckte die Tüten, in denen sie ihre Produkte an Wiederverkäufer abgab, mit einem Zeichen, welches im unteren Teil eines länglichen, hochgestellten Rechtecks einen waagerechten Balken, links im Feld senkrecht auf ihm stehend einen weiteren Balken und in der rechten oberen Ecke einen freischwebenden Kreis aufwies.

---

[106] z. B. RG JW 1926, 1434; GRuR 1927, 899.

[107] *Wassermann*, GRuR 1929, 12.

[108] Vgl. RG GRuR 1927, 902: „Für eine Gleichstellung“ gewöhnlicher Zeichen „mit so überaus wertvollen Warenzeichen wie z. B. dem bekannten Zwillingszeichen ... oder der bekannten Weltmarke ‚Odol‘ oder der Marke ‚4711‘ u. a., die sich längst — vielfach seit Jahrzehnten — als Kennzeichen der betreffenden Betriebe im Verkehr durchgesetzt haben, fehlt es ... an jeder Grundlage“.

[109] RG JW 1932, 1858.

[110] RG GRuR 1932, 2805.

[111] Urt. vom 31. 10. 1942, RGZ 170, 137.

In diesem Kreis waren entweder das Wort „modern" oder das Wort „Jothoho" (bestehend aus den Anfangsbuchstaben der Firma) derart kreuzförmig angeordnet, daß jeweils der mittlere Buchstabe dem senkrechten und waagerechten Wort gemeinsam waren[112]. Die I. G. Farben sah ihr Zeichenrecht am sog. „Bayer-Kreuz" verletzt. Dieses besteht gleichfalls aus einem Kreis, in dem senkrecht und waagerecht im Radius das Wort Bayer so angeordnet ist, daß das Y den Kreuzungspunkt bildet.

Nach einer ungewöhnlich gründlichen und ausführlichen[113] Untersuchung gelangt das Reichsgericht zu dem Schluß, Verwechslungsgefahr i. S. des § 31 WZG bestehe zwischen den Zeichen der Parteien nicht, auch wenn der Vergleich sich auf die Wortkreuze in den Kreisen beschränke. Ein Schutz aus § 12 BGB wird gleichfalls abgelehnt.

Dagegen sieht das RG einen Verstoß gegen § 1 UWG: „Das Zeichen der Klägerin genießt ... bereits seit Jahrzehnten Weltgeltung. Es hat sich kraft langen Gebrauchs und umfassender Werbung in stärkstem Maße als Kennzeichen für das Unternehmen der Klägerin durchgesetzt, gilt dem Verkehr als Merkmal für die Güte der unter ihm im Handel erscheinenden Erzeugnisse und bildet damit eine wertvolle Stütze für den Ruf der Klägerin. Nicht nur diese hat deshalb ein berechtigtes Interesse daran, die Werbekraft ihres Zeichens ungeschmälert erhalten zu sehen, sondern es entspricht auch einem im Wohle der Volksgesamtheit und in den Belangen der Allgemeinwirtschaft begründeten Gebot, daß der in ihm verkörperte wirtschaftliche Wert keine Einbuße erleidet. Das wäre aber der Fall, wenn es der Beklagten gelänge, die von dem Zeichen ausgehende Werbewirkung abzuschwächen, sie eigenen Zwecken dienstbar zu machen und auf Erzeugnisse abzuleiten, die mit dem Unternehmen der Klägerin nichts zu tun haben. Dazu bedarf es weder stets der Übernahme des Zeichens in einer Form, welche die Gefahr einer Verwechslung mit sich bringt, noch seiner Verwendung für Waren, die denen der Klägerin im Sinne zeichenrechtlicher Gleichartigkeit nahe-

---

[112] Um die etwas komplizierte wörtliche Beschreibung zu verdeutlichen, sei eine bildliche Rekonstruktion versucht. Das Zeichen dürfte etwa so ausgesehen haben:

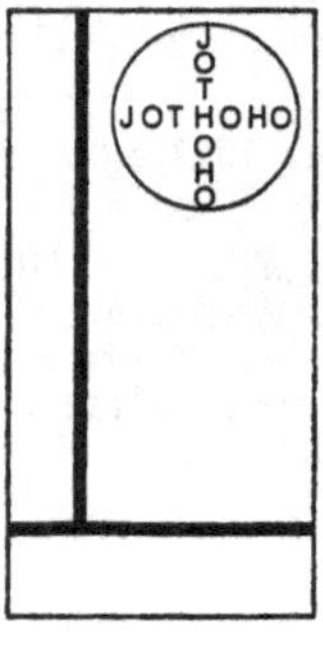

[113] 142 bis 151!

stehen[114]." Eine solche Abschwächung der Werbewirkung hält das RG insbesondere deswegen für möglich, weil sich Waren der Parteien in Drogerien und Samenhandlungen begegnen könnten und „damit Anlaß bieten, daß die auf ihnen befindlichen Zeichen von ein und derselben Käuferschicht unter den nämlichen Verhältnissen wahrgenommen werden. Auch ohne daß deswegen Verwechslungen der Herkunft der Waren vorzukommen brauchen, erwächst daraus die Gefahr, daß der Käufer, durch die bildliche Ähnlichkeit veranlaßt, auch für die Erzeugnisse der Beklagten Vorstellungen Raum gewährt, die er mit den ihm bekannten Bayer-Erzeugnissen verbindet. Er kann andererseits, gerade wenn er sich der Verschiedenheit der Zeichen voll bewußt ist, durch das Vorkommen eines in seiner Bildwirkung immerhin ähnlichen Zeichens auf einem nicht fernliegenden Warengebiet in seiner Meinung in der Einmaligkeit und überragenden Stellung des Bayer-Kreuzes schwankend werden. ... Der damit gegebene Begriff der ‚Verwässerungsgefahr' ist ... keineswegs so unbestimmt und unabgrenzbar, daß er sich einer wettbewerbsrechtlichen Beurteilung entzöge. ... Das die Unlauterkeit begründende Merkmal liegt hierbei darin, daß, wer sich durch Anpassung seiner Warenbezeichnung an ein allgemein bekanntes, fremdes Kennzeichnungsmittel dessen Werbewirkung zu eigen macht, in einen ohne sein Zutun entstandenen, fremden wettbewerblichen Besitz eingreift und diesen gefährdet"[115].

5. *Zusammenfassung*

Die „Bayer-Kreuz"-Entscheidung, meint *Ulmer*, „ist besonders eingehend begründet und erscheint als Schlußstein in dem Bau, der in langsamem Fortschreiten von der Rechtsprechung errichtet wurde"[116].

Versucht man jedoch, ein klares Bild über Grundriß, Aufriß und Seitenansichten dieses angeblich fertiggestellten juristischen Bauwerks zu gewinnen, so ergeben sich Schwierigkeiten. Zwar war inzwischen allgemein anerkannt, daß das Warenzeichenrecht nur einen Ausschnitt aus dem allgemeinen Wettbewerbsrecht bilde; *Ulmer* insbesondere hatte schon 1929[117] Rechtsprechung und Lehre davon überzeugt, der „Besitzstand" des Unternehmers, der einem Kennzeichen durch seine Tätigkeit „Werbekraft" verliehen habe, müsse unabhängig von der Registereintragung auch gegenüber registrierten Zeichen eines Dritten geschützt werden; dies hatte auch der Gesetzgeber durch die Ratifizierung der Haager Fassung des Art. 6bis der PVÜ[118] implizit[119] und durch die Verabschie-

[114] 151 f.

[115] 153.

[116] ZHR 114, 46.

[117] *Ulmer*, Warenzeichen und unlauterer Wettbewerb in ihrer Fortbildung durch die Rechtsprechung, Berlin, 1929, passim.

[118] Die damalige Fassung (1925) entspricht — mit hier unwesentlichen geringen Abweichungen — der heutigen: Eine notorisch bekannte Marke eines ver-

dung des § 4 Abs. 2 Nr. 5 des WZG vom 5. 5. 1936 explizit anerkannt; all diese Übereinstimmung beschränkte sich aber auf gleiche und gleichartige Waren.

Die Rechtsprechung zum Schutz der berühmten Marke über den Warengleichartigkeitsbereich hinaus jedoch wirkt recht diffus. Ein Rechtssatz, wollte man es unternehmen ihn aus den reichsgerichtlichen Entscheidungen herauszudestillieren, müßte vage bleiben. Man könnte etwa wie folgt formulieren:

> Es ist untersagt, ein Warenzeichen, eine Firma oder einen Firmenbestandteil zu benutzen, welche einem anderen Warenzeichen, einer anderen Firma oder einem anderen charakteristischen Firmenbestandteil identisch oder verwechselbar ähnlich sind, soweit diese letztgenannten Kennzeichen einen gewissen Bekanntheitsgrad erreicht haben[120], auch wenn diese Kennzeichen auf einem verschiedenen Produktionssektor verwendet werden[121].

Offen bleibt, welchen Grad der Bekanntheit ein solches Zeichen errungen haben muß: Muß es nur den „beteiligten Verkehrskreisen"[122] oder gar aller Welt[123] geläufig sein? Muß der besondere Ruf bis zum Endverbraucher gedrungen sein, oder genügt es, daß die Zwischenhändler die Marke kennen[124]? Muß die mit dem bekannten Kennzeichen versehene Ware eine besonders hohe Qualität aufweisen[125]? Soll der Sonderschutz nur dann gewährt werden, wenn der Zweitbenutzer einen zweifelhaften Ruf besitzt[126]?

---

bandsangehörigen Ausländers war davor zu schützen, daß ein Dritter sie national für gleiche oder gleichartige Waren registrieren lasse.

[119] Vgl. *Ulmer*, Warenzeichen, S. 21: Es könne nicht gesetzlicher Wille sein, einen Ausländer vor einem Inländer zu bevorzugen.

[120] Ob bei Firmen eine besondere Verkehrsdurchsetzung überhaupt erforderlich ist, erscheint sogar fraglich. s. z. B. das „Eskimo-Pie"-Urteil des RG (RGZ 117, 215), in dem einer US-Firma Namensschutz gewährt wurde, obwohl sie überhaupt noch nicht auf dem deutschen Markt aufgetreten war.

[121] Vgl. auch die zwei Druckseiten einnehmende Zusammenfassung bei *Elsaesser*, S. 47 ff.

[122] Eine solche Beschränkung legt z. B. die „4711"-Entscheidung des LG Chemnitz (JW 1924, 722) nahe: „Der Kreis derjenigen, welche die von der Beklagten in den Handel gebrachten Waren verbrauchen, deckt sich ... mindestens teilweise mit den Verbraucherkreisen, die für die Klägerin in Betracht kommen."

[123] In der „Bayer-Kreuz"-Entscheidung geht das RG anscheinend davon aus, das zu schützende Zeichen müsse Weltgeltung besitzen (RGZ 170, 151). Vgl. dazu auch *Ulmer*, ZHR 114, 49.

[124] Hierzu s. etwa RG GRuR 1937, 1090 — „Berko".

[125] s. z. B. RG, a.a.O. (Fn. 123), und RG MuW XXXI, 517 (519) — „Schweifbogen".

[126] RGZ 108, 275 — „Merx": „Das Interesse nicht mit einer Firma von zweifelhaftem Rufe verwechselt zu werden, ist schutzwürdig und als solches bereits ... anerkannt." Vgl. aber dagegen RG GRuR 1927, 480 ff. — „Uralt": Obwohl die Beklagte, die Fa. Oldenkott, auf ein noch längeres Bestehen zurückblicken konnte als die Klägerin und sich gleichfalls eines guten Rufes erfreute, sah das RG dennoch die Gefahr, der gute Ruf der klagenden Fa. Asbach könne unter der Zweitbenutzung des Wortes „Uralt" durch Oldenkott leiden.

Gewichtiger aber als all diese Detailschwierigkeiten erscheint, daß weder die dogmatische Verankerung des Rechtsschutzes im gesetzten Recht gesichert werden, noch überzeugend dargelegt werden konnte, warum ein solcher Schutz geboten sei. Der Hinweis, seit dem Inkrafttreten der Wettbewerbsgesetze habe „eine weitgehende Verfeinerung stattgefunden“[127], ist wenig aussagekräftig. Es ist auch nicht unmittelbar einsichtig, daß die Zweitbenutzung eines Zeichens gegen das „Rechtsbewußtsein des deutschen Volkes“ verstößt. Selbst wenn man mit *Ulmer* den Schutz auf eine kleine Gruppe von Marken[128] beschränken und in deren gesteigerter Verkehrsgeltung den Schutzgrund sehen will[129], bleibt unklar, warum denn diese erhöhte Durchsetzung beim Publikum den Schutzbereich eines Zeichens über den vom WZG gesetzten Rahmen hinaus erweitern soll, warum der Zustand der Verkehrsbekanntheit zu einem rechtlich geschützten „Besitzstand“ erhoben wird[130].

Angesichts der stetig wechselnden, alternierenden und kumulierten Verankerungsversuche im geltenden Recht[131], erscheint es nicht nur fraglich, ob ein Schlußstein gesetzt ist, sondern gar, ob überhaupt bereits ein Grundstein gelegt, ein tragfähiges Fundament für den Sonderschutz errichtet sei.

II. Die berühmte Marke in der Nachkriegszeit

1. *Die Entwicklung bis zur Währungsreform*

Während sich das Reichsgericht noch in den letzten Wochen seines Bestehens mit der angeblichen Verwässerung eines Kennzeichens — einer bekannten Firma — beschäftigen mußte[132], kehrte nach dem Zusammenbruch schlagartig Stille ein.

In der Zeit des Schlangestehens und der Minimalrationen verband man mit dem Begriff „Marke“ allenfalls den Gedanken an die behördlichen Berechtigungsscheine zum Bezug der lebenswichtigsten Güter. „Der Absatz war kein Problem, zu besonderer Reklame kein Anlaß“[133]. Viele der bekannteren Warenzeichen wurden von ihren Inhabern nicht

[127] So *Ulmer*, GRuR 1937, 770.

[128] ZHR 114, 48.

[129] 49.

[130] Vgl. *Ulmer*, Warenzeichen, S. 23: „Der Besitzstand an der Marke (der Zustand ihrer Verkehrsbekanntheit) ist ein ... ständig wiederkehrendes Tatbestandsmerkmal: der Besitzstand kann die Monopolverleihung rechtfertigen in Fällen, in denen sie sonst zu versagen wäre.“

[131] *Elsässer* sagt zu Recht jeweils: „Die Begründung ist zu § ... geschrieben.“

[132] RG, Urt. v. 26. 2. 1945, GRuR 1951, 332 — „Koh-i-noor“ (Bleistifte/Druckknöpfe).

[133] *Ulmer*, GRuR 1951, 356.

mehr benutzt, da mangels ausreichend guter Rohstoffe die „Friedensqualität" nicht annähernd erreicht werden konnte und die „guten" Marken nicht beim Verbraucher an Vertrauen verlieren sollten[134]. Das Patentamt war geschlossen. Warenzeichenstreitigkeiten traten kaum auf. Nur die unmittelbaren Kriegsfolgeprobleme waren wichtig genug, um in der Literatur behandelt zu werden[135].

Es war eine Zeit, die hätte Anlaß geben können, das System des gewerblichen Rechtsschutzes und des Wettbewerbsrechts von Grund auf neu zu überdenken. Auf dem Gebiet der bekannten Kennzeichen jedoch gab es keine neuen Ansätze.

2. *Die Fortsetzung und Ausweitung der reichsgerichtlichen Rechtsprechung*

a) Mit dem Wiedererstarken der Wirtschaft nach der Währungsreform im Jahre 1948, mit der neugewonnenen Stabilität und dem beginnenden „Wirtschaftswunder" fing von neuem der Kampf der Produzenten um Marktanteile und Käufergunst an. Und schon bald spiegelte sich die zunehmende Werbetätigkeit in vermehrten Wettbewerbsprozessen wieder. 1949 registriert die GRuR den ersten Rechtsstreit über die angebliche Nachahmung von Reklameanpreisungen[136], und bereits 1950 scheint sich — will man nach der Zahl der veröffentlichten Entscheidungen urteilen[137] — die Wirtschaftslage stabilisiert zu haben. 1951 schließlich sind Streitigkeiten um bekannte Zeichen wieder zu einem Alltagsproblem für Schrifttum und Praxis geworden.

Die Instanzgerichte gewähren großzügig Schutz: Einem Berliner Juwelier wird es vom Kammergericht untersagt, ein mit „Persil" verwechslungsfähiges Zeichen für seine Waren zu benutzen[138]. Ein Textilhersteller darf für seine Perlon-Wolle-Mischgarne nicht das Zeichen „Perwollon" verwenden, da eine Verwässerung des Henkelschen Zeichens „Perwoll" befürchtet wird[139]. Besondere Bedeutung mißt das Gericht dem Umstand bei, „daß die Klägerin als Waschmittelherstellerin Weltruf genießt und

[134] s. z. B. *Bußmann*, MA 1950, 35 und *Magnus*, MA 1950, 91.

[135] In den juristischen Zeitschriften des Jahres 1947 werden vor allem Notlösungen zum Schutz von Erfindungen und Zeichen während der Schließung des Patentamtes (z. B. *Alexander-Katz*, Die Ersetzung der Warenzeicheneintragung BB 1947, 293) und die Auswirkungen der Enteignungsmaßnahmen in der sowjetischen Zone auf die Westzonen (z. B. *Benkhard*, Der Einfluß der Zwangsenteignung auf juristische Personen des Handelsrechts mit Betrieben in verschiedenen Zonen, DRZ 1947, 356) diskutiert.

[136] LG Düsseldorf, GRuR 1949, 382 — „mit Faserschutz"; s. dazu die treffende Kritik von *Moser v. Filseck*, GRuR 1950, 18 ff.

[137] Die GRuR verzeichnet wieder 14 wichtige deutsche Entscheidungen in der Rubrik „Warenzeichen- und Wettbewerbsrecht".

[138] KG — 5 U 329/49 — zitiert bei *Becher*, GRuR 1951, 490.

[139] LG Düsseldorf, GRuR 1952, 47.

Perwoll nicht ihr einziges Erzeugnis ist, sondern vielmehr zu der Palette ihrer anderen weithin bekannten Erzeugnisse wie Ata, Sil, Imi, Henko und Persil gehört. Das bedingt aber andererseits, daß sie besonders darauf bedacht sein muß, daß keines ihrer Erzeugnisse hinsichtlich der Verkehrsgeltung eine Beeinträchtigung erfährt"[140]. Das Gericht gewährt gleichzeitig noch einen warenzeichenrechtlichen Unterlassungsanspruch. „Die Gefahr der Verwechslung der Zeichen ... im Sinne einer erweiterten Verwechslungsgefahr"[141] wird damit begründet, daß das Publikum möglicherweise die Unternehmen verwechseln könne. Anders als in den reichsgerichtlichen Urteilen, in denen die besondere Gefahr für den Inhaber des bekannten Zeichens darin gesehen wird, daß das neue Unternehmen dem alten zugerechnet wird, fürchtet das Landgericht hier gerade die umgekehrte Verwechslung: [Es] „liegt ... die irrtümliche Annahme nahe, daß die Herstellerin des Strickgarns Perwollon sich für dieses neuartige Erzeugnis zugleich einen Betrieb für die Herstellung des entsprechenden Waschmittels — Perwoll — angegliedert hat"[142].

Einem Herrn Persiel, der sich als persönlich haftender Gesellschafter an einem Seifen- und Waschmittelgroßhandel beteiligt[143], verwehrt es das Landgericht Kiel, seinen Namen in die Firma seines Unternehmens aufzunehmen. Zur Begründung dienen §§ 24, 25, 30 WZG, §§ 1, 16 UWG und §§ 12, 823 BGB.

Das für Batterien und Taschenlampen wohlbekannte Warenzeichen „Daimon" wird vom Landgericht Berlin (West) aus §§ 1, 16 UWG und § 12 BGB davor bewahrt, daß ein Papier- und Druckunternehmen es für seine Erzeugnisse verwendet[144].

In Düsseldorf mußte ein „Reisebüro E. Henckel & Co., Reisekredit OHG" auf die Intervention des Chemie-Konzerns Henkel seine Pforten schließen. Die Entscheidung ist insofern bemerkenswert, als sich das Landgericht Düsseldorf[145] im Gegensatz zu den vorgenannten Gerichten und den meisten reichsgerichtlichen Erkenntnissen nicht, auch nicht sicherheitshalber, bemüht, unter allen Umständen eine Verwechslungsgefahr zu konstruieren. Im Gegenteil spricht das Landgericht klar aus, trotz der großen Bekanntheit und der Werbekraft der Firma der Klägerin könne sich dem Konsumenten nicht der Gedanke aufdrängen,

---

140 48.

141 a.a.O.

142 a.a.O. Wie sich diese stärkere Bedeutung des Zeichens „Perwollon" mit der Feststellung des Gerichts vereinbaren läßt, „Perwoll" besitze zwar keine Weltgeltung, immerhin aber eine erhöhte Verkehrsgeltung, erwähnt das LG nicht.

143 Soweit aus den Urteilsgründen zu ersehen ist, handelte es sich um eine echte Beteiligung und nicht um einen Strohmannfall. LG Kiel, GRuR 1951, 84.

144 GRuR 1951, 416 f.

145 GRuR 1951, 520.

zwischen den Parteien bestünden besondere Beziehungen. Ansprüche aus § 12 BGB und § 16 UWG werden abgelehnt. Jedoch § 1 UWG verhilft der Klägerin zum Sieg[146]. Es bestehe die Möglichkeit, „daß der Teilnehmer am Wirtschaftsverkehr mit dem Reisebüro Henckel ähnliche Vorstellungen verbindet wie mit den Henkel-Werken und den Henkel-Sachen; insbesondere „bestehe jedoch zum Nachteil der Kl. die Gefahr, daß die Einmaligkeit und überragende Bedeutung der Firma und des Zeichens Henkel schwankend" werde[147]. Zum erstenmal in der Nachkriegszeit wird deutlich erklärt, daß es nicht das Ziel des Schutzes bekannter Kennzeichen ist — auch nicht Nebenzweck —, den Konsumenten vor Verwirrung zu bewahren, sondern allein[148], dem Inhaber des Zeichens gegenüber allen nur denkbaren Beeinträchtigungen der werblichen Attraktivität seines Zeichens Schutz zu gewähren.

Im gleichen Jahr wird sogar einer ganzen Warengattung Schutz vor der Gefahr einer Verwässerung zuteil.

Der Beklagte vertrieb ein Bohnerwachs, dem er Kölnisch Wasser zusetzte, unter der Bezeichnung „Kölnisch-Wasser-Wachs". Die Kölnisch Wasser Fabrikanten fürchteten eine Verwässerung des in der Beschaffenheitsangabe liegenden Qualitätsbegriffs und setzten sich mit Erfolg zur Wehr.

Die Kölnisch-Wasser-Hersteller, führte das Landgericht Köln[149] aus, hätten sich durch Aufwand von Mühe und Kosten für diese Bezeichnung in der Vorstellung der Verbraucher eine besondere Wertvorstellung für Dinge errungen, die einen „anspruchsvolleren Lebensstil" verkörperten. Durch die Verwendung der Bezeichnung nutze der Bohnerwachsfabrikant fremde Arbeitsergebnisse aus und beeinträchtige sie, handele mithin wettbewerbsfremd (§ 1 UWG).

Nach Ansicht des Oberlandesgerichts Stuttgart[150] verstieß ein Gummiartikelhändler, der sich das Zeichen „Efzet" zulegte, objektiv gegen § 1 UWG und § 826 BGB[151], da das Publikum möglicherweise annehmen könne, die Schokoladenherstellerin „Eszet" sei nun auch in diesem Bereich tätig.

---

[146] „Für das Bestehen einer Verwässerungsgefahr ist es nicht Voraussetzung, daß die Parteien Wettbewerber sind." (sic!) 521. In der Tat nicht! Auf die Frage, ob — zwar nicht für die *Gefahr* — jedoch vielleicht für den *Rechtsschutz vor dieser Gefahr* aus § 1 UWG ein Wettbewerbsverhältnis erforderlich sei, geht das LG allerdings nicht ein.

[147] 521.

[148] Das LG Köln sieht allerdings — offensichtlich in Anlehnung an die „Bayer-Kreuz"-Entscheidung des RG —, ohne dies näher zu erläutern, einen weiteren Zweck: „Es liegt nicht nur im Interesse der Kl. sondern auch in dem der Allgemeinwirtschaft, daß ein derartiger Besitzstand einen vollkommenen Schutz genießt." 520 f.

[149] GRuR 1951, 521.

[150] MA 1951, 572.

[151] Besonders wohl deshalb, weil die Beklagte auch Präservative in ihrem Sortiment führte.

Das Landgericht Berlin[152] gewährt 1952 dem Kaffee-Hag-Bildzeichen, einem freistehenden Herzen, Schutz gegenüber einem gleichfalls freistehenden Herzzeichen, mit welchem ein Tabakfabrikant für seine angeblich gesundheitsschonenden „Vollreif"-Zigaretten wirbt. Aufschlußreich ist die Begründung. Soweit ersichtlich zum erstenmal wird in der Rechtsprechung zugegeben, daß „die Frage, welche Voraussetzungen im einzelnen gegeben sein müssen, um das Vorliegen einer Verwässerungsgefahr annehmen zu können, durch die Rechtsprechung bisher nicht eindeutig geklärt"[153] ist. Allerdings versucht das Gericht nun nicht, die Berechtigung dieses Schutzes zu überdenken; es enttäuscht, wenn es auf all die Zweifel hin lediglich sein Glaubensbekenntnis verkündet: „Das erkennende Gericht ist der Auffassung, daß ein Anspruch aus § 1 UWG wegen des Bestehens einer Verwässerungsgefahr gegeben ist, wenn ein berühmtes Kennzeichnungsmittel in seiner Schlag- und Kennzeichnungskraft durch die Werbung des Verletzers beeinträchtigt wird[154]." Immerhin wird — gleichfalls zum erstenmal — versucht, die Ansprüche an den Grad der Bekanntheit des schutzwürdigen Kennzeichens zu präzisieren. Im Gegensatz zum Reichsgericht und den übrigen Instanzgerichten bestimmt das Landgericht den notwendigen Bekanntheitsgrad generell-abstrakt und schraubt die Anforderungen höher. In Anlehnung an *Becher* wird hiernach Bekanntheit im ganzen Land gefordert, lokaler Ruhm genügt also nicht, und zwar nicht nur bei den potentiellen Abnehmern, den, wie es im Warenzeichenrecht heißt, „relevanten Verkehrskreisen". „Erforderlich ist hierzu ..., daß das Kennzeichnungsmittel sich derart durchgesetzt hat, daß es auch in Kreisen, die nicht als Abnehmer ... in Betracht kommen, als Hinweis auf ein bestimmtes Unternehmen in beträchtlichem Maße bekannt geworden ist[155, 156]."

Während das Landgericht Berlin im „Hag"-Fall nur eine Verwässerung statuiert, ohne näher darzulegen, wie eine solche Verminderung der Werbekraft des Herzzeichens zustandekommen soll, unternimmt es das Landgericht München[157] im gleichen Jahr, den psychologischen Vorgang etwas näher zu bestimmen.

Die Münchener Spatenbrauerei warb seit Jahrzehnten mit dem Vers: „Laß Dir raten, trinke Spaten!" Dieser Spruch war auch als Warenzeichen eingetragen. Die Beklagte, gleichfalls eine Brauerei, verwandte in ihrer Reklame folgenden Vers: „Ich rate Dir, trink X-mannsbier!" Die Spaten-

---

[152] GRuR 1953, 92.

[153] 93.

[154] a.a.O., Sperrung im Original.

[155] GRuR 1953, 93.

[156] Zum Beleg der so definierten Berühmtheit des Herzzeichens zieht das LG bemerkenswerterweise u. a. ein Urteil des RG aus dem Jahre 1932 (!) heran.

[157] GRuR 1953, 184 — „Spatenvers".

brauerei meinte, nur sie dürfe in Versform, und zwar in einem kurzen Zweizeiler, den Rat erteilen, ein bestimmtes Bier zu trinken.

Nachdem das Landgericht einen Unterlassungsanspruch aus dem WZG bejaht hatte, gewährte es noch obendrein einen Anspruch aus § 1 UWG. „Wenn immer die Beklagte zum Gebrauch ihres Werbespruchs berechtigt wäre, so müßten selbstverständlich auch alle anderen Brauereien durch den in Versform erteilten Rat, ihr Bier zu trinken, für ihr Erzeugnis werben dürfen." Dadurch werde der „Spatenvers" verwässert. Hierzu „genügt die Bewirkung einer Ideenassoziation, der der Verbraucher anheimfällt, wenn er im Verkehr einem dem ihm bekannten ähnlichen Zeichen begegnet"[158].

b) Der kurze Überblick zeigt deutlich nur eines: die Großzügigkeit der Gerichte. Voraussetzungen und Berechtigung des Sonderschutzes liegen weiterhin im Dunkeln.

Wir finden die altbekannten Sentenzen von „Nachahmung fremder Werbung", „Ausnutzung eines mit Mühe und Kosten geschaffenen Arbeitsergebnisses", die Konstruktion einer „Verwechslungsgefahr im erweiterten Sinne", alles Stichworte, die, wie *Friedrich* zu Recht beklagt, „dem Kundigen zur Genüge sagen, daß unsere Frage damit in ein Dickicht führt, das wohl zu den verwirrendsten Revieren im Dschungel des gesamten Wettbewerbsrechts gehören dürfte"[159]. Während einige Entscheidungen besonderen Wert auf eine „Alleinstellung", eine Einmaligkeit des Kennzeichens legen[160], schützen andere — wie das LG Berlin das freistehende „Hag"-Herz[161]-Zeichen, die in vielen Branchen gebräuchlich sind. Fordert das LG Berlin das höchste Maß der — inländischen — Verkehrsbekanntheit[162], bevor es Schutz gewährt, so läßt das LG Düsseldorf eine nicht näher definierte „erhöhte Verkehrsgeltung" genügen, die es obendrein nicht nach der Durchsetzung des betroffenen einzelnen Kennzeichens zu bemessen scheint, sondern nach der Bedeutung des dahinterstehenden Gesamtunternehmens[163].

c) Bei der unterschiedlichen Rechtsprechung der Untergerichte wurde mit besonderer Spannung eine Entscheidung des Bundesgerichtshofs erwartet, durch die ein klärendes Wort gesprochen würde. Doch lange Zeit erreichte kein — wenigstens kein veröffentlichter — Fall das höchste Gericht.

---

[158] LG München, GRuR 1953, 186.

[159] *Friedrich,* JR 1951, 315.

[160] So LG Berlin, GRuR 1951, 417 — „Daimon" und LG München, GRuR 1953, 186 — „Spatenvers".

[161] GRuR 1953, 92.

[162] a.a.O., 93; ähnlich wohl auch LG München, GRuR 1953, 185 — „Spatenvers".

[163] Vgl. dazu den „Perwoll"-Fall und das Zitat oben vor Fn. 140 einerseits und die „Henkel"-Entscheidung, GRuR 1951, 520 f. andererseits.

Zwar befaßte sich der Bundesgerichtshof bereits 1952 mit der Verwässerung einer Ausstattung[164]; die Entscheidung — sie spielte sich im Warengleichartigkeitsbereich ab — trug aber wenig zur Präzisierung bei. Der Sachverhalt zeigt aber deutlich, zu welch weit gesteckten Forderungen der unklare Verwässerungsbegriff Unternehmen mit einer starken Marktstellung verleiten kann.

Die Klägerin versah seit dem Jahre 1934 Gummilitzen, die sie unter dem Zeichen „Gold-Zack" vertrieb, mit eine zickzackförmig über die ganze Breite der Litze verlaufenden Goldfaden. Nach dem Krieg begann die Beklagte gleichfalls ihre bisher rein weißen Litzen mit einem Kennfaden zu versehen. Dieser blaue Faden war unterbrochen und verlief direkt quer zum Gummiband.

Die Klägerin leitete Rechte aus § 1 UWG ab, da sie als bisher einzige Herstellerin ihre Litzen farbig markiert habe. Durch die Beklagte werde der gute Ruf und die Kennzeichnungskraft ihrer Ausstattung verwässert.

Verwässerung setze, meinte der Bundesgerichtshof, zwar keine Verwechslungsgefahr im Sinne von § 31 WZG voraus; „wohl aber" müsse „sich der Käufer beim Anblick der angegriffenen Kennzeichnung zum mindesten an die Kennzeichnung des Verletzten erinnern und dadurch einen Anreiz zum Kauf der betreffenden Ware erhalten können"[165]. Da derartige Gedankenverbindungen fehlten, wurde das Begehren der Kl. zurückgewiesen.

d) Die Vielfalt der Rechtsstreitigkeiten und der unterschiedlichen Begründungen riefen das Schrifttum auf, klärend Stellung zu nehmen. Angesichts der verständlichen Neigung jedes Zeicheninhabers, seiner Marke eine besondere Werbewirksamkeit zuzumessen[166] und bei Drittbenutzung eine Verwässerung zu befürchten, erschien es insbesondere geboten, genauere Kriterien für den Sonderschutz zu entwickeln.

Nachdem schon *Ulmer*[167] den Schutz von Kennzeichen vor Drittbenutzung außerhalb des Warengleichartigkeitsbereichs auf eine kleine Gruppe von Marken von „gesteigerter Verkehrsgeltung" beschränken wollte, setzte sich diese Eingrenzung im Schrifttum immer mehr durch. *Ernst Reimer* verlangt „große Bekanntheit"[168]; nach *Baumbach* muß das Zeichen einer „erdrückenden Mehrheit der potentiellen Abnehmer" bekannt sein[169]; *Friedrich* möchte sogar nur „Zauberworten", Marken „von alles überstrahlender Leuchtkraft ... die rechtliche Kraft zusprechen, ... bis in die fernsten Winkel abseitiger Bereiche hineinzustrahlen"[170], und für *Becher* schließlich kommen nur solche Marken

[164] BGH LM Nr. 3 zu § 31 WZG = GRuR 1953, 40 — „Goldzack".
[165] GRuR 1953, 41.
[166] s. hierzu auch *Becher*, GRuR 1951, 489.
[167] ZHR 114, 46 - 49.
[168] GRuR 1951, 225.
[169] Wettbewerbs- und Warenzeichenrecht, 5. Aufl., S. 244.
[170] JR 1951, 316.

in Betracht, „die ohne Rücksicht auf den Abnehmerkreis, auf Freund oder Feind, auf Bevölkerungsschichten oder Bildungsstufen, Alter oder Jugend den Bewohnern eines Hoheitsgebiets bekannt sind“[171].

Zugleich wird erstmals die Frage angesprochen, wie sich eine solche hervorragende Bekanntheit im Prozeß nachweisen läßt. Die Antwort fällt überraschend aus: „Einer Beweisaufnahme über das Berühmtsein bedarf es niemals. Denn eine Marke, die auch nur einem Richter nicht mit genauer Begriffsvorstellung als Schlagwort geläufig ist, ist sicherlich nicht berühmt[172].“

Eine weitere Präzisierung und Einengung des Verwässerungsschutzes fordert *Friedrich*[173]. Er macht darauf aufmerksam, daß die Ausnutzung fremder Mühe und Kosten für sich allein bereits vom Reichsgericht nicht mehr als eo ipso sittenwidrig i. S. von § 1 UWG angesehen wurde, sondern nur dann, wenn besondere Umstände hinzuträten[174]. Solche besonderen Umstände sieht *Friedrich* dann, aber auch nur dann, wenn nicht nur das bekannte Zeichen benutzt wird und daraus Vorteile gezogen werden, sondern wenn zusätzlich das berühmte Kennzeichen in seiner Werbekraft beeinträchtigt wird.

Allmählich wird auch Kritik laut an den Versuchen der Rechtsprechung, um jeden Preis eine Verwechslungsgefahr im erweiterten Sinne auch bei völliger Branchenverschiedenheit zu konstruieren oder schlichtweg zu behaupten, wenn kaum ein Käufer fälschlich annehmen könnte, die beteiligten Hersteller stünden in irgendeinem Zusammenhang[175]. Verwässerungsgefahr wird zu einem festen Begriff für diejenigen Fälle, in denen gerade eine Verwirrung des Publikums über die verschiedenen Hersteller der gleich bezeichneten Waren ausgeschlossen ist. Nicht also der Schutz des Verbrauchers ist Zweck der Norm sondern allein die Sicherung wirtschaftlicher Werte besonders marktmächtiger Produzenten vor Beeinträchtigung.

Eine gewisse gedankliche Präzisierung war dem Schrifttum gelungen. Es wird auch erkannt, daß die Ausweitung des gesetzlichen Zeichenschutzes zu einer Einschränkung der freien Zeichenwahl führt, die

---

[171] GRuR 1951, 490.

[172] *Becher*, GRuR 1951, 490; ebenso *Friedrich*, MA 1953, 320. Die Gegenfrage, ob die Berühmtheit „bei allen Bevölkerungsschichten oder Bildungsstufen“ (s. o. vor Fn. 171) durch drei Richter, die in aller Regel der gleichen Schicht und der gleichen Bildungsstufe angehören, aus eigener Kenntnis verläßlich ermittelt werden kann, stellen sich die Autoren allerdings nicht.

[173] JR 1951, 315.

[174] Insbes. RGZ 135, 385 — „Papierblumen“.

[175] Insbes. *Friedrich*, JR 1951, 314 ff. und MA 1953, 317 f.; s. auch *Blasendorff*, MA 1951, 367; *Ernst Reimer*, GRuR 1951, 222; vgl. auch schon *Dietze*, GRuR 1949, 323: „Der Begriff der Verwechslung im ursprünglichen Sinn versagt hier meist.“ A. A. *Becher*, GRuR 1951, 492.

auch zu dieser Zeit schon nicht mehr einfach ist[176]. Allgemein wird daher „Zurückhaltung" gefordert und vor einer „Überspannung" gewarnt[177]. Diese Einschränkung dürfte auch durch die Diskussionen auf dem Wiener Kongress der AIPPI 1952 beeinflußt worden sein, wo allgemeine Übereinstimmung herrschte, nur wenigen ganz hervorragend bekannten Marken — international — Verwässerungsschutz zuteil werden zu lassen[178].

Die dogmatische Verankerung im gesetzten Recht ist noch nicht gelungen. Man ist sich nun vollauf bewußt, daß der Verwässerungsschutz eine Schöpfung der Rechtsprechung ist und man begrüßt diese Entwicklung[179]. Angesichts dieser Tatsache scheint es sekundär, ob man § 1 UWG, § 16 UWG, § 12 BGB oder § 826 BGB als Schutznorm aufführen will. Bisweilen, so könnte man meinen, genügt es, allein den Begriff „Verwässerungsgefahr" an Stelle einer gesetzlichen Anspruchsgrundlage zu nennen.

III. Die berühmten Kennzeichen in der Rechtsprechung des Bundesgerichtshofes

Nachdem jahrelang kein Prozeß das höchste Gericht erreicht hatte, in dem die Verwässerung einer bekannten Marke oder Firma durch Branchenfremde beklagt wurde, erhielt der Bundesgerichtshof ab 1954 nunmehr regelmäßig Gelegenheit, zu unseren Rechtsfragen Stellung zu nehmen.

Die Richtung, die das Schrifttum gewiesen hatte — Bejahung des Schutzes bekannter Zeichen vor Verwässerung einerseits, Zurückhaltung bei der Gewährung dieses Schutzes andererseits — verfolgt auch die Rechtsprechung des 1. Senats des Bundesgerichtshofs. Nach und nach unternimmt es der Senat, die vagen Formeln einzugrenzen, die Anforderungen zu steigern und zu präzisieren und allmählich zu einem gesicherten Tatbestand zu verfestigen.

1. Die Zeit vor der Quick-Entscheidung

a) Schon der Leitsatz der ersten Entscheidung, die das höchste Gericht zu fällen hatte, macht diese restriktive Einstellung deutlich: „Einem Namen, einer Firma oder der besonderen Bezeichnung eines gewerbli-

---

[176] *Friedrich*, MA 1953, 318.

[177] *Ernst Reimer*, GRuR 1951, 225; *Becher*, GRuR 1951, 489 f.; *Blasendorff*, MA 1951, 367; s. auch *Heydt*, GRuR 1952, 321 und *Mayer*, GRuR 1953, 278.

[178] s. die Beschlüsse des Wiener Kongresses, GRuRAl 1952, 179.

[179] Zurückhaltend wohl nur *Mayer*, GRuR 1953, 279, der bezweifelt, „ob es berechtigt ist, die Benutzung der berühmten Marke für andersartige Waren unter allen Umständen zu untersagen, und zwar insbesondere auch dann noch, wenn keine Identität der beiden zu vergleichenden Zeichen, sondern nur eine (vermutete) Verwechslungsfähigkeit vorliegt". (Sperrung im Original)

chen Unternehmens die mit *überragender Kennzeichnungskraft* ausgestattet ist und sich kraft langen Gebrauches und umfassender Werbung *in stärkstem Maße* als Kennzeichen des Unternehmens durchgesetzt hat, kann ein Schutz aus § 12 BGB unter dem Gesichtspunkt der ,Verwässerungsgefahr' *ausnahmsweise* auch dann gewährt werden, wenn trotz Verwechslungsfähigkeit der Bezeichnungen infolge Ungleichartigkeit der Waren geschäftliche Beziehungen zwischen den beiden Benutzern nicht angenommen werden können[180]."

Die Lebensmittelgroßhandlung „Koma", deren Geschäftsbereich sich auf Nordrhein-Westfalen und die Pfalz erstreckte, fühlte sich dadurch beeinträchtigt, daß die Beklagte „Komma-Füllfederhalter" in Verkehr brachte.

Der Bundesgerichtshof wies das Unterlassungsbegehren der Klägerin zurück. Mangels Verwechslungsfähigkeit der Bezeichnungen könne ein berechtigtes Interesse im Sinne von § 12 BGB nur bestehen, wenn durch die Benutzung des Zeichens „Komma" eine Verwässerungsgefahr herbeigeführt werden könne. Ein Schutz aus § 12 BGB könne nur ausnahmsweise dann gewährt werden, „wenn der gute Ruf einer Bezeichnung in Frage steht, die mit überragender Kennzeichnungskraft ausgestattet ist und sich kraft langen Gebrauchs und umfassender Werbung in stärkstem Maße als Kennzeichen für das Unternehmen durchgesetzt hat"[181]. Die örtlich begrenzte Bekanntheit der Firma und des Zeichens „Koma" reiche nicht aus, um diesen Ausnahmetatbestand zu erfüllen.

Daß es sich bei diesen erhöhten Anforderungen nicht um belanglose obiter dicta handelt, wird in der „Magirus"-Entscheidung deutlich, in der der Bundesgerichtshof sich zum erstenmal mit der angeblichen Verwässerung einer national bekannten Marke zu befassen hatte[182].

Die Ulmer Magiruswerke, seit 1936 von Klöckner aufgekauft, besaßen seit den zwanziger bzw. dreißiger Jahren zwei Bildzeichen, welche „ein dreispitziges Gebilde mit erhöhter Mittelspitze über einer Basis aufweisen, die wie der lateinische große Druckbuchstabe M wirkten"[183]. Beide Zeichen waren für LKW und Spezialfahrzeuge eingetragen und wurden auf Briefbögen und Werbeschriften des Ulmer Zweigwerkes verwendet. Die Beklagte, eine Herstellerin von Kühlanlagen, war seit 1942 bzw. 1950 Inhaberin von zwei Warenzeichen für ihre Geräte, die „gleichfalls ein dreispitziges Gebilde mit einer überhöhten Mittelspitze zeigen. Die Basis dieses Bildzeichens wird jedoch — abgesehen von anderen kleinen Abweichungen ... — durch einen durchgehenden waagerechten Strich gebildet"[184]. Die Beklagte benutzte ihre Zeichen gleichfalls auf Briefbögen und Werbeschriften.

---

[180] BGHZ 15, 107 — „Koma". Die Hervorhebungen sind hinzugefügt.

[181] 112.

[182] BGHZ 19, 23 ff. — Nach *Noelle-Neumann/Schramm*, Umfrageforschung, S. 100 war das „Magirus"-Zeichen immerhin 19 % aller Erwachsenen genau bekannt; weiteren 7 % war wenigstens entweder das Fertigungsprogramm oder der Firmenname geläufig.

[183] 24.

[184] a.a.O. Eine ausführliche Darstellung des Tatbestandes findet sich in GRuR 1956, 172 f. Dort sind auch die beschriebenen Bildzeichen der Parteien abgebildet.

Klöckner forderte von der Beklagten, die Benutzung der Zeichen zu unterlassen und in deren Löschung einzuwilligen.

Nachdem der Bundesgerichtshof Ansprüche aus Warenzeichenrecht — mangels Warengleichartigkeit — und aus § 16 UWG — wegen zu großen Branchenabstands — abgelehnt hatte, ging er auf die Gefahr der Verwässerung ein. „Bei berühmten, über die Abnehmerkreise hinaus allgemein bekannten Kennzeichnungen ist... auch dann ein Schutzbedürfnis anzuerkennen, wenn wegen völliger Branchenverschiedenheit die Gefahr einer Täuschung des Publikums an und für sich" (?) „ausscheidet, jedoch in die Alleinstellung eines weithin bekannten Zeichens durch Benutzung gleicher oder ähnlicher Zeichen eingebrochen und dadurch die auf der Einmaligkeit des Zeichens beruhende starke Werbewirkung beeinträchtigt wird[185]."

Der Schutz dieser Einmaligkeit und dieser Werbekraft wird jedoch nicht schrankenlos gewährt. Es genügt nicht, so führt der Bundesgerichtshof aus, daß das Zeichen der Klägerin jetzt überragende Verkehrsgeltung besitze. Die allgemeinen zeichenrechtlichen Prioritätsgrundsätze müßten im Interesse der Rechtssicherheit auch bei der Verwässerungsgefahr beachtet werden. Da die Klägerin schon 1940 die Benutzung ihrer Zeichen für die Dauer des Krieges eingestellt hatte[186], war deren Verkehrsgeltung nicht besonders hervorstechend, als die Beklagte ihre Zeichen anmeldete. Die Klage wurde abgewiesen, soweit Löschung des Zeichens und das Verbot der warenzeichenmäßigen Benutzung verlangt worden war. Hinsichtlich der Verwendung des Symbols als „Firmenzeichen" wurde zurückverwiesen, weil insoweit die Priorität noch ungeklärt geblieben war. Der Bundesgerichtshof legt dem Berufungsgericht noch einmal nahe, größte Vorsicht zu üben und den Schutz nicht weiter auszudehnen, „als es die Bedürfnisse des Verkehrs zwingend erfordern"[187]. Gleichzeitig verschärfte er die Schutzvoraussetzungen weiter. Im krassen Gegensatz zum nahezu unangefochten geltenden Satz, der zeichenrechtliche Verwechslungsbereich erweitere sich mit steigender Bekanntheit des angegriffenen Zeichens[188], führt das Gericht aus: „Der zeichenrechtliche Ähnlichkeitsbereich, in den unter dem Gesichtspunkt einer Verwässerung nicht eingedrungen werden darf, ist im allgemeinen enger zu ziehen als bei der Prüfung der Verwechslungsgefahr im Sinne des § 31 WZG, der gleichartige Waren voraussetzt. Anderenfalls könnte, soweit über die Warengleichartigkeit und Verwechslungsgefahr hinaus ein Rechtsschutz gewährt wird, der Verkehr in der Wahl seiner Kennzeichnungsmittel zu stark eingeengt werden[189]."

[185] BGHZ 19, 27 = GRuR 1956, 177.
[186] GRuR 1956, 173. Insoweit nicht in BGHZ 19 wiedergegeben.
[187] BGHZ 19, 31 = GRuR 1956, 179.
[188] Vgl. nur BGHZ 15, 110 — „Koma" — und RG GRuR 1951, 333 — „Koh-i-noor".
[189] BGHZ 19, 31 = GRuR 1956, 179.

Diese Warnung, die aufgestellten strengen Voraussetzungen strikt zu beachten, nimmt der Senat jedoch selbst im folgenden Jahre nicht mehr — soweit aus den veröffentlichten Entscheidungsgründen zu ersehen ist — recht ernst.

Die Spirituosenfirma Scharlachberg vertrieb seit der Jahrhundertwende einen Weinbrand unter dem Zeichen „Scharlachberg Meisterbrand". Die Beklagte, die seit 1952 als „Meisterbrand-Herdfabrik Saxo-Westfalia K. & Co." firmierte, brachte ihre Erzeugnisse seit den dreißiger Jahren unter der Bezeichnung „Meisterbrand der Heißluftherd" und „Original Meisterbrand" in Verkehr[190].

Die Forderung, Schutz aus § 12 BGB könne einer Unternehmensbezeichnung bei völliger Branchenverschiedenheit nur gewährt werden, wenn diese Bezeichnung überragend bekannt sei, wird nicht einmal wiederholt. Jedoch sieht der BGH kein schutzwürdiges Interesse der Fa. Scharlachberg, da das Zeichen „Meisterbrand" für die Beklagte lediglich eine Beschaffenheitsangabe darstelle. Auch ein Anspruch aus § 1 UWG, § 826 BGB wegen sittenwidriger Ausnutzung des guten Rufs der Fa. Scharlachberg und deren Reklame wird angesichts der unterschiedlichen Bedeutung des Wortes „Meisterbrand" in der jeweiligen Branche abgelehnt.

Daß die strengen Anforderungen an die Durchsetzung des Klagezeichens nicht aufgegeben wurden, machen die unmittelbar folgenden Entscheidungen deutlich. „Wirklich überragende Verkehrsgeltung" wird wieder in den „Venostasin"[191]- und „Eucerin"[192]-Urteilen verlangt[193].

b) Bereits in seinen früheren Entscheidungen erwähnt der Bundesgerichtshof als Schutzvoraussetzung eine „Alleinstellung" oder „Einmaligkeit" der bekannten Marke[194]. Es ist jedoch noch ungewiß, was unter diesem Begriff zu verstehen ist. Soll er bedeuten, daß keine dem berühmten Zeichen identische oder verwechselbar ähnliche Marke oder

---

[190] GRuR 1957, 87 f.

[191] BGH GRuR 1957, 339 (342): Hier wird diese hohe Anforderung an die Durchsetzung bereits unter Berufung auf „Koma" (BGHZ 15, 112) und „Magirus" (BGHZ 19, 31) als „ständige Rechtsprechung" bezeichnet.

[192] BGH GRuR 1957, 435 — Beide Entscheidungen betreffen Zeichen, die für jeweils gleiche Waren (in beiden Fällen pharmazeutische Produkte) benutzt wurden.

[193] Einen gewissen — kurzzeitigen — „Rückfall" bringt allerdings die „Technika"-Entscheidung (GRuR 1958, 339), die nicht mehr bedingungslos Bekanntheit auch außerhalb der potentiellen Abnehmerkreise verlangt: „Wird ein Spezialartikel unter einer besonders *eigenartigen*, auffälligen Bezeichnung angeboten, so kann ein unzulässiger Einbruch in die durch die *Alleinstellung* bedingte starke Werbewirkung ... u. U. auch dann in Betracht kommen, wenn die beeinträchtigte Bezeichnung sich nur innerhalb der Abnehmerkreise des Spezialartikels durchgesetzt hat." (341 f.) Jedoch bereits in den unmittelbar folgenden „Anker"- (BGH GRuR 1958, 393 f.) und „Triumph"-Urteilen (BGH GRuR 1959, 25, 29) kehrt der BGH zur alten, strengen Auffassung zurück.

[194] BGHZ 15, 112 — „Koma" — und BGHZ 19, 31 — „Magirus".

Firma auf einem auch noch so verschiedenen Warensektor verwendet wird? Oder ist es völlig gleichgültig, ob noch unzählige andere Firmen ähnliche Zeichen benutzen — wie das Oberlandesgericht Düsseldorf meint[195] — solange nur das Klagezeichen hinreichend berühmt ist? Soll „Alleinstellung" also nur Synonym sein für eine besonders einzigartige Verkehrsgeltung[196]?

Nachdem die „Technika"-Entscheidung[197] den Boden vorbereitet hatte, bekennt sich der Bundesgerichtshof in den „Anker"[198]- und „Triumph"-Urteilen[199] zu der restriktiveren Auffassung.

Eine Polstermöbelfabrik vertrieb ihre Erzeugnisse unter einem Zeichen, welches aus einem aufrechtstehenden Anker und dem quer über den Ankerschaft geschriebenen Namen „Kaldewei" bestand. Die Herstellerin der „Anker"-Teppiche — ihr Zeichen zeigt einen schrägstehenden weißen Anker in einem schwarzen Kreis — fürchtete u. a. Verwässerung.

Obwohl dem Ankerzeichen der Klägerin zugestanden wurde, es sei eine weltbekannte Marke, wurde der Schutz verweigert. Angesichts der Vielzahl von Anker-Kennzeichnungen auf anderen Gebieten, fehle es an der notwendigen absoluten Alleinstellung. Es sei nicht ersichtlich, daß gerade durch das Anker-Zeichen der Beklagten eine Schwächung der Werbekraft zu befürchten sei[200].

Aus dem gleichen Grunde wurde die Klage der Herstellerin der „Triumph"-Miederwaren abgewiesen, die sich durch eine Marke „Trumpf" für Lederbekleidung gestört fühlte. Der Bundesgerichtshof ist sogar der Ansicht, nicht die Berühmtheit eines Zeichens rechtfertige den Sonderschutz sondern vielmehr die Alleinstellung. „Das geschützte Rechtsgut in diesen Fällen ist nicht in erster Linie die überragende Kennzeichnungskraft überhaupt, sondern die auf der Einmaligkeit des Zeichens beruhende starke Werbewirkung"[201].

---

[195] GRuR 1957, 438 (439) — „Zwillingszeichen": Eine Kleiderfabrik benutzte ein Zeichen, welches aus ihrem Firmennamen „HUMMEL" bestand. Die beiden „M" waren zu nebeneinanderstehenden Strichmännchen gestaltet, indem jeweils über dem Buchstaben ein punktförmiger Kopf und unter ihm zwei Strich-Beine angefügt waren. Die Messerherstellerin Henckels befürchtete u. a. Verwässerung ihrer alten Zwillingsmarke. Das OLG gab der Klage statt, obwohl es zugestand, „daß auch noch unzählige andere Firmen ... derartige stilisierte und aus geometrischen Linien gebildete Doppelfiguren verwendeten". Denn keines der anderen Zwillingszeichen sei allgemein bekannt (439). Das OLG stellte somit Henckels einen Freibrief aus, gegen jede dieser Doppelfiguren vorzugehen. Vgl. dazu aber auch BGH GRuR 1957, 287 ff. — „Plasticummännchen".

[196] Dieser Ansicht scheint auch *Friedrich* (JR 1951, 316) zu sein, der als Beispiel für „alleinstehende" Marken das Zeichen „Mercedes" nennt. Gerade „Mercedes" wird aber von einer Vielzahl von Unternehmen (in der Kfz.-, der Schuh-, der Schreibmaschinen- und der Tabakbranche) verwendet.

[197] BGH GRuR 1958, 339.

[198] BGH GRuR 1958, 393.

[199] BGH GRuR 1959, 25.

[200] a.a.O. (Fn. 198) 394.

c) Da dem Inhaber einer berühmten Marke vom Bundesgerichtshof ein berechtigtes Interesse daran bescheinigt wurde, „daß ihm seine unter großem Aufwand von Zeit und Geld erworbene Alleinstellung erhalten bleibt und daß *alles*[202] vermieden wird, was die Eigenart und den kennzeichnenden Charakter seiner Marke verwässern und damit die auf deren Einmaligkeit beruhende starke Werbewirkung beeinträchtigen könnte“[203], lag es für einen findigen Anwalt nahe, Verwässerungsgefahr zu beklagen, als ein angeblich verwechselbares Objekt *nicht* als Kennzeichen verwandt wurde. Dies trat im „Mecki-Igel“-Fall[204] ein.

Im Buchverlag der Beklagten erschien Ende 1952 ein Bilderbuch unter dem Titel „Jackl der Igel“, in dem die Abenteuer eines in menschlicher Kleidung auftretenden Igels geschildert wurden. Ein Bild dieses abgerissen bekleideten Igels schmückte auch die Titelseite des Bilderbuchs. Der Axel Springer Verlag brachte seit 1949 regelmäßig Bildergeschichten für Kinder in seiner Funkzeitschrift „Hör Zu!“, die gleichfalls die Erlebnisse eines in zerlumpter menschlicher Bekleidung auftretenden Igels — genannt „Mecki“ — darstellten. Die „Mecki“-Figur sowie das Wortzeichen „Igel“ waren seit August 1952 als Warenzeichen eingetragen.

Nachdem die Bemühungen, urheberrechtlichen Schutz zu erlangen, zu scheitern drohten, berief sich Springer in der Revisionsinstanz u. a. darauf, das „Mecki“-Motiv werde durch die Figur des vermenschlichten Igels „Jackl“, wenigstens aber durch sein Erscheinen auf der Titelseite des Bilderbuches verwässert.

Da die unterschiedliche Gestaltung der beiden Igel und die blickfangmäßige Hervorhebung des Titels „Jackl der Igel“ auch den flüchtigen Betrachter darauf hinwies, daß die Igeldarstellung nichts mit „Mecki“ zu tun hatte, konnte schon deshalb ein Einbruch in die angebliche Alleinstellung abgelehnt werden[205]. Ob aber „gleiche oder ähnliche Erwägungen [wie bei der Verwässerung durch kennzeichenmäßigen Gebrauch] auch dann Platz greifen müssen, wenn die angegriffene Darstellung anders als in den typischen Fällen ... nicht kennzeichenmäßig im Sinne einer Herkunftsangabe, wohl aber als blickfangmäßiger Bestandteil eines Buchumschlages benutzt wird“[206], bleibt vorerst dahin gestellt.

2. Die Verfestigung der Norm — „Quick“ und „Kupferberg“

a) Sieht man von dem Problem ab, ob dieses seltsame Phänomen der Verwässerung nur bei kennzeichenmäßiger Benutzung einer berühmten Marke oder einer solchen Unternehmensbezeichnung eintreten kann,

---

[201] a.a.O. (Fn. 199) 29.
[202] Hervorhebung hinzugefügt.
[203] So die „Triumph“-Entscheidung GRuR 1959, 29; ähnlich: BGHZ 15, 111 — „Koma“; BGHZ 19, 27 — „Magirus“; BGH GRuR 1957, 438 — „Eucerin“.
[204] BGH GRuR 1958, 500.
[205] BGH GRuR 1958, 503.
[206] a.a.O.

so ist es dem Bundesgerichtshof gelungen, den etwas nebulösen Tatbestand der „Verwässerung" entscheidend einzuengen und seine Voraussetzungen zu konkretisieren. Marken oder Unternehmenskennzeichen, welche überragende Verkehrsgeltung errungen haben, dürfen, wenn diese Zeichen nicht bereits von Dritten auf einem, auch noch so entfernten, Warengebiet benutzt werden, von niemandem verwendet werden, auch wenn eine solche Verwendung nach geschriebenem Kennzeichenrecht — mangels Warengleichartigkeit — zulässig wäre. Das Ergebnis wird mit geringen Einschränkungen[207] voll vom Schrifttum mitgetragen.

Bedenken allerdings haben die Begründungsversuche der Rechtsprechung erweckt. Gelegentlich verzichtet der Bundesgerichtshof völlig darauf, irgendeine Vorschrift des gesetzten Rechtes zu erwähnen[208]. Soweit aber ein Paragraph genannt wird, der bekannte Marken vor der Gefahr der Verwässerung bewahren soll, ist es überwiegend[209] § 1 UWG. Nachdem schon *Blasendorff*[210] ernste Zweifel an der dogmatischen Konstruktion angemeldet hatte, schlossen sich die einflußreichen Kommentare von *Baumbach-Hefermehl*[211] und *Tetzner*[212] der Kritik an: Hatte man einmal das Handeln „zu Zwecken des Wettbewerbs" als Kampf der Beteiligten um dieselben Kunden definiert, wie es der BGH getan hatte, so mußte § 1 UWG als mögliche Anspruchsgrundlage dann ausscheiden, wenn Verwässerung durch eine Doppelbenutzung des Zeichens außerhalb des Warengleichartigkeitsbereiches beklagt wurde. Auch der Vorwurf der Sittenwidrigkeit ließ sich im Regelfall nur schwer begründen[213]. Konnte dem Inhaber des Schreibwarengeschäfts „gegenüber der Stiftskirche", der Firma Oldenkott, die „Uralt"-Tabak vertreiben wollte, eine moralische Verfehlung, sei es auch nur ein Verstoß gegen die durchschnittliche Sozialmoral, angelastet werden?

Unsicher war ferner immer noch, ob diese Gefahr nur bei ungleichartigen Waren oder vielmehr auch bei gleichartigen auftreten könne, ob sich mit diesem Begriff „Verwässerungsgefahr", der sich schon als geeignet erwiesen hatte, den warenzeichenrechtlichen Grundsatz der Warengleichartigkeit zu überwinden, auch die zweite Schranke des WZG, die Verwechslungsgefahr, für berühmte Zeichen außer Kraft setzen ließe.

---

[207] Gelegentlich kritisiert wird noch das Erfordernis der „Einmaligkeit" der Marke, der „Alleinstellung". Vgl. z. B. *Heydt*, GRuR 1959, 30.

[208] z. B. BGH GRuR 1958, 339 ff. — „Technika".

[209] Soweit ihnen nicht Namensfunktion zuerkannt wurde; dann wurde — wie bei Firmen — regelmäßig § 12 BGB aufgeführt (z. B. BGH GRuR 1957, 87 ff. — „Meisterbrand").

[210] MA 1951, 369.

[211] Anm. 180 zu § 1 UWG (7. Aufl.).

[212] Anm. 3 zu § 24 WZG; s. ferner z. B. *v. Gamm* WRP 1957, 149 und schon die „Schweifbogen"-Entscheidung des RG (MuW XXXI, 49, 51).

[213] Soweit ersichtlich hat sich der BGH auch nie ernsthaft darum bemüht, in „Verwässerungsfällen" einen Sittenverstoß zu begründen.

Das Landgericht Berlin z. B. hegte keine Bedenken, dem „4711"-Hersteller auch Verwässerungsschutz aus § 1 UWG zuteil werden zu lassen, als die Modeschöpferin Susanne Erichsen ein Kölnisch Wasser unter einem Zeichen, bestehend aus ihrem Namen, den Worten „Teen Age" und — zwischen den beiden Wortgruppen — der Zahl „17" auf den Markt brachte[214].

Und wieder bleibt zu vermerken, daß der Bundesgerichtshof keinen Anlaß sah, seine Rechtsprechung contra legem grundlegend zu rechtfertigen. Grund hierfür mag zum einen das Fehlen jeglicher prinzipieller Kritik der Lehre, zum anderen das Bewußtsein der Sicherheit gewesen sein, in § 1 UWG, notfalls in § 12 BGB „Aufhänger" im gesetzten Recht gefunden zu haben.

b), aa) Falls es überhaupt eine einzelne Entscheidung verdient, als Grundsatzurteil zum Problem der Verwässerungsgefahr bezeichnet zu werden, so ist es das Erkenntnis des ersten Senats des Bundesgerichtshofs im „Quick"-Fall[215]; und dies nicht allein deswegen, weil der Bundesgerichtshof hier zum erstenmal den Schutz vor Verwässerung im Bereich des § 823 Abs. 1 BGB — Schutz des eingerichteten und ausgeübten Gewerbebetriebes — ansiedelte, sondern auch, weil das Schrifttum die Begründung als wichtig genug ansah, um daraus teils mit, teils ohne Andeutung eines Zitats die Kernsätze wörtlich als eigene Meinung zu übernehmen.

Die Verlegerin der seit 1948 erscheinenden Illustrierten „Quick", die diesen Titel seit 1952 auch als Warenzeichen hatte eintragen lassen, warb einige Zeit lang intensiv mit den Sprüchen „Glück muß man haben" und „Quick muß man haben" in verschiedenen Variationen. Sie fühlte sich durch das Erscheinen der Wochenzeitschrift „Das Glück" im Jahre 1956 in ihren Rechten beeinträchtigt. Die beiden Titel seien verwechslungsfähig; zumindest verwässere die Bezeichnung „Das Glück" die berühmte Marke „Quick". Das OLG München hatte angesichts der großen Bedeutungsunterschiede Verwechslungs- und auch Verwässerungsgefahr verneint[216]. Wie das Berufungsgericht war auch der Bundesgerichtshof der Ansicht, Verwechslungsgefahr zwischen beiden Titeln scheide aus.

Das „Quick"-Urteil faßt all die von der Rechtsprechung erarbeiteten Restriktionen zusammen: Nur Zeichen von überragender Verkehrsgeltung sind des Sonderschutzes würdig und dies auch nur, wenn die berühmte Marke „Alleinstellung" genießt, also in allen Warenbereichen einmalig ist. Es fügt eine weitere Einschränkung hinzu: Es stellt klar, daß — entgegen manchen früher in der Rechtsprechung geäußerten Meinungen[217] — bei Warengleichartigkeit ein Sonderschutz unter dem „Gesichtspunkt der Verwässerungsgefahr", der über den Verwechslungsbe-

[214] LG Berlin GRuR 1957, 238.

[215] BGHZ 28, 320 ff.

[216] 322.

[217] s. o. Text vor Fn. 212.

reich hinausgehe, nicht gewährt werden könne, da „dann ... schlechterdings auch von einer Beeinträchtigung der Alleinstellung der berühmten Marke durch das angeblich verletzende Zeichen keine Rede sein“[218] könne.

bb) Allein hiermit wäre eine Klagabweisung hinreichend begründet gewesen. Dennoch hielt es der Bundesgerichtshof, ohne dazu gezwungen zu sein, für angezeigt, über mehrere Druckseiten hinweg das Problem der Verwässerungsgefahr von neuem zu erörtern. Ein solches Verfahren läßt vermuten, daß dem Bundesgerichtshof daran gelegen war, sich wegweisend, die bisherige Arbeit zusammenfassend und abwägend, mit dieser Rechtsfrage auseinanderzusetzen. Diese Hoffnung wird jedoch nur teilweise erfüllt. Angesichts der massiven Kritik an der Nennung des § 1 UWG scheut sich der BGH nicht, von der bisherigen Praxis abzugehen: Gegen diese Begründung „spricht insbesondere, daß § 1 UWG ein Wettbewerbsverhältnis voraussetzt, das bei Branchenverschiedenheit zwischen dem Inhaber des berühmten Zeichens und dem Verletzer in der Regel nicht vorliegt. Der Schutz der berühmten Marke gegen Verwässerungsgefahr soll es aber gerade ermöglichen, eine solche Kennzeichnung vor einem ihren Wert gefährdenden Gebrauch durch Nichtkonkurrenten zu schützen“[219]. Damit soll jedoch der Verwässerungsschutz nicht beseitigt werden. Eine neue Rechtsgrundlage steht bereit. Der Schutz des Gewerbebetriebes, der bisher dazu diente, Rufbeeinträchtigungen, Boykotte, wilde Streiks und unberechtigte Schutzrechtsverwarnungen zu verhindern, findet ein neues Anwendungsfeld: „Die Anwendung des § 823 Abs. 1 BGB in Verbindung mit § 1004 BGB rechtfertigt sich unter dem Gesichtspunkt des Eingriffs in den eingerichteten und ausgeübten Gewerbebetrieb. Die berühmte Marke genießt in ihrer Alleinstellung, ihrem Berühmtsein, als wertvoller Bestandteil des eingerichteten und ausgeübten Gewerbebetriebs Schutz gegen objektiv widerrechtliche Störung. Eine solche Störung liegt vor, wenn der Werbewert der berühmten Marke durch die Verwendung gleicher oder ähnlicher Kennzeichen gemindert wird[220].“

Mehr als diese pauschale Feststellung erscheint dem Bundesgerichtshof nicht nötig, um eine über Jahre entwickelte Rechtsprechung auf eine neue Basis zu stellen. Diese kargen Sätze verdeutlichen zweierlei: der Senat argumentiert wie bei der gewöhnlichen Subsumtion eines Sachverhaltes unter einen geschlossenen Tatbestand. Daß es sich bei dem Begriff des eingerichteten und ausgeübten Gewerbebetriebes, der zu schützen sei, um eine Leerformel, eine Generalklausel handelt, die allenfalls abwägend unter Berücksichtigung relevanter Interessen ausgefüllt

[218] a.a.O. (Fn. 215) 330.

[219] 328.

[220] a.a.O.

werden kann, wird entweder übersehen oder unterdrückt. Worin der Unwert, die Widerrechtlichkeit der Drittbenutzung liegen soll, wird nicht erläutert.

Dies wäre nicht weiter bemerkenswert, wenn zuvor entweder in früher gefällten Entscheidungen oder im Urteil selbst die innere Berechtigung einer solchen Sondernorm zum Schutze berühmter Kennzeichen überzeugend dargelegt worden wäre. Denn es ist nicht ungewöhnlich, daß eine contra oder praeter legem geschaffene Norm sich auf die Suche nach einer Gesetzesvorschrift begibt, auf die sie sich scheinbar stützen kann, bis sie es schließlich ganz aufgeben kann, ein solches Alibi zu verwenden[221].

Der Nachweis der inneren Berechtigung ist aber nicht gelungen. Allerdings macht der BGH weitere Ausführungen zur Rechtfertigung der Sondernorm: „Diesem Sonderschutz aus dem Rechtsgedanken der Verwässerung liegt die Erwägung zugrunde, daß der Inhaber eines solchen Kennzeichens ein berechtigtes Interesse daran hat, daß ihm seine unter großem Aufwand von Zeit und Geld erworbene Alleinstellung erhalten bleibt und daß alles vermieden wird, was die Eigenart und den kennzeichnenden Charakter seiner Kennzeichnung verwässern und damit die auf deren Einmaligkeit beruhende starke Werbewirkung beeinträchtigen könnte (. . .). Es geht also im Grunde darum, einen erworbenen Besitzstand gegen Beeinträchtigungen zu schützen, nicht darum irgendwelche Verwechslungen zu verhindern[222]."

Die Gedankenführung ist, wie die Wortwahl, unbefriedigend. Der Sonderschutz, dessen Rechtfertigung gerade dargelegt werden soll, wird sogleich abgesichert „aus" dem Rechtsgedanken der Verwässerung. Den Begriff „Verwässerung", der nach Meinung des Bundesgerichtshofs offenbar einen tatsächlichen Vorgang beschreibt[223], als „Gedanken" zu bezeichnen, ist zumindest wenig präzise. Den einmal für einen typischen Sachverhalt benutzten Begriff aber gar zum „Rechts"-Gedanken zu erheben, „aus" dem — nach juristischer Terminologie also: aufgrund dessen — sich Rechtsfolgen ergeben, bedeutet den typischen Sachverhalt unmittelbar zum rechtlichen Tatbestand zu erheben. Die „Erwägung", die das Ergebnis tragen soll, besteht nicht lediglich in einem — sicher nicht zu leugnenden[224] — Interesse des Zeicheninhabers; nein, dieses In-

---

[221] Es sei nur an die Entwicklung der positiven Vertragsverletzung und der culpa in contrahendo erinnert.

[222] BGHZ 28, 327.

[223] Vgl. a.a.O.: „Der Senat verwendet in der neueren Rechtsprechung den Begriff der sog. Verwässerungsgefahr für solche typischen *Sachverhalte*, bei denen eine weithin bekannte Kennzeichnung mit überragender Verkehrsgeltung ... durch ... Dritte beeinträchtigt wird, ..." (Hervorhebung hinzugefügt).

[224] Jedenfalls dann nicht, wenn man die tatsächlichen Annahmen der h. M. über den Vorgang der Verwässerung für richtig hält; s. dazu aber u. (3. Kap.).

teresse ist „berechtigt", also rechtlich anerkannt und bei Verletzung mit Rechtsfolgen bewehrt. Diese Berechtigung jedoch wird wiederum nicht nachgeprüft, sondern lediglich statuiert. Andeutungen mögen sich finden lassen in den Vokabeln, die aus dem Bereich des allgemeinen Leistungsschutzes — insbesondere der „sklavischen Nachahmung" — bekannt sind: der große Aufwand an Zeit und Geld, dessen Erfolg zu schützen sei[225]. Ein solcher Aufwand aber, auch wenn er zum gewünschten Arbeitserfolg führt, kann — dies hat auch schon das Reichsgericht in seiner späteren Rechtsprechung immer wieder betont[226] — nach allgemeiner Ansicht keinen Sonderschutz rechtfertigen. Die Begründung des Verwässerungsschutzes, die der BGH im „Quick"-Urteil selbst gibt, ist mithin unzulänglich.

Auch die früheren Entscheidungen, auf die sich der BGH zur Stützung seiner Ansicht beruft[227], zeigen keine neuen Schutzgründe auf: Das „Koma"-Urteil[228] beschränkt sich auf eine nahezu identische Formel vom berechtigten Interesse des Inhabers, seine unter Zeit- und Geldaufwand errungene Alleinstellung zu wahren und verweist weiter auf die „Koh-i-noor"-Entscheidung[229] des Reichsgerichts. Diese ist jedoch noch weniger ergiebig. Dem Verwässerungsschutz schenkt sie nur einen knappen Satz: Abgesehen von einer Verwechslungsgefahr im weiteren Sinne „kann das Interesse des Berechtigten zum mindesten insofern verletzt sein, als die Eigenart und Kennzeichnungskraft seines Firmennamens durch die Benutzung eines diesem ähnlichen Namens beeinträchtigt und damit die Gefahr einer Verwässerung herbeigeführt wird"[230]. Ähnliches gilt für das „Magirus"-Urteil[231]. Neue, über das „Quick"-Urteil hinausgehende Begründungen, die ein Schutzbedürfnis oder auch nur den Versuch einer Interessenabwägung erkennen ließen, fehlen. Das „Eucerin"-Erkenntnis[232] referiert im hier entscheidenden Punkt lediglich die knappen Ausführungen von „Koma" und „Magirus", ohne grundlegende Erkenntnisse beitragen zu wollen, da — bei gleichartigen Waren — die Verwechslungsgefahr der Zeichen selbst schon abgelehnt wurde. Das „Mecki-Igel"-Urteil[233] schließlich unterscheidet sich von der „Eucerin"-Entscheidung nur insoweit, als die Zahl der zitierten höchstrichterlichen Erkenntnisse von

[225] z. B. RGZ 73, 294 (1910) — „Grammophonplatten"; RGZ 111, 254 (1925) — „Käthe-Kruse-Puppen"; RGZ 115, 180 (1926) — „Puppenjunge".

[226] z. B. RG JW 1932, 872; RGZ 135, 385 (1932) — „Papierblumen"; RGZ 144, 41 (1934) — „Hosenträger".

[227] Es sind dies: „Koma", „Magirus", „Eucerin" und „Mecki-Igel".

[228] BGHZ 15, 107.

[229] RG GRuR 1951, 332 ff. (Bleistifte/Druckknöpfe).

[230] 333.

[231] BGHZ 19, 23.

[232] BGH GRuR 1957, 435.

[233] BGH GRuR 1958, 500 ff.

zwei auf vier vermehrt wird[234]. Und auch diese leisten keinerlei Beitrag zur Begründung des Sonderschutzes[235].

Verfolgt man die Verweisungen, Weiterverweisungen und Weiter-Weiterverweisungen, so gelangt man schließlich immer wieder zur „4711"-Entscheidung des Landgerichts Chemnitz, zum „Odol"-Erkenntnis des Landgerichts Elberfeld und zum „Mitropa"-Urteil des Landgerichts Berlin[236].

cc) Das „Quick"-Urteil ist sicherlich bedeutsam, insofern es — angeblich — die Rechtsgrundlage wechselt, und wichtig, da es die Begrenzungen des Sonderschutzes klar zusammenfaßt und verstärkt. Der Rechtsprechung ist jedoch auch nach dem „Quick"-Urteil eine einleuchtende Begründung des Schutzes „alleinstehender" berühmter Kennzeichnungen nicht gelungen.

Nach der „Quick"-Entscheidung — so mochte es scheinen — waren alle wesentlichen Voraussetzungen der Verwässerungsgefahr geklärt. Nur noch wenige Einzelprobleme galt es zu lösen.

c), aa) Besondere Bedeutung kommt hier dem „Promonta"-Urteil[237] zu.

Die Firma „Promonta", die diese Bezeichnung auch als Warenzeichen hatte eintragen lassen, befaßte sich seit 1919 mit der Herstellung von pharmazeutischen, diätischen und kosmetischen Erzeugnissen. Die Beklagte fertigte Baufertigteile und vertrieb sie seit den fünfziger Jahren unter dem — aus den Worten „**Pro**bst-**Monta**ge" gebildeten — Zeichen „Pro Monta". Die Pharmaziefirma fürchtete u. a. Verwässerung. Obwohl der Klägerin zugestanden wurde, ihre Firma sei unterscheidungskräftig, eigenartig, einprägsam, alleinstehend, jahrzehntelang benutzt und in erheblichem Umfang durch an die Allgemeinheit gerichtete Werbung gefördert worden[238], unterlag sie, da keine überragende Verkehrsgeltung bestehe[239].

Es stellt klar, daß die Anforderungen, die in der „Quick"-Entscheidung für den Verwässerungsschutz nach § 823 Abs. 1 BGB aufgestellt wurden, in gleicher Weise für den Verwässerungsschutz von Zeichen „mit

[234] 503: Neben „Koma" und „Magirus" werden noch „Eucerin" (dort „Estarin" genannt) und „karo-as" aufgeführt.

[235] Zur Verwässerungsgefahr stellt das „karo-as"-Urteil des BGH (GRuR 1957, 281, 285) lediglich klar, daß § 16 UWG nicht mehr als Rechtsgrundlage angesehen werden könne, und läßt dahingestellt sein, ob im zu entscheidenden Fall „Verwässerungsgefahr" bestehe.

[236] s. o. unter I. 2.

[237] BGH GRuR 1960, 550 ff.

[238] 550 u. und 551 o.

[239] Wieder benutzt das Gericht die eigene Kenntnis zur Ablehnung der überragenden Verkehrsgeltung. Das Berufungsgericht sah — unter Billigung des BGH — davon ab, eine Beweisaufnahme anzuordnen, da man „von einer diesen Anforderungen genügenden allgemeinen Durchsetzung im Verkehr nicht sprechen könne, wenn das Gericht sie nicht aus eigener Kenntnis feststellen könne, sondern erst Nachforschungen anstellen müsse". (551)

Namensfunktion" nach § 12 BGB gelten[240], daß mithin die Norm dieselbe, nur die Benennung eine verschiedene sei.

bb) Einen gewissen Rückfall auf einen laxeren Maßstab bedeutet das „Tosca"-Urteil des Bundesgerichtshofes[241].

Das Versandhaus Neckermann bezeichnete entsprechend der allgemeinen Übung in der Modebranche in ihrem Sommerkatalog 1958 Kleidungsstücke mit Kennworten, für die u. a. geographische Namen, überwiegend aber Vornamen verwandt wurden. Ein blaues Kleid mit „zierlichen goldblauen Ornamenten" wurde „Tosca" benannt. Ein Unternehmen, welches neben anderen Aktivitäten auch ein Import-Export Geschäft mit Textilien betrieb und das Zeichen „Tosca" für sich hatte eintragen lassen, klagte gegen Neckermann. Ihm schloß sich die Firma Ferdinand Mühlens an, die seit 1920 neben ihrer Hauptmarke „4711" auch die Marke „Tosca" für Parfums, Kölnisch Wasser und Seifen verwandte.

Es mußten ernste Zweifel aufkommen, ob das Wort „Tosca" überhaupt kennzeichenmäßig benutzt wurde[242], da doch die Bezeichnung „Tosca" Neckermann nur dazu diente, eigene gleichartige Waren voneinander und nicht — wie gemeinhin bei Kennzeichen — eigene Waren von fremden zu unterscheiden. Dennoch obsiegten beide Kläger[243]. Der Bundesgerichtshof billigt dem Hersteller der „Tosca"-Parfumerieartikel in doppelter Weise Schutz zu: Das Wortzeichen „Tosca" habe Weltruhm errungen und ebenso die blau-grüne Aufmachung mit „zierlichen" Ornamenten in blau-gold; beide könnten damit Verwässerungsschutz in Anspruch nehmen. Daß auch die Klägerin zu 1) das Wortzeichen „Tosca" verwendet, hindert den Bundesgerichtshof nicht, von einer „Einmaligkeit des Zeichens" zu sprechen. Auch bleibt unklar, ob der Bundesgerichtshof nur deshalb verurteilt, weil Ähnlichkeit im Dessin mit der Namensnennung zusammentraf, oder ob er auch dann zu demselben Ergebnis gelangt wäre, wenn entweder das identische Kleid zum Beispiel als „Aida" angekündigt worden wäre oder etwa ein rot-weißkariertes Kleid das Kennwort „Tosca" erhalten hätte.

cc) Während die bisher geschilderten Entscheidungen jeweils ohne weitere Überlegung im Anschluß an „Quick" statuierten, die Zweitbe-

---

[240] *Moser v. Filseck* (GRuR 1960, 554) vermutet gar, daß „Promonta" den Beginn einer endgültigen Abkehr von § 12 BGB — „letzten Endes einer Hilfskonstruktion" (a.a.O.) — als Rechtsgrundlage für den Schutz vor Verwässerung bedeutet und künftig hierfür nur noch § 823 Abs. 1 BGB verwandt werde. Vgl. aber dazu die „Kupferberg"-Entscheidung (GRuR 1966, 623).

[241] BGH GRuR 1961, 280.

[242] s. dazu insbesondere *Wipprecht*, WRP 1961, 145 (und die dort zitierten Gutachten von *Hagens*, *Utescher* und *Lindenmayer*) sowie OLG Stuttgart GRuR 1953, 537.

[243] Die warenzeichenmäßige Benutzung wurde mit der Erwägung begründet, es sei keineswegs ausgeschlossen, daß im tatsächlichen Gebrauch die Bezeichnung wie eine Herkunftsangabe benutzt werde, „etwa in der Weise, daß [der Durchschnittsinteressent] im Gespräch erwähnt, seine Frau habe sich ein ‚Tosca'-Kleid von Neckermann gekauft" (a.a.O.).

nutzung eines berühmten Kennzeichens stelle einen Eingriff in den ausgeübten und eingerichteten Gewerbebetrieb des Zeicheninhabers dar, sieht sich der Bundesgerichtshof im „Zonenberichts"-Urteil[244] aus dem Jahre 1965 zu einer differenzierteren Betrachtungsweise gezwungen.

Das Nachrichtenmagazin „Der Spiegel" berichtete im Herbst 1962 über Rationalisierungsschwierigkeiten in der DDR-Wirtschaft und erwähnte dabei auch Vorgänge im „VEB Zeiss (Jena)". Die westdeutsche Firma Carl Zeiss, die in mehreren höchstrichterlichen Urteilen[245] das alleinige Recht erstritten hatte, in der Bundesrepublik die Namen „Zeiss" und „Carl Zeiss" führen zu dürfen, verlangte vom „Spiegel" Unterlassung und Schadenersatz.

Wäre der Verwässerungsschutz zu dieser Zeit noch als Unterfall des § 1 UWG betrachtet worden, so hätte der Bundesgerichtshof ohne Schwierigkeiten die Klage mit der knappen Begründung abweisen können, die Äußerung des „Spiegel" über den „VEB Zeiss" sei jedenfalls nicht im „geschäftlichen Verkehr" gefallen[246]. Der Wortlaut des § 823 Abs. 1 BGB, der nach „Quick" als Anspruchsgrundlage dienen soll, kennt derartige Einschränkungen nicht; deshalb hatte der Bundesgerichtshof anscheinend auch Bedenken, sich entsprechend der früher gebräuchlichen Formeln[247] darauf zu beschränken, nur kennzeichenmäßigen Gebrauch als mögliche Verletzungshandlung im Rahmen des Verwässerungsschutzes anzuerkennen.

So mußte der Bundesgerichtshof weiter ausholen. Da er dem klagenden Unternehmen und seinen Marken schon zuvor Weltruhm zuerkannt hatte[248], trug er keine Bedenken, der Klägerin „einen über die Sondervorschriften hinausreichenden erweiterten, auf §§ 823 Abs. 1, 1004 BGB gegründeten Schutz gegen die sog. Verwässerungsgefahr zu gewähren"[249]. Inzwischen hatte sich jedoch auch in der Rechtsprechung die Erkenntnis durchgesetzt, daß nicht jedwede als Störung empfundene Berührung des Interessenkreises eines „eingerichteten und ausübenden"

---

[244] BGH GRuR 1965, 547.

[245] s. z. B. BGH GRuR 1958, 190 — „Zeiss".

[246] Der BGH ist der Ansicht, die Berichterstattung des — geschäftsmäßig, d. h. zu Erwerbszwecken verfaßten und verlegten — Nachrichtenmagazins betreffe „die ganz andere Frage, ob ein Dritter, der *außerhalb des geschäftlichen Verkehrs* ... einen Betrieb mit dem von einem anderen Unternehmen rechtmäßig geführten ... weit bekannten Namen benennt", gegen § 823 Abs. 1 BGB verstößt. (a.a.O. 549; Hervorhebungen sind hinzugefügt.)

[247] s. etwa BGHZ 28, 327 — „Quick", wonach der „Begriff der sog. Verwässerungsgefahr für solche typischen Sachverhalte" verwendet wird, „bei denen eine weithin bekannte Kennzeichnung ... durch *kennzeichenmäßigen* Gebrauch durch Dritte beeinträchtigt wird, ..." (Hervorhebungen hinzugefügt). Vgl. auch z. B. BGHZ 15, 112 — „Koma": „Würde ... eine weithinbekannte Kennzeichnung auf den verschiedensten Gebieten als Firmen- oder Warenname auftreten ..." und BGH GRuR 1958, 502 — „Mecki-Igel" (im Wortlaut nahezu identisch mit dem „Quick"-Zitat).

[248] s. Fn. 245.

[249] a.a.O. (Fn. 243) 549.

Unternehmers per se als rechtswidriger Verstoß gegen § 823 Abs. 1 BGB gewertet werden könne. Die grundsätzliche Zubilligung des Sonderschutzes, so konnte der BGH weiter ausführen, „bedeutet indessen nicht, daß die Kl. jede ihr unerwünschte Nennung des Namens ‚Zeiss' untersagen könnte. Die Frage, ob und inwieweit eine solche Namensnennung einen widerrechtlichen Eingriff in das Recht der Kl. am eingerichteten und ausgeübten Gewerbebetrieb darstellt ... ist vielmehr nach dem Grundsatz der Güter- und Pflichtenabwägung zu entscheiden"[250].

So bedauerlich es für die Präzisierung der Voraussetzung des Sonderschutzes auch gewesen sein mag, so legitim war es doch, daß der Bundesgerichtshof sich nicht darin versuchte, ein für alle Mal die Rechtmäßigkeit der nicht-geschäftsmäßigen, nicht-kennzeichenmäßigen Verwendung einer berühmten Marke oder Firma festzulegen. Er beschränkt sich auf die Entscheidung des Einzelfalles: Wollte man dem Begehren der Firma Zeiss entsprechen, so würde die Berichterstattung über Vorgänge in der DDR derart behindert, daß damit eine einschneidende Beschränkung der in Art. 5 Abs. 1 S. 2 GG gewährleisteten Pressefreiheit eintreten würde. „Eine solche allgemeine Beschränkung stände in keinem Verhältnis zu der nur sehr mittelbaren Beeinträchtigung des Wettbewerbs, die im Einzelfall eine Unternehmensbezeichnung erfahren könnte, wenn sie außerhalb des geschäftlichen Verkehrs in einer nur berichtenden Mitteilung für den diese Bezeichnung gleichfalls, wenn auch zu Unrecht, tragenden sowjetzonalen Betrieb verwendet wird[251]."

Mit der Einführung der Interessenabwägung in den Bereich des Verwässerungsschutzes eröffnete der Bundesgerichtshof zugleich Wege sowohl für eine einschränkende als auch für eine ausweitende künftige Rechtsprechung: einschränkend insofern, als das Ergebnis einer notwendigen Abwägung der „Rechtsgüter und Rechtspflichten"[252] möglicherweise auch eine kennzeichenmäßige Drittbenutzung eines bekannten Zeichens rechtfertigen könnte; ausweitend insofern, als zum erstenmal[253] grundsätzlich ein Schutz des berühmten Zeichens vor nicht-kennzeichenmäßigem Gebrauch, in nicht-geschäftsmäßiger Weise für möglich erachtet wurde.

dd) Das anscheinend[254] so fest etablierte Tatbestandsmerkmal der Einmaligkeit, der „Alleinstellung" des berühmten Zeichens wird durch die „Kupferberg"-Entscheidung des Bundesgerichtshofs[255] den Worten nach unvermindert beibehalten, in der Sache aber erschüttert.

---

[250] a.a.O.

[251] a.a.O. 550; vgl. auch *Hoge Raad*, Nederlandse Jurisprudentie 1972, 209.

[252] s. o. bei Fn. 250.

[253] Im „Mecki-Igel"-Urteil ließ der BGH dies noch dahingestellt sein (s. o. Text bei Fn. 206).

[254] Vgl. aber BGH GRuR 1961, 280 — „Tosca" und den Text nach Fn. 243.

[255] BGH GRuR 1966, 623.

Die Klägerin, eine Sektkellerei, führte seit über hundert Jahren den Namen „Kupferberg" in ihrer Firma und verwendete ihn zugleich als Warenzeichen. Im Jahre 1946 gründete ein Herr Ignacy Kupferberg gemeinsam mit zwei anderen Personen in Hamburg ein Import-Export-Geschäft, welches zunächst als „Ignacy Kupferberg & Co. GmbH", kurz danach nur noch als „Kupferberg & Co. GmbH" firmierte. Dieses Unternehmen befaßte sich überwiegend mit dem Osthandel und zwar von Massengütern (Holz, Bleche) und Maschinen. Ihre Partner im Ausland waren die staatlichen Handelsorganisationen des Ostens; im Inland handelte sie mit einem kleinen Kreis von etwa 30 - 35 Großhändlern und Industriellen. Ihre Werbung beschränkte sich auf den Besuch von Messen. Auf Anordnung der Militärbehörden mußte zur Besatzungszeit Ignacy Kupferberg als Ausländer aus der Gesellschaft ausscheiden.

Neben der Sektfirma und der „Kupferberg & Co. GmbH" führte in Deutschland nur noch ein seit 1797 bestehender „Florian Kupferberg Verlag" in Mainz und Berlin, der dem persönlich haftenden Gesellschafter des Sektunternehmens gehörte, den Namen Kupferberg.

Als die Sektkellerei im Jahre 1958 zufällig von der Existenz der Firma „Kupferberg & Co. GmbH" erfuhr, begehrte sie Löschung der Firma und Unterlassung des Firmengebrauchs. Landgericht und Oberlandesgericht Hamburg wiesen die Klage ab. Der BGH gab statt.

Der Bundesgerichtshof greift wieder § 12 BGB als Anknüpfungspunkt für den Verwässerungsschutz auf, eine Vorschrift, deren Anwendung inzwischen schon für aufgegeben gehalten wurde[256]. Die Voraussetzungen werden jedoch wie im „Quick"-Urteil definiert. Die überragende Bekanntheit erkennt der Bundesgerichtshof dem Sektunternehmen zu. Schwierigkeiten bereitet jedoch das Erfordernis der Alleinstellung, da doch gleichfalls der „Kupferberg"-Verlag besteht. Die Lösung sieht er darin, den Begriff der „Alleinstellung" neu zu definieren: „Soweit die Schutzvoraussetzung einer besonderen Werbekraft der Unternehmensbezeichnung der Kl. in Frage steht, kann sie im Streitfall nicht etwa deshalb verneint werden, weil ein nahezu unbekannt gebliebenes älteres inländisches Verlagsunternehmen denselben Familiennamen in seiner Firma verwendet; denn das Erfordernis der sog. Alleinstellung ist nicht rein objektiv dahin zu verstehen, es dürfe kein inländisches oder im Inland tätiges Unternehmen auf irgendeinem, sei es auch noch so speziellem Arbeitsgebiet unter derselben oder einer im Ähnlichkeitsbereich liegenden Firma betrieben werden[257]." Vielmehr entscheiden über das Bestehen der Alleinstellung „die im Publikum bestehenden Vorstellungen. Ist das Klagzeichen im Publikum in dem höchst möglichen Grad bekannt und verbindet das Publikum mit ihm die Vorstellung nur des einen Unternehmens" — wie hier des Sektunternehmens — „so ist Alleinstellung ... auch dann zu bejahen, wenn ... einem sehr begrenzten Kreis ein anderes" ähnlich firmierendes „Unternehmen bekannt geworden ist"[258]. Nun

[256] Vgl. o. Fn. 240.

[257] a.a.O. (Fn. 255) 624.

[258] a.a.O.

ist aber nach den Feststellungen des Gerichts die Beklagte nur in einem noch kleineren Kreise bekannt. Wie kann es, so muß man fragen, geschehen, daß einerseits der unbedeutende „Florian Kupferberg Verlag" die „Alleinstellung" der Firma und des Zeichens der Sektkellerei unberührt läßt, andererseits aber die im Verkehr noch unbedeutendere „Kupferberg & Co. GmbH" eine Gefahr für die Werbekraft dieser klägerischen Kennzeichen heraufbeschwören soll? Der Bundesgerichtshof gibt hierauf keine Antwort. Seine Entscheidung mag durch die Tatsache beeinflußt sein, daß Kellerei und Verlag derzeit von der gleichen Person beherrscht wurden. Jedoch auch dies wird jedenfalls nicht ausgesprochen.

ee) Mit dem „Kupferberg"-Urteil ist die Reihe wichtiger Entscheidungen des Bundesgerichtshofs bis heute vorläufig abgeschlossen. Es folgen noch einige Streitigkeiten, die den Begriff „Verwässerung" erwähnen[259]; die Frage der Verwässerung ist jedoch jeweils nicht entscheidungserheblich. Neue Entwicklungen deuten sich nicht an.

Erwähnenswert ist jedoch ein Urteil eines Oberlandesgerichts aus dem Jahre 1967[260]. Während das Schrifttum sich mehr oder weniger darauf beschränkt, die Erkenntnisse des Bundesgerichtshofs geordnet wiederzugeben, meldete das Oberlandesgericht Hamburg grundsätzliche Bedenken an.

Die Herstellerin der „Opal"-Damenstrümpfe wandte sich dagegen, daß ein Süßwarenfabrikant seine Fruchtbonbons gleichfalls unter der Marke „Opal" vertrieb. Das LG gab dem Unterlassungsbegehren statt. Das OLG wies die Klage ab.

---

[259] s. z. B. „Zwillingskaffee" — BGH GRuR 1968, 256: Obwohl die Messerwarenfabrik Henckels in Solingen ihr bekanntes Zwillingszeichen auch für Kaffee eingetragen hatte und (sie betrieb auch ein Lebensmittelgeschäft) benutzte, wurde einer Kaffeefirma weiterhin gestattet, ihr aus zwei identischen, spiegelverkehrt einander gegenüberstehenden, aus geometrischen Figuren geschaffenen negroiden Strichmännchen bestehendes Zeichen zu verwenden. Die Berühmtheit für Messerwaren half dem Henckels'schen Zwilling nichts: „Wird ein Warenzeichen für bestimmte Warenarten lange und umfangreich benutzt, so muß das nicht zur Folge haben, daß der Verkehr bei Ingebrauchnahme desselben Zeichens für andere im Warenverzeichnis eingetragene, aber mit jenen Warenarten *nicht gleichartige* Waren in entsprechend *gesteigertem* Maße der Gefahr unterliegt, das Zeichen auch hinsichtlich dieser Waren auf denselben Hersteller zu beziehen ... Dem Zwillingszeichen kommt hiernach die besondere Kennzeichnungskraft, die es für Schneidwaren erlangt hat, nicht auch für Kaffee ... zu ..." (a.a.O. 257) Da somit kein erweiterter Verwechslungsbereich zugestanden wird, fehlt schon die Verwechslungsgefahr im Sinne des § 31 WZG. Nach der „Quick"-Doktrin kann somit auch keine Verwässerungsgefahr bestehen.

„Mon Chéri III" — BGH GRuR 1972, 180, 182 wiederholt den Grundsatz, daß im Warengleichartigkeitsbereich Verwässerungsgefahr keine Rolle spiele; weiter wird „Magirus" bestätigt: der für Verwässerungsschutz maßgebende Ähnlichkeitsbereich sei im allgemeinen enger zu begrenzen als der zeichenrechtliche Verwechslungsbereich.

[260] OLG Hamburg WRP 1968, 155 — „Opal".

Es bezweifelte, ob für den Schutz einer berühmten Marke vor Verwässerung überhaupt eine Rechtsgrundlage besteht[261]. Für § 1 UWG fehle es schon am Wettbewerbsverhältnis. Aber auch die neue Begründung des Verwässerungsschutzes, die das „Quick"-Urteil gegeben hatte, überzeugte das Oberlandesgericht nicht. „Es ist ... fraglich, ob § 823 I BGB unter dem Gesichtspunkt des Eingriffs in den eingerichteten und ausgeübten Gewerbebetrieb Rechtsgrundlage für den Schutz der berühmten Marke sein kann. § 823 I BGB ist unter diesem Gesichtspunkt nur anzuwenden, wenn es gilt, durch die wettbewerbsrechtlichen Sonderregelungen nicht gedeckte Lücken zu schließen. Der Markenschutz hat aber durch das Warenzeichengesetz und § 16 UWG eine sondergesetzliche Regelung erfahren. Ob es gleichwohl richtig ist, eine berühmte Marke vor Verwässerung ... zu schützen"[262], kann das Gericht aber dahingestellt sein lassen, da es dem Klagzeichen an der vom Bundesgerichtshof geforderten Alleinstellung fehlt[263]. Zudem besäße, meinte das Oberlandesgericht, „Opal" nicht die notwendige überragende Verkehrsgeltung. Obwohl sich in anderen warenzeichen- und wettbewerbsrechtlichen Streitigkeiten das demoskopische Gutachten als geläufiges Beweismittel inzwischen hinreichend eingeführt hatte[264], operierte die Rechtsprechung bei der Feststellung der für den Verwässerungsschutz notwendigen Berühmtheit der Marke bisher noch, wenn diese Berühmtheit vom Gegner nicht zugestanden wurde, mit der eigenen Kenntnis des jeweiligen Spruchkörpers[265]. Auch hier versuchte das Oberlandesgericht Hamburg eine Präzisierung. Da sich inzwischen mit Hilfe demoskopischer Methoden die Bekanntheit einer Kennzeichnung beim Publikum genau bestimmen ließ, wurde es hier erstmals in der Rechtsprechung unternommen, die Grenze, die das „berühmte" Kennzeichen vom „bekannten" scheidet, in Zahlen festzulegen. Obwohl 72 % aller Befragten das Wort „Opal" als Zeichen kannten und 69 % aller befragten Frauen und 62 % aller Befragten dieses Zeichen auch der Warengattung Strumpf zuordneten, genügte dem Oberlandesgericht diese Verkehrsdurchsetzung nicht. Es meinte vielmehr, „ein solcher höchstmöglicher Grad einer Kennzeichnungskraft kann ... erst angenommen werden, wenn das Zeichen

---

[261] 156.

[262] a.a.O.

[263] Wenigstens 8 andere Firmen benutzten das Zeichen „Opal". Gegenüber der „Adam Opel AG" hatte sich zudem die Rechtsvorgängerin der Klägerin verpflichten müssen, ihre Zeichen nur in Verbindung mit Strumpfwaren zu benutzen.

[264] s. dazu insbes. *Sauberschwarz*, der die „Alpenmilch"-Entscheidung des RG — RGZ 167, 171 (178) aus dem Jahre 1941 als das erste Urteil bezeichnet, in dem demoskopische Gutachten als Beweismittel herangezogen werden. — Über die allgemeine Durchsetzung der Umfrageforschung in der wettbewerbsrechtlichen Gerichtspraxis s. neben *Sauberschwarz* auch *Noelle-Neumann/Schramm*, Umfrageforschung passim.

[265] s. hierzu auch o. Text bei Fn. 172.

mindestens bei zwei Drittel der Bevölkerung als Kennzeichen für eine bestimmte Ware bekannt ist. Der höchstmögliche Bekanntheitsgrad beträgt im allgemeinen 75 %“[266]. Ein Zitat, aus welcher Quelle das Gericht diese Erkenntnis geschöpft hat, oder eine sonstige Begründung fehlt jedoch.

IV. Zusammenfassung

Ziehen wir Bilanz: Nur eine kurze Zeit gehorchte die Rechtsprechung treu dem Buchstaben des Gesetzes[267]. Nach dem ersten Weltkrieg folgte, gefördert vom allgemeinen Widerwillen in der Bevölkerung gegen den „Sumpf der hemmungslosen, unanständigen Konkurrenz“ einerseits und dem Drängen der Großindustrie nach dem Schutz errungener Marktvorteile durch gewerblichen Rechtsschutz und Wettbewerbsrecht andererseits, eine Inthronisierung des wettbewerblichen „Besitzes“. Den dogmatischen Anknüpfungspunkt für einen verstärkten Kennzeichnungsschutz boten die Vorschriften des Gesetzes gegen den unlauteren Wettbewerb und § 12 BGB. All diese Normen waren — sei es nach ihrem Wortlaut, wie § 1 UWG und § 16 UWG, sei es nach ihrer systematischen Stellung im Gesetz, wie § 12 BGB, und schließlich nach den Intentionen des historischen Gesetzgebers[268] — nicht geeignet, einen erweiterten Schutzbereich zu schaffen; die Rechtsprechung konnte diese Klippen aber ohne große Mühe überwinden. Denn die einflußreichsten Lehrer und Kommentatoren des gewerblichen Rechtsschutzes unter Führung von *Kohler*, *Rosenthal* und *Callmann* hielten dem praktizierenden Juristen stets vor Augen, was er selbst empfand: Es war verwerflich, mit fremdem Kalbe zu pflügen, des Nachbarn „Eigentum“ an seinem Zeichen zu mißbrauchen, in seinen werblichen „Besitz“ einzugreifen. Und sie wiesen dem Richter Wege, unter Berufung auf höchste rechtswissenschaftliche Autorität der gewerblichen Wirtschaft den für notwendig erachteten Schutz zu gewähren.

Parallelentwicklungen lassen sich in vielen Teilbereichen nachweisen: die vergleichende Werbung, in der liberalen Epoche ein selbstverständliches Recht des Konkurrenten, wird tabuisiert, die „bezugnehmende“ Werbung verboten[269]; kritische Urteile über gewerbliche Leistungen, die nach gesetztem Recht nur den Schranken der §§ 824, 826 BGB und der Strafgesetze unterlagen[270], werden von der Rechtsprechung — mit geringen Ausnahmen — generell untersagt; die Befugnis zur Ver-

[266] WRP 1968, 157.

[267] s. o. 1. Kap. I. 1.

[268] s. z. B. *Ulmer*, Wettbewerb, S. 20 und dort Fn. 2 zu §§ 1 und 16 UWG und neuerdings *Fabricius*, JR 1972, 15 ff., 16 - 18, jeweils m. w. Nachw.

[269] s. z. B. *Jungbäck*, S. 16 ff.

[270] s. hierzu insbes. *Kübler*, AcP 172, 177 ff., 179 f. (1972).

wendung gemeinfreier, spezialgesetzlich nicht — oder nicht mehr — schützbarer technischer oder ästhetischer Produktmerkmale wird radikal eingeschränkt[271].

Es war nur konsequent, auch geschäftlichen Kennzeichnungen jeden nur erdenklichen Schutz angedeihen zu lassen. Bestanden vielleicht auf dem Gebiete der Verwertung künstlerischer oder technischer Ideen noch erkennbare divergierende Interessen des Urhebers oder Erfinders und der Allgemeinheit auf die Früchte seines Schaffens, so waren solche Konflikte beim Schutz bekannter Kennzeichen nicht unmittelbar einsichtig. „Diese Gegensätzlichkeit (der Interessen)[272] entfällt da, wo die Vorenthaltung solcher Verwirklichungsformen neuer technischer oder künstlerischer Ideen nicht begehrt wird, wo es sich vielmehr rein um die Erhaltung der in beliebigen Kennzeichnungsmitteln existenten Werbekraft eines Unternehmens handelt: im Warenzeichenrecht[273].“ *Ulmer* konnte zu Recht erklären: „Die von der Rechtsprechung angewandten Normen, die es zu ihrem wesentlichen Teil mit einer Neuordnung der Bewertung der Einschreibung in das Register gegenüber den Realitäten des Wirtschaftslebens, den Ergebnissen hoch entwickelter Reklameleistung zumal, zu tun haben, sind hier von den unsere Zeit beherrschenden Werturteilen getragen[274].“

Mehr oder weniger unreflektiert setzten sich diese Anschauungen bis in die Anfänge der Nachkriegszeit fort: das bekannte Kennzeichen konnte die Grenze der Warengleichartigkeit durchbrechen.

Die übergroße Freigebigkeit der Gerichte, besonders der unteren Gerichte, Zeichen das Prädikat „bekannt“ oder „berühmt“ zu verleihen[275], drohte zu einer Aufweichung des Spezialitätsgrundsatzes zu führen. Nach dem Vorgang des Schrifttums[276] schraubte die Rechtsprechung bis zum „Quick“-Urteil konsequent Schritt für Schritt die Anforderungen, die erfüllt sein mußten, ehe der Sonderschutz gewährt wurde, immer höher: Nicht mehr jede wertvolle Marke, nicht jede Firma mit Verkehrsgeltung wird vor der — echten oder vermeintlichen — Gefahr geschützt, Namensvettern auf fremden Warengebieten und in fremden Branchen vorzufinden. Nur Zeichen mit schlechthin „überragender Kennzeichnungskraft“, die auch außerhalb der potentiellen Abnehmerkreise allgemein bekannt sind[277], besitzen eine solche Werbewirkung, daß ihnen „aus-

[271] s. o. 1. Kap. I. 3. b).

[272] Ergänzt.

[273] *Ulmer*, Wettbewerb S. 2.

[274] a.a.O.

[275] s. o. 1. Kap. II. 2. a).

[276] s. o. 1. Kap. II. 2. b).

[277] s. o. Text bei Fn. 180; vgl. auch BGHZ 19, 27 — „Magirus“; BGH GRuR 1957, 342 — „Venostasin“; BGH GRuR 1957, 435 — „Eucerin“; BGHZ 28, 320 — „Quick“; s. aber auch „Technika“ (o. Fn. 193).

nahmsweise"[278] der Verwässerungsschutz zuteil werden kann. Um die freie Wahl der Kennzeichnungsmittel nicht zu sehr einzuschränken, wird der Ähnlichkeitsbereich, in dem keine fremden Zeichen geduldet werden, enger gezogen als der warenzeichenrechtliche Verwechslungsbereich[279]. Der Schutz wird bei Homonymen nicht gewährt, soweit in der Branche des Drittbenutzers das Zeichen eine völlig verschiedene Bedeutung besitzt[280]. Nur noch solche Kennzeichnungen werden geschützt, die in der gesamten Warenwelt einmalig sind, die Alleinstellung besitzen. Ja, diese Alleinstellung wird sogar zum eigentlichen Schutzgut erklärt[281]. Die „Quick"-Entscheidung[282] faßt all diese Einschränkungen bestätigend zusammen und fügt eine weitere hinzu: Im Warengleichartigkeitsbereich wird kein über das WZG und § 16 UWG hinausgehender Schutz unter dem Schlagwort „Verwässerungsgefahr" gewährt.

Während der Kurs der bundesgerichtlichen Rechtsprechung bis zum „Quick"-Urteil nahezu[283] geradlinig auf Restriktion gerichtet war, beginnt nach „Quick" eine Periode der Aufweichung — man ist versucht zu sagen, der Verwässerung: — der strengen Anforderungen, die der Bundesgerichtshof bisher an Kennzeichnungen gestellt hatte, die den Sonderschutz erwerben wollten. Zwar werden den Worten nach die früheren Entscheidungen bestätigt, in der Sache aber wird das Erfordernis der „Alleinstellung" wieder verwischt[284]. Im „Zonenberichtsurteil" werden neue Schleusen geöffnet, indem grundsätzlich ein Schutz auch vor nicht kennzeichenmäßigen Gebrauch einer berühmten Marke außerhalb des geschäftlichen Verkehrs für die Elitegruppe der berühmten Marken und Unternehmensbezeichnungen anerkannt wird[285].

Seit „Quick" war § 1 UWG endgültig[286] als Anknüpfungspunkt aufgegeben worden. § 823 Abs. 1 BGB und § 12 BGB traten an seine Stelle, ohne daß der Bundesgerichtshof recht erklären konnte — es jedenfalls nicht versuchte, Erklärungen zu geben —, warum die Normen, die bei ihrer Schaffung sicherlich für alles andere gedacht waren als zum Schutze berühmter Marken, als Anspruchsgrundlage dienen könnten.

---

[278] BGHZ 15, 107 — „Koma"; BGHZ 28, 320 — „Quick".

[279] BGHZ 19, 31 — „Magirus"; neuestens BGH GRuR 1972, 180, 182 — „Mon Chéri III".

[280] BGH GRuR 1957, 87 f. — „Meisterbrand".

[281] BGH GRuR 1958, 393 (394) — „Anker"; BGH GRuR 1959, 25 (29) — „Triumph"; BGHZ 28, 320 — „Quick".

[282] BGHZ 28, 320.

[283] Ausnahmen bilden die „Technika"- (s. o. Fn. 193) und „Meisterbrand"-Urteile (s. o. Text bei Fn. 190).

[284] s. dazu die „Tosca"- (BGH GRuR 1961, 280) und „Kupferberg"-Urteile (BGH GRuR 1966, 623) des BGH und o. 1. Kap. III. 2. c) bb) und dd).

[285] BGH GRuR 1965, 547 und o. 1. Kap. III. 2. c) cc).

[286] Vgl. aber o. Einführung, Fn. 17.

Und bis heute hat es die Rechtsprechung nicht vermocht, den erweiterten Schutz für diese gewisse Klasse von Kennzeichnungen hinreichend zu begründen. Der Satz, der Inhaber eines berühmten Kennzeichens besitze ein berechtigtes Interesse daran, die Alleinstellung seines Zeichens zu erhalten, gewinnt — bisher jedenfalls — seine Beweiskraft allein aus seiner ständigen Wiederholung.

Zweites Kapitel

Der Schutz berühmter Kennzeichen vor Verwässerungsgefahr – Nachprüfbare Rechtsfortbildung oder Gewohnheitsrecht?

I. Der Schutz vor Verwässerungsgefahr als Produkt richterlicher Rechtsfortbildung

Während der bisherigen Darstellung wurden durchgehend methodische Vorwürfe erhoben: Rechtsprechung und Wissenschaft hätten die juristischen Kunstregeln der Subsumtionstechnik mißachtet[1]; sie hätten den Willen des historischen Gesetzgebers, der das WZG als Spezialgesetz konzipiert habe, verfälscht[2]. Diese Vorwürfe waren sicherlich berechtigt gegenüber einer Rechtsprechung und einer Rechtswissenschaft, die sich selbst als positivistisch verstanden und eine Rechtsfortbildung durch Richterspruch nur in den engsten Grenzen — jedenfalls nicht gegen den erkennbaren Willen des historischen Gesetzgebers — zulassen wollten. Für den Bereich des Schutzes vor Verwässerungsgefahr läßt sich der allgemeine Befund *Wieackers* voll bestätigen: bei allen Fortbildungen des Rechts bemühte sich das Reichsgericht, grundsätzlich gesetzesgetreu zu erscheinen, und war „dadurch allerdings auch oft zu Umwegen, Hilfskonstruktionen und Kryptointeressenjurisprudenz genötigt“[3].

Allein aufgrund dieser Bedenken jedoch fordern zu wollen, man müsse zu einer Spezialität des Warenzeichenrechts zurückkehren, wäre nicht nur naiv sondern auch methodisch unrichtig. Rechtsprechung und Wissenschaft sind sich in unserer Zeit — trotz aller gravierenden Differenzen im Einzelnen — darüber einig, daß richterliche Gesetzesanwendung sich nicht auf einen quasi-automatischen, durch logische Gesetze determinierten Subsumtionsprozeß beschränkt, daß die Grenzen zwischen „Fortbildung“ und „Anwendung“ des Rechts flüssig geworden sind[4]. Die Rechtsfortbildung hat sich auf vielen Gebieten der Gesetzgebung überlegen gezeigt: sie erwies sich als flexibler, als fähiger, veränderten

---

[1] s. z. B. o. 1. Kapitel, Text bei Fn. 22 - 24, 27 - 43.

[2] s. z. B. o. 1. Kapitel, Text bei Fn. 268.

[3] Privatrechtsgeschichte, S. 530.

[4] Aus der unübersehbaren Literatur vgl. nur *v. Caemmerer*, in: *Pehle/Stimpel*, S. 29; *Esser*, Grundsatz und Norm, S. 255; *ders.*, Vorverständnis, S. 175; *Larenz*, Methodenlehre, S. 274 (die letzteren jeweils m. w. Nachw.).

gesellschaftlichen Verhältnissen angemessene Regeln zu entwickeln, als die gesetzgebenden Körperschaften, die im Alltagsgeschäft des Interventionismus zu ersticken drohen[5]. Einem Richterrecht nur vorwerfen zu wollen, es orientiere sich nicht ausschließlich am Wortsinn des geschriebenen Rechts und an den Intentionen des historischen Gesetzesverfassers — sei eben Richterrecht —, hieße nicht nur die Realität des Rechtslebens verleugnen[6]; es bedeutete gleichfalls, sinnvolle Rechtspflege unmöglich zu machen.

Stimmt man insoweit zu, so kann man auf den ersten Blick kaum Zweifel hegen, daß die Rechtsprechung sich zu Recht des Problems der berühmten Marken angenommen hat. Die typische Normsituation, die bei der Schaffung unserer frühen Warenzeichengesetze und des UWG bestand, hat sich grundlegend gewandelt. Empfahl sich der Gewerbetreibende zu Beginn unseres Jahrhunderts noch mit einem Inserat in der Tageszeitung und an der Litfaßsäule, in dem er erklärte, sein Produkt sei preisgünstig und für den bezeichneten Gebrauchszweck durchaus geeignet, so dient heute das Warenzeichen, das Unternehmenskennzeichen als Kernstück und Anknüpfungspunkt weitangelegter Werbekampagnen, die, psychologisch wohlvorbereitet, mit Hilfe von dem historischen Gesetzgeber nicht vorstellbaren Zaubermitteln wie Neon, Radio, Fernsehen und ganzseitigen Vielfarbanzeigen — und einem gleichfalls nicht vorstellbaren Einsatz von Kapital — ein kompliziertes Firmen- und Produktimage bilden. Es scheint offensichtlich, daß die alten Gesetze diesem neuen Phänomen keinen ausreichenden Schutz gewähren und für den Richter kein adäquates Handwerkszeug mehr darstellen konnten, daß die radikal veränderte technische und gesellschaftliche Wirklichkeit eine „Lücke"[7] in das Normgefüge riß. Standen nun noch Generalklauseln wie § 1 UWG, § 12 BGB und neuerdings der Schutz des Gewerbebetriebes im Rahmen des § 823 Abs. 1 BGB[8] bereit, um dem Richter und Rechtswissenschaftler gesetzliche Absiche-

---

[5] Als Praktiker sei nur beispielhaft *Pehle* (in: *Pehle/Stimpel*, S. 3, 7) genannt; für die Rechtswissenschaft s. insbesondere *Kübler*, JZ 1969, 645 ff. m. w. Nachw.

[6] Zur Wandelbarkeit unverändert in den Kodifikationen verbleibender Normen s. insbes. *Dawson*, S. 432 ff. und *Rüthers*, passim; s. auch die knappe Darstellung *Wieackers*, Privatrechtsgeschichte, S. 514 ff., der eindrucksvoll den rapiden Wandel des Bürgerlichen Rechts in der Weimarer Zeit beschreibt („... bereits vor 1933 ... hätte ... das wirklich ‚geltende' Privatrecht ... nicht mehr aus dem Gesetzestext ... abgelesen werden können." a.a.O. 514 f.).

[7] Zur Diskussion um die Brauchbarkeit dieses Begriffes s. z. B. etwa *Larenz*, Methodenlehre, S. 350 ff. und *Canaris*, S. 40 ff. einerseits und *Esser*, Vorverständnis, S. 174 ff. andererseits.

[8] *Esser*, Schuldrecht II, S. 405: „Alle Versuche, das Unternehmensrecht schärfer zu konturieren, können nicht darüber hinwegtäuschen, daß es sich hier ... um eine Generalklausel handelt." s. ferner z. B. *Fikentscher*, Schuldrecht, S. 624, der von einem „Rahmenrecht" spricht.

rung zu bieten, so konnten — so scheint es — keine Bedenken mehr aufkommen, daß jedenfalls die Entwicklung neuer Entscheidungsregeln durch Ausfüllung und Konkretisierung dieser Blankettvorschriften legitimiert war.

Jede Rechtsfortbildung, verstehe sie sich nun als „Ausfüllung" von durch sozialen Wandel geschaffenen Lücken oder als Konkretisierung vager Rechtssätze, muß sich aber auch einer kritischen Überprüfung stellen. Eine Rechtsprechung, wie diejenige zum Sonderschutz berühmter Kennzeichen, die die tatsächliche Beurteilung realer Geschehensabläufe mit deren rechtlicher Bewertung nahezu unentwirrbar verquickt[9], muß es sich gefallen lassen, daß nicht nur ihre strikt juristische Argumentation auf dogmatisch-systematische Plausibilität untersucht wird. Sie muß sich auch Fragen auf der Ebene des „Seins" stellen, und zwar in mehrfacher Hinsicht:

— Ist die Darstellung der typischen Normsituation in ihrem kausalen Ablauf, so wie sie der Rechtsfortbildung zugrundegelegt wurde, „richtig", d. h. nach dem heutigen Stand der empirischen Sozialwissenschaften erwiesen oder, falls empirische Untersuchungen fehlen sollten, wenigstens nach allgemeiner Lebenserfahrung nachvollziehbar?

— Ist die durch die neugebildete Regel angeordnete Rechtsfolge geeignet, den als mißlich empfundenen Zustand zu beseitigen?

— Selbst wenn diese Untersuchungen positiv ausfallen sollten, bliebe zu erwägen, ob nicht — möglicherweise unerwünschte — Nebenfolgen auftreten, deren kontraindizierende Wirkung gravierender erscheint als die festgestellten positiven Folgen[10].

Nur die erste der aufgeworfenen Fragen soll zunächst behandelt werden. Sinnvoll ist eine solche Untersuchung aber nur, wenn nicht, wie gelegentlich behauptet wird[11], der Schutz vor Verwässerungsgefahr gewohnheitsrechtliche Kraft errungen hätte. Sollte dies zutreffen, so wäre eine Weiterarbeit müßig, es sei denn, man wolle einen Appell zur Modifizierung der Norm an die gesetzgebenden Organe richten. Denn nach der Rechtsprechung des BGH kann Gewohnheitsrecht seine Geltung nicht durch den Wegfall der „opinio necessitatis" verlieren[12]; angesichts dieser Wertung erscheint es nicht vorstellbar, daß Korrekturen möglich seien oder sich gar gegenläufiges derogierendes Gewohnheitsrecht bilden könne[13].

---

[9] s. dazu insbesondere die „Quick"-Entscheidung des BGH und o. Text bei Fn. 223 - 225.

[10] Vgl. hierzu insbes. *Winter*, Rechtstheorie 2 (1971), 171 ff.

[11] Vgl. *Katzenberger*, S. 13 u. 163 f.; *Buchner*, S. 32: „Zu Gewohnheitsrecht verfestigt mag man Schadensersatzansprüche bei Verwässerung von Warenzeichen werten, ..."

[12] BGHZ 1, 369, 375.

[13] s. hierzu *Esser*, in: Festschr. f. Fritz v. Hippel, S. 122.

II. Der Schutz vor Verwässerungsgefahr als Gewohnheitsrecht

Es war seit altersher eine bei Wissenschaft und Rechtsprechung beliebte Methode, einer ständigen Rechtsprechung das Prädikat „Gewohnheitsrecht" zu verleihen, um so die entwickelte Norm weiterer Kritik und einer möglichen Revision zu entziehen[14]. So wurde auch der heute noch stark umstrittenen Konstruktion des Unternehmenschutzes nach § 823 Abs. 1 BGB gelegentlich gewohnheitsrechtliche Qualität beigelegt[15]. Selbst wenn man es für möglich — und sinnvoll — hielte, juristische Konstruktionen, bloße „Denkformen", als Gewohnheitsrecht anzuerkennen[16], könnte man angesichts der unbestimmten und wohl auch unbestimmbaren Konturen dieses Rechts keinen unmittelbaren Schluß auf einen gewohnheitsrechtlichen Schutz berühmter Kennzeichen vor Verwässerung ziehen. Richtig kann also die Frage allenfalls nur lauten, ob der Satz, berühmte Kennzeichen seien vor jeglicher Minderung ihrer Werbekraft durch Drittbenutzung auf fremden Wirtschaftsgebieten oder gar außerhalb des geschäftlichen Verkehrs zu schützen, selbst als Gewohnheitsrecht zu qualifizieren sei.

Es erscheint allerdings höchst fraglich, ob dieser „halb mystische" *(Max Weber)* Vorgang der Entstehung von Gewohnheitsrecht in der Gegenwart überhaupt noch vorstellbar ist. In einer vorindustriellen, agrarischen Gesellschaft ohne professionalisierte Judikatur mag dieser Prozeß immerhin noch nachvollziehbar sein; in unserer Rechtsordnung — und mehr noch: in unserem Bereich wirtschaftsregelnder Normen, der in gesteigertem Maß der laufenden Kontrolle durch die Rechtsprechung unterliegt, — dürfte die quasi naturhafte Bildung von Normen unmittelbar durch die „Rechtsgenossen" kaum denkbar sein; es ist zweifelhaft, ob der Begriff Gewohnheitsrecht heute noch eine legitimierende oder auch nur erklärende Funktion beanspruchen kann. Da jedoch eine gründliche Auseinandersetzung mit der Rechtsquellenlehre den Rahmen der Arbeit sprengen müßte, soll nur kurz nachgeprüft werden, ob der Verwässerungsschutz nach geläufigen Kriterien als gewohnheitsrechtlich verfestigt gelten kann.

---

[14] Zu den historisch verständlichen Gründen für ein solches Vorgehen s. *Esser,* a.a.O., S. 102 ff.

[15] s. z. B. *v. Caemmerer,* in: Hundert Jahre deutsches Rechtsleben, Bd. II, S. 89 („... vielleicht sogar schon gewohnheitsrechtliche Kraft ..."); *Hauss,* Anm. zu BGH LM Nr. 16 zu § 823 BGB (Ai); *Schippel,* S. 2 f. („Selbst wenn es [das Recht am Gewerbebetrieb] keinen Platz in der ursprünglichen Ordnung des Bürgerlichen Gesetzbuches gehabt haben sollte, hätte es sich als Gewohnheitsrecht mit derogativer Kraft im Laufe eines halben Jahrhunderts einen Platz im geltenden Recht erworben.").

[16] Dies wäre die notwendige Prämisse für eine gewohnheitsrechtliche Anerkennung des Rechts am Gewerbebetriebe. s. dazu *Buchner,* S. 25 f. und *Schrauder,* S. 170 f. jeweils m. w. Nachw.

Die lange Präjudizienkette, die man bis auf „Mitropa", „4711" und „Odol" zurückführen kann, vermag für sich allein ebensowenig wie die überwiegende Zustimmung der Literatur die Entstehung eines Gewohnheitsrechts zu belegen. Zwar sind jüngstens wieder heftige Kontroversen über das Verhältnis der richterlichen Rechtsfortbildung zum Gewohnheitsrecht entbrannt[17]; eine ständige Rechtsprechung aber, insoweit herrscht Einigkeit, kann keine für den Richter irreversibele normative Wirkung entfalten[18]. Nur das Zusammentreffen tatsächlicher Rechtsübung, der „opinio necessitatis" und der einheitlichen Rechtsprechung kann Gewohnheitsrecht schaffen[19].

1. Die „ständige" Rechtsprechung zur Verwässerungsgefahr

Betrachtet man die im 1. Kapitel geschilderten höchstrichterlichen Entscheidungen noch einmal, so fällt es schwer, in ihnen irgendein Element der „Beständigkeit" aufzuzeigen. Der Großzügigkeit der Rechtsprechung gegenüber großindustriellen Interessen in der späten Weimarer Zeit und im Dritten Reich, die sich ebenso wie z. B. bei der vergleichenden Werbung und der sklavischen Nachahmung auch bei der Ausdehnung des Kennzeichenschutzes zeigte, folgte in den späten fünfziger und sechziger Jahren eine bemerkenswerte Zurückhaltung. Immer neue einschränkende Vorbedingungen wurden ersonnen, die Ansprüche an die Bekanntheit hochgeschraubt, bis schließlich die höchstrichterliche Rechtsprechung zur „Verwässerungsgefahr" praktisch bedeutungslos wurde. Zwar lassen sich über zehn Urteile des Bundesgerichtshofs zitieren, in denen das Schlagwort „Verwässerungsgefahr" erwähnt und der Grundsatz als dictum wiederholt wird; Rechtsschutz vor dieser Gefahr wurde aber — soweit ersichtlich — vom Bundesgerichtshof erst in drei Fällen gewährt[20], nämlich der Parfum- und Kölnisch-Wasser-Marke

---

[17] Beispielhaft seien nur zwei Hauptexponenten genannt: *Esser*, in: Festschr. f. Fritz v. Hippel, S. 95 ff. einerseits und *Larenz*, in: Festschr. f. Schima, S. 247 ff. andererseits.

[18] Überzeugend *Esser*, a.a.O., S. 122 gegen die Anerkennung eines „richterlichen Gewohnheitsrechts": „Ein solches Gewohnheitsrecht würde bedeuten, daß nicht nur die erneute Fortbildung, sondern auch die bessere Einsicht und Korrektur einer inzwischen von der Wissenschaft, den Erfahrungen oder den sozialen Veränderungen desavouierten Rechtsprechung blockiert wäre — und dies paradoxerweise viel definitiver als bei einem noch so eindeutigen Gesetzesrecht . . ." Nur scheinbar a. A. *Kriele*, S. 243 ff., der Präjudizien „präsumtive Verbindlichkeit" beimißt. s. *Kriele*, S. 286 ff.

[19] So jetzt auch *Esser*, Vorverständnis, S. 192; vgl. aber noch *Esser*, in Festschr. f. Fritz v. Hippel, S. 253.

[20] Irreführend insoweit *Loewenheim* (S. 253, Fn. 252), der zwar auch erklärt, der BGH habe „in seiner Spruchpraxis erst dreimal den Schutz einer berühmten Marke bejaht", sich hierbei aber mit einer Ausnahme auf nicht einschlägige Urteile beruft, nämlich auf BGHZ 25, 369 — „Wipp" —, BGH GRuR 1965, 547 — „Zonenbericht" — und BGH GRuR 1966, 623 — „Kupferberg". In der „Wipp"-Entscheidung ging es nicht um den Schutz eines renommierten Kennzeichens

„Tosca“[21], dem Sekt-Warenzeichen und Firmennamen „Kupferberg“[22] und angeblich in einer unveröffentlichten Entscheidung dem Zeichen „4711“[23]. Diese Urteile allein könnten sicher keine „ständige“ Rechtsprechung begründen. Zudem sind gerade sie untypisch. „Tosca“ erscheint rechtlich bedenklich — auch wenn man grundsätzlich den Sonderschutz für richtig erachtet —, da das sonst stets geforderte Merkmal der Alleinstellung trotz offensichtlicher Doppelbenutzung nicht einmal erwähnt wird und die kennzeichenmäßige Verwendung des Zeichens durch den Beklagten angezweifelt werden muß[24]. „Kupferberg“ muß sich gleichfalls einen leichtfertigen Umgang mit dem Erfordernis der Alleinstellung vorwerfen lassen[25]. Das „4711“-Urteil des Bundesgerichtshofes, welches weder vom Gericht noch von den Prozeßbeteiligten einer Veröffentlichung in der „Amtlichen Sammlung“ oder wenigstens einer Fachzeitschrift für würdig gehalten wurde, entzieht sich einer abschließenden Beurteilung.

Da unserem Rechtssystem die strikte Trennung zwischen „ratio decidendi“ und „obiter dictum“ fremd ist, sollen aber auch die abweisenden Urteile in die Betrachtung einbezogen werden; es ist auch nicht undenkbar, daß gerade durch ihren Einfluß mögliche „Verwässerer“ von ihrem verwerflichen Tun abgebracht wurden. Suchen wir zu erkunden, in welchen Einzelheiten in der Rechtsprechung langjährig Konsens erreicht wurde.

Schutzvoraussetzungen sind — so der Bundesgerichtshof im „Kupferberg“-Urteil[26] — gleich, ob § 12 BGB bei Zeichen mit „Namensfunktion“ oder § 823 Abs. 1 BGB bei Zeichen ohne „Namensfunktion“ als Anknüpfungspunkt verwandt wird:

---

vor Drittbenutzung, sondern vielmehr darum, ob eine „gewöhnliche“ Marke vor der Zerstörung ihres Werbepotentials durch ein plötzlich berühmt werdendes Zeichen bewahrt werden könne. Im „Zonenberichts“-Urteil unterlag der Inhaber der berühmten Marke. Allein der Sektfirma „Kupferberg“ gewährte der BGH in der Tat den begehrten Schutz. Sollte aber *Loewenheim* gemeint haben, der BGH habe den Grundsatz erst dreimal erwähnt, so ließe sich diese Behauptung leicht mit einem Hinweis auf das gute Dutzend der oben beschriebenen Entscheidungen entkräften.

[21] BGH GRuR 1961, 280.

[22] BGH GRuR 1966, 623.

[23] BGH Urt. v. 8. 7. 1958 — I ZR 68/57, zit. bei *Baumbach/Hefermehl*, Rdnr. 97 zu § 16 UWG: Einem Unternehmer, der Jauchegruben entleerte, wurde die Verwendung seiner Telefonnummer, die zufällig 4711 lautete, nicht nur zur Werbung durch Anzeigen und Aufschrift auf seinem Jauchewagen, sondern schlechthin untersagt. *Fikentscher* (in: Festschr. f. Kronstein, S. 296), der den gleichen Sachverhalt berichtet, beruft sich allerdings auf eine mündlich überlieferte Entscheidung des LG Düren.

[24] s. o. 1. Kapitel Text nach Fn. 243.

[25] s. o. 1. Kapitel Text bei Fn. 254 - 258.

[26] GRuR 1966, 624 f.

1. die überragende Verkehrsgeltung des Zeichens;
2. seine Einmaligkeit im Verkehr;
3. eine besondere Werbekraft, die „ihrerseits wesentlich auf [der] Einmaligkeit in Verbindung mit [der] überragenden Verkehrsbekanntheit beruht“[27];
4. eine besondere Gütevorstellung, die das Zeichen beim Publikum auslösen muß.

a) Die Formel, das zu schützende Zeichen müsse überragende Verkehrsgeltung oder „überragende Kennzeichnungskraft“ besitzen, kehrt seit der „Koma“-Entscheidung[28] beständig wieder. Dennoch ist unsicher, was unter diesem Begriff zu verstehen sei.

Im „Quick“-Urteil wird diese Geltung mit Berühmtheit gleichgesetzt[29]; bei „Kupferberg“ wird der „höchstmögliche Grad von Verkehrsbekanntheit“ gefordert[30]; hiernach wäre nur die absolute Spitzenklasse aller Marken schutzwürdig; und dennoch kann *Dietrich Reimer*[31] seine Behauptung, nicht nur die allerbekanntesten sondern auch nicht berühmte, aber wenigstens „weithin bekannte Zeichen mit überragender Verkehrsgeltung“ genössen Schutz vor Verwässerungsgefahr, mit Zitaten aus der Rechtsprechung des Bundesgerichtshofs[32] belegen.

Sichere Beständigkeit läßt sich nicht feststellen.

b) Die Schutzvoraussetzung der Einmaligkeit des Zeichens im geschäftlichen Verkehr, der „Alleinstellung“, ist, wie gezeigt wurde, gleichfalls ein Kind der Nachkriegszeit. Und kaum erschaffen, wurde sie vom Bundesgerichtshof in den „Tosca“- und „Kupferberg“-Entscheidungen einerseits mißachtet[33], andererseits derart modifiziert[34], daß die Konturen des Begriffs verschwimmen.

c) Die „besondere Werbekraft“ oder „Werbewirkung“ wird niemals ernsthaft geprüft. Obwohl sie als selbständiges Tatbestandsmerkmal deklariert wird, erscheint sie regelmäßig als Funktion entweder der Einmaligkeit[35] oder „der Einmaligkeit in Verbindung mit der überragenden Verkehrsbekanntheit“[36]. Eigenständige Bedeutung kommt ihr nicht zu.

---

[27] a.a.O. 624.
[28] s. o. 1. Kapitel Text vor Fn. 180.
[29] BGHZ 28, 327.
[30] GRuR 1966, 624; so auch *Baumbach/Hefermehl*, Rdnr. 152 zu § 31 WZG.
[31] *Ulmer/Reimer*, S. 145 Fn. 112.
[32] BGHZ 15, 112 — „Koma“; BGH GRuR 1957, 437 — „Eucerin“.
[33] s. o. 1. Kapitel Text nach Fn. 243.
[34] s. o. 1. Kapitel Text bei Fn. 254 - 258.
[35] So z. B. BGHZ 28, 327 — „Quick“.
[36] So z. B. BGH GRuR 1966, 624 — „Kupferberg“.

d) Das Merkmal der „besonderen Gütevorstellung“, die das Publikum von der unter dem Zeichen vertriebenen Ware besitzen muß, ist gleichfalls nicht von altersher überkommen. Auch seine Bedeutung ist nicht eindeutig gesichert.

Zum Teil erscheint es nur noch als ein zur Leerformel erstarrtes Relikt aus der reichsgerichtlichen Rechtsprechung, die vielfach besonderen Wert auf die gute Qualität des mit dem bekannten Warenzeichen geschmückten Produkts gelegt hatte[37]. Im „Quick“-Urteil bezeichnet der Bundesgerichtshof die Gütevorstellung des Verbrauchers als eine tatsächliche Folge der überragenden Bekanntheit, die in der Regel eintreten werde[38]; im „Kupferberg“-Entscheid wird die „Gütevorstellung“ zwar ausdrücklich zur Schutzvoraussetzung erhoben[39], gleichzeitig aber inhaltlich entleert, da nicht eine konkrete Vorstellung über gute Qualität sondern nur eine allgemeine Wertschätzung erforderlich sei, die sich wiederum insbesondere auf Rang und Alter, technische Leistungsfähigkeit oder Größe des Unternehmens gründen könne[40]. Andererseits wird aber mit dem Erfordernis ernst gemacht, wenn einem Zeichen, das unmittelbar nach dem Konkurs des früheren Inhabers von einem Konkurrenten erworben und erfolgreich verwendet worden war, der Schutz verweigert wird, da das Publikum einer solchen Marke angesichts des wirtschaftlichen Mißerfolgs des ursprünglichen Herstellerunternehmens nicht die notwendige Wertschätzung entgegenbringen könne[41].

e) Diese wenigen Beispiele verdeutlichen, daß Schwanken und Unsicherheit die Rechtsprechung kennzeichnen und nicht eine sichere Beständigkeit.

Man mag einwenden, diese Divergenzen beträfen nur Details; es sei eine bekannte Erscheinung, daß Einzelheiten in der Schwebe blieben, ja, für eine gewissenhafte Rechtsprechung, die sich auf ihre primäre Aufgabe, die Entscheidung im Einzelfall, beschränke, in der Schwebe bleiben müßten; dennoch bilde sich aber mit der Zeit ein gewisser Kern, der als gesichert gelten müsse.

---

[37] RGZ 170, 151 — „Bayerkreuz“; RG MuW XXXI, 519 — „Schweifbogen“.

[38] BGH GRuR 1959, 182, 184 (insoweit nicht in BGHZ 28, 320 ff. abgedruckt).

[39] BGH GRuR 1966, 624.

[40] a.a.O. im Anschluß an *Ulmer*, ZHR 114, 49. Angesichts der Vielfalt der angebotenen Attribute, die zudem nur beispielhaft („insbesondere“) genannt sind, fällt es schwer, sich bekannte Kennzeichen vorzustellen, die nicht wenigstens eines für sich in Anspruch nehmen könnten. Allenfalls könnten Marken vom Schutz ausgenommen werden, die durch öffentliche Tragödien oder Skandale in Verruf gerieten, wie etwa das Zeichen „Contergan“ der Chemie Grünenthal. Diese aber dürften nicht in die Gefahr geraten, von Dritten benutzt zu werden; sie sind ohnedies psychologisch für jedwede werbliche Verwendung disqualifiziert.

[41] OLG Hamburg WRP 1968, 157 — „Opal“.

Versucht man es, alle Einschränkungen und Voraussetzungen zusammenzutragen, die in der Rechtsprechung des Bundesgerichtshofs aufgestellt wurden, um so zum „harten Kern“ des Verwässerungsschutzes vorzudringen, so könnte man folgenden Satz aufstellen:

Der Inhaber eines Kennzeichens, welches den höchstmöglichen Grad inländischer Bekanntheit errungen hat und beim Verbraucher Wertschätzung genießt, welches ferner als Kennzeichen in der gesamten Waren- und Geschäftswelt einmalig ist, kann von einem Dritten, der ein identisches oder nahezu übereinstimmendes Zeichen kennzeichenmäßig benutzt, Unterlassung und bei Verschulden Schadenersatz verlangen, es sei denn, daß das Zeichen auf seinem neuen Verwendungsgebiet eine andere Bedeutung besäße.

Aber auch diese Formel, so eng sie erscheinen mag, wäre noch nicht konsensfähig. In Kenntnis all der „großen“ Entscheidungen des Bundesgerichtshofes, nach „Koma“, „Quick“, „Tosca“ und „Kupferberg“, konnte es ein Oberlandesgericht noch im Jahre 1967 bezweifeln, daß es überhaupt eine rechtliche Grundlage für die Gewährung des Sonderschutzes gebe[42].

Gestützt auf die Ansicht des Bundesgerichtshofes, das Recht am Gewerbebetriebe besitze nur lückenfüllenden Charakter[43], lehnt es die Anwendung von § 823 Abs. 1 BGB ab, da das Kennzeichenrecht „durch das Warenzeichengesetz und § 16 UWG eine sondergesetzliche Regelung erfahren“ habe[44]. Dieser Meinung kann man selbstverständlich entgegenhalten, die berühmte Marke sei eben weder nach WZG noch nach UWG vollständig geschützt; die allgemeinen Vorschriften des BGB seien mithin zur „Schließung der Lücke berufen“[45]. Die Ansicht des Gerichts sei also falsch und das Urteil aus der Präjudizienkette auszuscheiden. Ein derartiger Vorwurf bewegt sich aber nur scheinbar auf derselben Argumentationsebene; er verdeckt durch die Verwendung des formalen Begriffs der Lücke, daß diese Kontroverse nicht auf einer mit rechtstechnischen Mitteln verifizierbaren oder falsifizierbaren Behauptung sondern einer unterschiedlichen Wertung der Schutzwürdigkeit des typischen Sachverhalts beruht. Die Aussage, das Kennzeichenrecht sei abschließend durch UWG und WZG geregelt, enthält gleichzeitig die Wertung, weitergehender Schutz sei nicht geboten; die entgegengesetzte Wertung, berühmte Zeichen seien im besonderen Maße schützenswert, muß zwingend zur Entdeckung der Lücke im Gesetz führen. Welche der

---

[42] OLG Hamburg WRP 1968, 156 —„Opal“.

[43] BGHZ 36, 257 — „Gründerbildnis“.

[44] OLG Hamburg a.a.O. (Fn. 42). Das Gericht hätte sich spezifisch für das Kennzeichenrecht noch auf BGHZ 8, 387 und BGH GRuR 1960, 550 — „Promonta“ (rechte Sp., II 1. und 2. Abs.) berufen können.

[45] So *Ulmer/Reimer*, S. 147 Fn. 122; s. auch BGH GRuR 1960, 550 (rechte Sp., II 3. Abs.).

Wertungen zutreffend erscheint, soll später behandelt werden; hier genügt die Feststellung, daß die Meinung des OLG Hamburg nicht gegen juristische Kunstregeln verstößt.

Auch der Grundsatz, berühmte Kennzeichen seien als Sondererscheinungen in erhöhtem Maße schutzbedürftig, ist in der Rechtsprechung nicht unumstritten.

2. *Die berühmten Kennzeichen in der Literatur*

Angesichts der — überwiegen verbal kaschierten, aber nichtsdestoweniger bestehenden — Uneinigkeit in der neueren Rechtsprechung, erscheint es hier nicht erforderlich, die Literatur im einzelnen zu durchforsten. Nur beispielhaft seien einige Differenzen geschildert.

a) Wie in der Rechtsprechung ist auch in der Literatur umstritten, welche Anforderungen an die Berühmtheit des Zeichens zu stellen seien[46].

Die Kontroverse geht aber weiter. Inzwischen hat sich allgemein die Erkenntnis durchgesetzt, daß zur Ermittlung der besonderen Verkehrsgeltung nicht die Kenntnis des Gerichtes ausreicht und auch die beliebten Auskünfte bei den Industrie- und Handelskammern geringen Aussagewert besitzen[47]; nur demoskopische Untersuchungen können zuverlässige Ergebnisse über die Bekanntheit eines Zeichens liefern. Mehrfach ist versucht worden, den notwendigen Durchsetzungsgrad zu mathematisieren. Während *Schramm*[48] ihn mit 80 % beziffert, *Harmsen* die Grenze zwischen 50 % und 100 % der Gesamtbevölkerung sucht und sie „etwa" bei 65 % ansiedelt[49], verlangt *Sauberschwarz* eine Kenntnis des berühmten Zeichens bei 80 % bis 90 % der potentiellen Abnehmer des mit ihr geschmückten Produkts sowie bei 30 % der auf dem Geschäftsgebiet des Zweitzeichens beteiligten Verkehrskreise[50]. Einigkeit läßt sich nicht feststellen. Das Erfordernis der *allgemeinen* Bekanntheit des Zeichens will eine starke Fraktion im Schrifttum, eine Bemerkung in der „Technika"-Entscheidung[51] aufgreifend, sei es bei Spezialerzeugnissen, die

---

[46] s. z. B. einerseits *Baumbach/Hefermehl*, Rdnr. 152 zu § 31 WZG („höchstmöglicher Grad der Kennzeichnungskraft und der auf ihr beruhenden Verkehrsgeltung") und andererseits *Ulmer/Reimer* (o. Fn. 31 und Text ebenda).

[47] s. z. B. *Elsaesser*, S. 99; *von der Osten*, S. 113 - 133.

[48] Grundlagenforschung, S. 28.

[49] GRuR 1968, 504.

[50] S. 107 und Fn. 101 auf S. 183.

[51] BGH GRuR 1958, 341 f.: „Hierbei *kann dahinstehen*, ob der Schutz gegen Verwässerungsgefahr ... stets nur in Anspruch genommen werden kann, wenn die Bezeichnung über die Abnehmerkreise hinaus a l l g e m e i n bekannt geworden ist ... Wird ein Spezialartikel unter einer besonders e i g e n a r t i g e n, auffälligen Bezeichnung angeboten, so *kann* ein unzulässiger Einbruch in die durch die A l l e i n s t e l l u n g bedingte starke Werbewirkung durch Benutzung übereinstimmender Bezeichnungen auf ungleichartigen

überhaupt nur engen Fachkreisen bekannt werden können[52], sei es generell[53] aufgeben.

b) Die „Alleinstellung", die Einmaligkeit des Kennzeichens auf allen Gebieten geschäftlicher Betätigung, ist gleichfalls alles andere als unumstritten. Ein Teil des Schrifttums beharrt auf diesem „Tatbestandsmerkmal"[54]. Andere sind bereit, die objektive Einmaligkeit aufzugeben und sich — im Anschluß an „Kupferberg"[55] — mit einer Einmaligkeit in der Vorstellung des Publikums zu begnügen[56]. Eine weitere Gruppe scheint willens zu sein, die Alleinstellung ganz zu opfern, wenn nur das angegriffene Zeichen die erforderliche Bekanntheit[57] besitzt[58].

c) Den in der Rechtsprechung aufgestellten Voraussetzungen werden sogar noch neue hinzugefügt, wenn z. B. *Hefermehl* eine „gewisse Eigenart" des Zeichens für nötig hält, die erst „einen erweiterten Schutz rechtfertigt"[59].

d) Auch der „Kern" des „Verwässerungstatbestandes" muß sich Kritik gefallen lassen.

Deutsch[60] beklagt, die Eingliederung des Schutzes berühmter Zeichen in das Deliktsrecht verschiebe in bedenklicher Weise den Akzent von einem Verbot unerlaubten Wettbewerbs zu einer ausschließlichen Erlaubnis der erlaubten geschäftlichen Tätigkeit. Das Regel-Ausnahme-Verhältnis werde verkehrt, so daß „in echten Zweifelsfällen ein geschäftliches Verhalten eher verboten als erlaubt sei"[61]. *Meyer-Cording*[62] regt an, die Frage neu zu überdenken und zu prüfen, ob die herrschende Ansicht in Rechtsprechung und Literatur mit der gegenwärtigen Ordnung der Wirtschaft in Einklang stehe. *Riehle* bezeichnet den Rechtsschutz des berühmten Zeichens als „eine Erscheinung am Rande, die

---

Warengebieten *u. U.* auch dann *in Betracht kommen,* wenn die beeinträchtigte Bezeichnung sich nur innerhalb der Abnehmerkreise des Spezialartikels durchgesetzt hat." (Sperrungen im Original; Kursivdruck hinzugefügt.)

52 So *Baumbach/Hefermehl,* Rdnr. 152 zu § 31 WZG; *Reimer/Trüstedt,* S. 45 Rdnr. 25.

53 z. B. *Elsaesser,* S. 127 ff., 133 ff., 137 ff., 141 ff.; *Noelle-Neumann/Schramm,* GRuR 1966, 76; *Sauberschwarz,* S. 105.

54 So z. B. *v. Gamm,* WRP 1957, 251; *ders.,* Rdnr. 90 b Einführung zum WZG.

55 BGH GRuR 1966, 624.

56 So z. B. *Baumbach/Hefermehl,* Rdnr. 153 zu § 31 WZG.

57 Dazu s. aber o. unter a).

58 z. B. *Beier,* GRuR 1966, 627 f.; *Heydt,* GRuR 1959, 30; *Richter,* S. 5; *Ulmer/Reimer,* S. 146.

59 *Baumbach/Hefermehl,* Rdnr. 154 zu § 31 WZG.

60 JuS 1967, 152 f.

61 a.a.O. 153 — Nicht eindeutig ist, ob *Deutsch* den Schutz gegen Verwässerung schlechthin ablehnt oder lediglich die neue dogmatische Einordnung und deren s. E. gefährliche Folgen.

62 JZ 1964, 311.

sich weder durch eine überzeugende Begründung empfiehlt noch verallgemeinern läßt“[63].

3. *Folgerung*

Rechtsprechung und Literatur zeigen nur scheinbar ein Bild der Einigkeit. In der grundsätzlichen Frage kann sich zwar die Gegenmeinung kaum Gehör verschaffen; im Detail zeigt sich jedoch, daß auch der Konsens der Mehrheit häufig nur scheinbar ist.

Ist der „eigentliche“ Grund des Sonderschutzes die Absicht, die Alleinstellung zu erhalten[64], so kann man schlecht die „Einmaligkeit“ völlig entwerten. Sieht man dagegen die auf der überragenden Bekanntheit bei Freund und Feind, Jung und Alt beruhende „Werbekraft“ als die wesentliche Schutzvoraussetzung an[65], so ist es in der Tat nicht ersichtlich, wie man andererseits — und sei es auch nur bei Spezialartikeln — auf die Kenntnis der Allgemeinheit zu verzichten können glaubt.

Deutlich geworden ist jedenfalls, daß wir uns nicht mit einem Rechtsgebiet befassen, welches in sich verfestigt ist, sondern mit einer Materie, die sich sowohl in der Rechtsprechung als auch im Schrifttum noch in Bewegung befindet. Dieser Befund macht es überflüssig, die oft metaphysisch anmutende Suche nach der „communis opinio“ der Rechtsunterworfenen, der allgemeinen Überzeugung, ein bestimmtes Verhalten sei rechtsethisch zwingend geboten[66], aufzunehmen. Der Rechtsprechung des BGH stünde es frei, den Sonderschutz berühmter Kennzeichen aufzugeben, wenn eine „bessere Einsicht“[67] dies forderte. Der Versuch einer kritischen Überprüfung des Sonderschutzes ist also nicht sinnlos.

---

[63] S. 205, s. auch S. 130 f.; vgl. ferner *Hatzius*, JuRA 1970, S. 588 Fn. 89.

[64] So BGH GRuR 1959, 29 — „Triumph“.

[65] So z. B. *Beier*, GRuR 1966, 627.

[66] *Larenz*, in: Festschr. f. Schima, S. 262.

[67] Vgl. *Esser*, in: Festschr. f. Fritz v. Hippel, S. 122.

Drittes Kapitel

Das Bedürfnis zur Rechtsfortbildung (1.) –

Der Vorgang der Verwässerung

Nahezu einhellige Übereinstimmung herrscht im deutschen[1] und in geringerem Maße im ausländischen[2] Schrifttum, daß der Inhaber eines berühmten Kennzeichens ein Interesse an der Bewahrung seiner Alleinstellung besitzt, daß ein Schutzbedürfnis über die Grenzen der Spezialität hinaus evident sei.

---

[1] z. B. *Baumbach/Hefermehl*, Rdnr. 149 zu § 31 WZG; *Beier*, GRuR 1968, 627 ff.; *Bußmann/Pietzger/Kleine*, S. 79 u. 131 f.; *Bußmann*, JZ 1955, 333; *Elsaesser*, passim; *Erman/Böhle/Stamschräder*, Anm. 13 zu § 12 BGB; *Eyer*, S. 347; *Fikentscher*, Schuldrecht, S. 622; *v. Gamm*, Einl. zum WZG, Rdnr. 88 ff.; *ders.*, WRP 1957, 249; *Harmsen*, GRuR 1968, 503 ff.; *Hefermehl*, in: Festschr. f. Hueck, S. 519 ff.; *Hubmann*, Persönlichkeitsrecht, S. 284 f.; *Katzenberger*, S. 163; *Miosga*, Warenzeichenrecht, S. 167; *Palandt/Danckelmann*, Anm. 4 zu § 12 BGB; *Ernst Reimer*, JR 1955, 220; *Rosenthal/Leffmann*, Rdnr. 126 ff. zu § 1 UWG; *Schramm*, Grundlagenforschung, S. 190 ff.; *Soergel/Zeuner*, Rdnr. 80 zu § 823 BGB; *Staudinger/Coing*, Rdnr. 54 zu § 12 BGB.

[2] s. z. B. f. *Argentinien: Aracama/Zorraquin*, GRuRAl 1968, 400; *Dänemark: Rørdam*, GRuRAl 1960, 295, 297; *Griechenland: Kiantou-Pampuki*, Revue hellenique de droit international, 1966, 179 ff. (Die Autorin bejaht das allgemeine Interesse des Inhabers am Rechtsschutz, berichtet jedoch zugleich, daß er in ihrem Heimatland nur für Patronymika gewährt werde); *Israel: Sher*, in: Israeli Reports to the 7th International Congress of Comparative Law, S. 36; *Japan: Doi*, 3 Law in Japan 104, 115 ff.; *Ohara*, 1 Journal of World Trade Law 1, 16; *Österreich: Prettenhofer*, in: 60 Jahre Österreichisches Patentamt, S. 113 ff.; *Schweiz: Arquint*, S. 63 ff.; *Blum*, P. I. 1954, 110; *Hauser*, S. 131 ff.; *Jaton*, passim; *Kummer*, S. 46 ff.; *Martin-Achard*, Schweizerische Juristen-Zeitung 1950, 117 ff.; *Pointet*, GRuRAl 1961, 393 ff.; *ders.*, ZSR 82/2, 114 ff.; *Troller*, Marke, S. 73 ff.; *Troller* II, S. 1058 ff.; *USA: Callmann*, GRuR 1960, 514, 516; *ders.*, GRuR 1969, 29; *ders.*, GRuR 1972, 317; *Derenberg*, 44 Calif. L. Rev. 439; *Ladas*, 41 TMR 661 ff.; *Livermore*, 59 TMR 30 ff.; *Lunsford*, 41 TMR 623 ff.; *Middleton*, 42 TMR 175 ff.

Zu den Ansichten in der EWG s. die Nachweise bei *Ulmer* und Mitarbeitern: *Ulmer/Schricker*, S. 215, 236 f.; *Ulmer/Baeumer*, S. 144 ff.; *Ulmer/Krasser*, S. 186 ff.; *Ulmer/Schricker/Italien*, S. 92 ff. und *Ulmer/Ulmer*, S. 103 ff.; s. ferner *Van Bunnen*, in: Rapports Belges au VIIe Congrès international de droit comparé, S. 182 ff.; *Luzatto*, Rivista della proprietà industriale e della concorrenza, 1968, 1 ff.

I. Das Rechtsschutzverlangen des Zeicheninhabers als Manifestation des Bedürfnisses

Gelegentlich wird dieses Interesse damit begründet, daß „die Inhaber dieser berühmten Handelsnamen und Marken ... durch das Anrufen richterlicher Hilfe ihr Bedürfnis [bewiesen], den Schutzkreis des Firmen- und Markenrechts auf die Verteidigung gegen Nichtkonkurrenten auszudehnen“[3]. Versteht man den Begriff „Interesse“ allein als Synonym für subjektives Begehren, gleich ob es rational zu begründen ist oder nicht, mag dieser „Beweis“ überzeugen. Er wird zudem gestützt durch die allgemeine Erkenntnis, daß jeder Mensch danach strebt, die ihm zugewiesenen exklusiven Machtsphären möglichst weit auszudehnen.

Dies dürfte jedoch nicht der Sinn der zitierten Behauptung sein. Vielmehr wird stillschweigend unterstellt, die Kläger hätten sich jeweils von rationalen ökonomischen Gesichtspunkten leiten lassen, da die Doppelbenutzung eines berühmten Zeichens den Werbeerfolg vermindere. Die Klageerhebung dokumentiere diese wirtschaftliche Bedrohung des Inhabers. Versteht man die Aussage so, dann ist die Begründung allerdings nicht mehr schlüssig. Ein Fall wie „Kupferberg“[4] macht deutlich, daß Inhaber bekannter Zeichen auch gegen Dritte vorgehen, die ihren Absatzerfolg weder derzeit beeinträchtigen noch ernstlich für die Zukunft eine Störung befürchten lassen. Damit soll der Sektfirma Kupferberg nicht irrationales Handeln vorgeworfen werden; es gab durchaus für sie einen vernünftigen Grund, Rechtsschutz zu suchen: Um in der Zukunft sicher zu sein, auch beim Auftreten weiterer identischer Zeichen, durch die sie sich dann möglicherweise auch wirtschaftlich beeinträchtigt fühlen könnte, Verwässerungsschutz zu erhalten, mußte sie den Anfängen wehren, um sich die vom Bundesgerichtshof geforderte „Alleinstellung“ zu bewahren. Nicht ein durch den Beklagten angerichteter wirtschaftlicher Schaden war Anlaß zur Klage sondern allein die Rechtsprechung des Bundesgerichtshofes[5].

In gleicher Weise setzt die Behauptung, zum Schutze der bedeutenden Werte, die sich in einem berühmten Zeichen manifestierten, sei eine Sonderregelung erforderlich, die Tatsache stillschweigend voraus, daß die Doppelbenutzung eines Zeichens notwendig die Werbewirkung mindere.

---

[3] So *Troller*, Marke, S. 55.

[4] Der Beklagte warb nicht in der Öffentlichkeit; seine geschäftlichen Kontakte beschränkten sich im Inland auf etwa 35 Großabnehmer. s. o. 1. Kapitel, Text bei Fn. 255 - 258.

[5] Vgl. hierzu auch *Beier*, GRuR 1966, 627 f.

II. Der Vorgang der Verwässerung

Konzentriert man sich auf die Beschreibung der tatsächlichen Vorgänge, die laut Rechtsprechung und Literatur zur „Verwässerung“ eines bekannten Zeichens führen sollen, so fällt dreierlei auf: Obwohl angeblich soziale Phänomene dargestellt werden, erscheint es nahezu keinem Autoren notwendig, zur Absicherung seiner Behauptungen empirisch-sozialwissenschaftliche Belege anzubieten; die Erkenntnisse über den tatsächlichen Ablauf erscheinen einem Großteil der Autoren sogar als so evident, daß die „Fakten“ kaum der Erwähnung bedürfen; wenn dagegen die Gefahren für das bekannte Zeichen ausführlicher behandelt werden, so findet sich eine ungewöhnliche Häufung von Vokabeln wie „sicherlich“, „zweifelsohne“ und „selbstverständlich“[6]. Diese Beobachtungen geben hinreichend Anlaß zu überlegen, was „Verwässerung“ eigentlich bedeutet, und zu prüfen, ob es in der Tat richtig ist, daß einerseits die „Werbekraft“ eines Kennzeichens bei Doppelbenutzung sinkt, andererseits der Zweitbenutzer Vorteile aus der Berühmtheit des Zeichens auf anderen Warengebieten zieht. Mit anderen Worten: Besitzt der Inhaber eines Zeichens wirklich ein Interesse am Monopol für alle Geschäftszweige?

1. Die Übertragung der „Gütevorstellung“ auf das Zeichen des Zweitbenutzers

„Die Reklamewirkung der im Verkehr bekannten Schlagworte wirbt für jede Ware, die unter dem Schlagwort vertrieben wird[7].“

Diese *Rosenthalsche* Behauptung bildete über Jahrzehnte die Grundlage für Rechtsprechung und Literatur. Auch ohne tiefschürfende sozialpsychologische Kenntnisse muß man starke Zweifel anmelden, wenn man nur die deutsche Rechtsprechung betrachtet. Insbesondere der Sachverhalt, der der „Wipp“-Entscheidung[8] des Bundesgerichtshofs zugrunde lag, führt plastisch vor Augen, daß — jedenfalls in einer gewissen Gruppe von Fällen — die Bekanntheit des identischen Zeichens für das eine Produkt dem anderen Erzeugnis nicht nur nicht nützt, sondern entscheidend schadet: Die plötzlich einsetzende, überwältigende Werbekampagne, mit der der Chemiehersteller Henkel sein Vorratszeichen „Wipp“ in kurzer Zeit zu einer berühmten Marke für Waschmittel entwickeln konnte, vernichtete auf Anhieb die Aufbauarbeit, die ein Kleinunternehmer in Reklame und Absatzbemühungen für seine Mayonnaisen „mit dem feinen Whipp“ investiert hatte. Die Übermacht der Assoziationen an das Waschmittel, die das bekannte Markenwort beim

---

[6] s. z. B. *Pérot-Morel*, Rev. Trim. Dr. Comm. 29, 9, 31 (1966).

[7] *Rosenthal*, GRuR 1918, 106, 108.

[8] BGHZ 25, 369 ff.

Verbraucher hervorrief, sobald er das Zeichen „Whipp“ erblickte, machten die Lebensmittel der Beklagten praktisch genußuntauglich.

Diese Beobachtung am Einzelfall, die wohl allgemein nachvollziehbar sein dürfte, läßt sich aus der werbepsychologischen Literatur noch weiter untermauern. Durch die Werbung wird dem Konsumenten nicht nur ein bestimmtes Kennzeichen immer wieder vor Augen geführt und eingeprägt; vielmehr — und das ist das Hauptanliegen der Werbung — wird das Zeichen durch immer neue Werbemaßnahmen mit den für den Absatz des Produktes besonders förderlichen Anmutungsqualitäten[9] versehen; das Produkt wird in der Werbung und im Bewußtsein des Verbrauchers verdrängt zugunsten eines „Produktbildes“, einer „Markenpersönlichkeit“, eines „Images“. Ist dieses Ziel aber einmal erreicht, muß nicht nur ein Zweitbenutzer, soweit die gleichen Anmutungen nicht auch für sein Produkt nutzbar gemacht werden können, unter der Bekanntheit des Erstproduktes leiden, sondern sogar der Erstinhaber kann unfreiwillig die Verwendungsmöglichkeiten für sein bekanntes Zeichen beschränkt haben. Beispiele aus der Marketingliteratur lassen sich zu Dutzenden aufführen. Einige mögen hier genügen. Das Wort „Maggi“ ist derart mit der Vorstellung „Suppenwürfel“ und „Suppen“, mit Anmutungen von „Würze“, „Herzhaftigkeit“ angereichert, daß unter diesem Namen sich keine Milchschokolade auf dem Markt durchsetzen könnte[10].

Das gleiche Phänomen läßt sich sogar im Warengleichartigkeitsbereich beobachten. *Dichter* berichtet von den Schwierigkeiten der „Wildroot Company“ bei der Einführung eines neuen Produkts; das Unternehmen hatte unter starker Betonung des Firmennamens in der Werbung ein sehr erfolgreiches Haarpflegemittel für Herren vertrieben und wollte nun den „großen Namen“ gleichfalls für ein Shampoo für Damen gewinnbringend einsetzen. Die Versuche waren zum Scheitern verurteilt; durch seine Werbung für das Herrenprodukt, die sich auf den durchschlagenden sexuellen Erfolg des „Wildroot“-Benutzers bei Frauen konzentrierte, „war die Wildroot Company zu einer sehr männlichen Firma geworden“[11]. Dieses bei Männern so erfolgreiche Firmenbild rief bei Frauen negative Reaktionen hervor. „Sie protestierten gegen den Eindruck, daß ein Mann, nur weil er sein widerspenstiges Haar mit Ölcreme gebändigt hatte, sie erobern könne[12].“ Trotz hoher Produktqualität war „Lady Wildroot Shampoo“ unverkäuflich.

---

[9] Unter Anmutungen versteht die Psychologie diffuse, emotionale Eindruckserlebnisse, die durch die Wahrnehmung von Gegenständen beim Wahrnehmenden ausgelöst werden. s. zur Einführung *v. Rosenstiel*, S. 95 ff.

[10] *Brückner*, S. 61.

[11] *Dichter*, S. 87.

[12] a.a.O.

Der Verbraucher, so lernen wir, „tendiert dazu ein Image nur mit einem oder höchstens wenigen ähnlichen Produkten zu verbinden"[13]. Nur ein einheitliches[14] Produktionsprogramm läßt sich unter derselben Marke erfolgreich absetzen. Selbst das Zeichen, das in der deutschen juristischen Literatur stets als Paradebeispiel der berühmten Marke aufgeführt wird und das seit nunmehr 50 Jahren Rechtsschutz in Anspruch nimmt, um seine Alleinstellung zu wahren und seine Werbekraft vor der Gefahr der Zweitbenutzung zu schützen, die Marke „4711", muß sich vorhalten lassen, daß ihr Glanz nicht einmal den recht engen Warenbereich ihres Inhabers vollständig verklärt. „Die Markenpersönlichkeit ist hier Kölnisch Wasser, für alle anderen Produkte wie 4711 Zahnpasta, 4711 Rasierseife wird es problematisch[15]."

Aller Anschein spricht gegen die *Rosenthalsche* These. Der Schluß liegt vielmehr nahe, daß „die subjektive Bedeutung anerkannter Marken, gleichviel welcher Branche nicht durch Übernahme der körperlichen Gestalt oder des Markennamens erreicht werden" kann[16]. Die Markenartikelindustrie ist sich, sei es aufgrund werbepsychologischer Beratung, sei es durch intuitives Erfühlen, dieser Erkenntnis bewußt, wie ein Blick in die Praxis beweist. Der Unilever-Konzern hält sich bei seiner breiten Palette der verschiedensten Konsumgüter zu Recht mit der Verwendung seines Namens in der Werbung zurück. Würde „Unilever" auf Packungen und in Anzeigen stark herausgestellt, bestünde — bewußt vereinfacht und überspitzt ausgedrückt — die Gefahr, daß die Margarinen „Rama" und „Sanella" durch „Sunlicht-Seife" eine leicht seifige Qualität bekämen, daß „Unox-Suppen", auch wenn sie Gulasch oder Spargel versprechen, durch „Nordsee"-Einfluß einen Fischgeruch erhielten und zugleich durch die fröhliche Leichtigkeit des „Langnese"-Vergnügens einerseits und die „Billigkeit" von Sanella ihre exklusive „Gutsherren"-qualität verlören[17]. Die Kombinationen ließen sich beliebig vermehren.

Und nicht nur auf verschiedenen Warengebieten üben die Produzenten häufig Zurückhaltung im Gebrauch ihrer berühmten Firma oder Marke. Henkel, ein Unternehmen, das gewöhnlich seine Firma bei der Werbung für Einzelprodukte auf dem Wasch- und Reinigungsmittelsektor stark betont (X — „von Henkel!"; „Henkelforschung im Dienste der Hausfrau"), vermied bei der Werbung für das neue Waschmittel „Der Weiße

[13] *Johannsen*, S. 139.

[14] Diese „Einheitlichkeit" ist allerdings nicht mit den herkömmlichen juristischen Kriterien zur Feststellung der Warengleichartigkeit zu erfassen, sondern vielmehr anhand gleicher Anmutungsqualitäten zu ermitteln.

[15] *Johannsen*, a.a.O.

[16] *Kropff*, S. 114.

[17] Alle genannten Marken sind solche des Unilever-Konzerns.

Riese" peinlich Hinweise auf die Identität des Herstellers[18]. Dieses Zeichen war als Kampfmarke gegen die neuen Erzeugnisse der beiden großen Konkurrenten konzipiert, denen es gelungen war, einen Teil der Persilbenutzer für sich zu gewinnen. Ein Hinweis auf „Henkel" hätte die Gefahr heraufbeschworen, daß einerseits manche der verbliebenen „Persil"-Käufer, um an einem weiteren Fortschritt der „Henkelforschung" teilzuhaben, auf das neue Produkt übergeschwenkt wären und andererseits die Traditionsgebundenheit des Herstellers die Konsum-Pioniere, die gerade zurückgewonnen werden sollten, abgeschreckt hätte.

Die wenigen Beispiele zeigen, daß die so häufig in der juristischen Diskussion vertretene Ansicht, die dem berühmten Zeichen anhaftende „Gütevorstellung" übertrage „das ihr anhaftende Wohlwollen, ihren Goodwill auf andere Waren"[19], nicht richtig ist[20]. Gleichzeitig erweist sich damit die an diese Behauptung anknüpfende Eingrenzung des Schutzbereiches auf Marken, deren Ruf „ausreicht, um die Ware aus dem speziellen Bezirk der Warengleichheit heraus zu heben und sie dank ihrem Ruf zu einem allgemein verwendbaren Gut zu machen"[21], als untauglich.

Zu Recht hat die deutsche Rechtsprechung in der Nachkriegszeit stillschweigend die *Rosenthalsche* Formel aufgegeben.

2. Die Zweitbenutzung mindert den Wert des berühmten Zeichens

Die zweite tatsächliche Behauptung lautet, der „Werbewert" eines berühmten Kennzeichens werde vermindert, wenn ein anderer Gewerbetreibender sich eines identischen — oder sehr ähnlichen — Zeichens auf fremden Geschäftsgebieten bediene. Die zwangsläufige Assoziation an das bestimmte Produkt, die die Nennung des Symbols beim Verbraucher bewirke, werde durch das Aufkommen neuer Waren unter gleichem Zeichen zerstört.

Auch diese Darstellung scheint auf den ersten Blick zutreffend zu sein. Ruft nicht die bloße Erwähnung des Wortes „Coca-Cola" Gedanken an die koffeinhaltige Limonade, des Wortes „Rolls-Royce" an die wohl luxuriösesten Automobile, die derzeit produziert werden, des Wortes „Persil" an das Waschmittel ab? Identifiziert nicht der Verbraucher Wort und Produkt?

---

[18] Vgl. *Johannsen*, S. 139, 140.

[19] So *Troller*, Marke, S. 61.

[20] Damit soll aber, das sei ausdrücklich festgestellt, nicht bestritten werden, daß „*manches* bekannte Zeichen für *manche* andere Ware" erfolgreich eingesetzt werden kann. Unter gewissen Bedingungen *kann* die Werbung mit dem Hauptzeichen oder Firmennamen, wenn ihr Image jeweils mit dem neuen Produkt harmonisiert, einen Marketing-Vorteil bedeuten.

[21] *Troller*, a.a.O.

a) Die Antwort auf diese Frage, so dürfte man meinen, kann nicht anders als ja lauten. Doch auch hier täuscht der Anschein; der Jurist, der sich auch nur geringfügig mit der Literatur zur Verwässerungsgefahr beschäftigt hat, der Bürobedarfshändler und der Inhaber eines Zigarettenladens werden spätestens dann, wenn man anstatt des Zeichens „Rolls-Royce" die Marke „Mercedes" nennt, nicht mehr zustimmen. Der Tabakhändler wird die blauverpackten Zigaretten gleicher Marke, der Bürobedarfsverkäufer die „Mercedes" Schreibmaschinen erwähnen, und der Jurist wird sich daran erinnern, daß gerade diese Marke, da mehrfach benutzt und dennoch nur auf einem Bereich überragend bekannt, eben eine Ausnahme von der allgemeinen Regel darstellt.

Die dreifache Verwendung hat es nicht verhindert, daß das Zeichen der Daimler-Benz AG sich zu einem der bekanntesten[22] und wohl auch wirtschaftlich wertvollsten Warensymbole in der Bundesrepublik überhaupt entwickelt hat. Diese Beobachtung muß die Behauptung, die Einmaligkeit des Namens vermindere notwendigerweise die „Werbewirkung", fragwürdig erscheinen lassen. Der wirtschaftliche Erfolg dieser Kraftfahrzeuge läßt es zweifelhaft erscheinen, daß das Monopol auf den Abruf gewisser Assoziationen an ein bestimmtes Produkt bei Nennung eines Wortes wirtschaftliche Vorteile mit sich bringt. Die mehrfache Benutzung von bekannten Zeichen ist, obwohl in der deutschen juristischen Literatur regelmäßig diese Marke als einziges Beispiel erwähnt wird, auch keineswegs auf „Mercedes" beschränkt. Sowohl „Lux"-Seife als auch „Lux"-Zigaretten dürften jeweils den für „Berühmtheit" im Sinne der h. L. erforderlichen Bekanntheitsgrad besitzen. „Lux"-Seife ist immerhin mit Abstand die meistverkaufte Toilettenseife in der BRD[23], und die Zigaretten gleichen Namens halten sich in ihrem Bereich in der obersten Spitzengruppe. Das gleiche gilt für „Henkel & Cie." auf dem Waschmittelmarkt und die „Henkell"-Gruppe im Sekt-Vertrieb[24]. „Tempo"-Taschentücher und „Tempo"-Transporter, „Opel"-Kraftfahrzeuge und Benzin, welches unter Betonung des Familiennamens „von Opel" vertrieben wurde, schadeten einander offenbar wenig. Schließlich finden wir Allerweltszeichen wie „Olympia", unter denen dennoch ein Benutzer auf einem Markt einen hervorragenden Ruf erringen konnte — hier der Schreibmaschinenhersteller[25, 26].

---

[22] s. *Noelle-Neumann/Schramm*, GRuR 1966, 79.

[23] s. die Angaben bei BPatG GRuR 1972, 34 (35) — „Tabac Original".

[24] „Henkell" ist mit 25 % Marktanteil Spitzenreiter auf dem inländischen Sektmarkt (MA 1972, 202).

[25] Laut MA 1972, 204 vereinte „Olympia" 12 % der Schreibmaschinen- und 5 % der Tischrechner*welt*produktion auf sich.

[26] Aus der Rechtsprechung vgl. ferner etwa „Anker" (BGH GRuR 1958, 393, 394): trotz ungezählter Ankerzeichen weltberühmt auf dem Teppichsektor.

All diese Marken oder Firmen haben einen Bekanntheitsgrad erreicht, der dem der stets als Paradebeispiele genannten „alleinstehenden" Zeichen gleichkommen dürfte; die Absatzerfolge der mit ihnen gekennzeichneten Waren lassen gleichfalls nichts zu wünschen übrig[27]. Es darf als sicher gelten, daß sich ihre Inhaber des großen Wertes ihrer Kennzeichnungen bewußt sind und allenfalls gegen Zahlung von Beträgen, die in die Millionen gingen, bereit wären, sich von ihnen zu trennen.

Schaut man wieder in die juristische Literatur und legt deren Erläuterungen zur Verwässerungsgefahr zugrunde, so erscheint der wirtschaftliche Erfolg dieser Zeichen auf ihrem Markt und im Bewußtsein der Verbraucher als regelwidrig. Denn: „Eine solche berühmte Marke büßt nun aber ihre überhöhte Verkehrsgeltung *sofort*[28] ein, wenn sie nicht mehr in dieser Unantastbarkeit über dem Meer aller wirtschaftlichen Kennzeichnungsgüter steht und nicht mehr Losungswort dieser einen Ware ist, sondern wenn auch andere Waren sich ihrer bemächtigen[29]." Oder: „Wenn es sich ... um berühmte Marken handelt ..., so stellt die Benutzung der Marke *zweifellos* eine Schwächung ihrer Anziehungskraft dar[30]." Jedenfalls wird das bekannte Zeichen geschädigt infolge „eines psychologischen Vorgangs, einer Gedankenverbindung, welcher der Umworbene unterliegt. Er erinnert sich oft nur im Unterbewußtsein an die berühmte Marke und wird dadurch zum Kauf bewogen. Damit bahnt sich die Gefahr an, daß die Vorstellung des Publikums über den Gegenstand der Kennzeichnung verblaßt"[31, 32].

---

[27] Die „Henkell"-Gruppe — „Henkell" übertrifft „Kupferberg" im Sektmarkt (s. o. Fn. 24) — dürfte kaum geneigt sein, ihr „gewöhnliches" Zeichen gegen die „alleinstehende", mit höchstrichterlicher Anerkennung versehene, berühmte Marke „Kupferberg" einzutauschen; „Tempo" beherrscht derzeit nach Zeitungsberichten mit einem Marktanteil von etwa 50 % den Papiertaschentuchsektor.

[28] Andere behaupten dagegen, „die Verwässerung" sei „ein tödliches Gift, das nur sehr *langsam*" wirke (so *Elsaesser*, S. 94, Hervorhebung hinzugefügt). s. auch beinahe wörtlich übereinstimmend *Jaton*, S. 49: „Elle [la dilution] est pernicieuse comme un poison lent, ..."

[29] *Kummer*, S. 46 (Hervorhebung hinzugefügt).

[30] *Pointet*, GRuR Al. 1961, 397; zurückhaltender aber *ders.*, ZSR 82/2, 117 (1963): Schutzbedürfnis nur bei Irrtum des Publikums über Herkunft oder über Verbindungen zwischen den Herstellern (vgl. aber ebenda S. 123).

[31] So *Baumbach/Hefermehl*, Rdnr. 149 zu § 31 WZG.

[32] Die Einbuße an „Werbewert", an „force attractive" des Zeichens durch Doppelbenutzung wird nahezu einhellig in der in- und ausländischen Literatur beklagt. Nur beispielhaft seien zusätzlich aus fremden Rechtskreisen genannt: *Arquint*, S. 63 ff.; *Blum*, P. I. 1954, 110; *Bodenhausen*, S. 50; *Bolla*, Schw. Mitt. 1957, 47; *Callmann*, 44 T.M.R. 1140; *Dusolier*, Annales de la propriété industrielle, artistiques et littéraire, 1963, 156 f.; *Fernand-Jacq*, P. I. 1952, 189; *Franceschelli*, Riv. Dir. Ind. 1961 II, 396 ff.; *Gugliemetti*, Mon. Trib. 1950, 169 ff. (die beiden letzteren halten allerdings den Rechtsschutz de lege lata im italienischen Recht für ungerechtfertigt); *Saint-Gal*, GRuRAl 1958, 402 ff.; *Wichers Hoeth*, S. 142 ff.

Es bleibt nur der Schluß, daß entweder die hier aufgeführten, mehrfach verwandten bekannten Kennzeichen eine gewisse, sie von den „alleinstehenden“ Marken trennende Besonderheit aufweisen oder daß sie noch erfolgreicher wären, würden sie nicht von verschiedenen Inhabern benutzt, oder aber, daß die Ansicht der h. L. falsch sein muß.

Die h. L. erwähnt im allgemeinen nicht die geschilderten Fälle der Doppelbenutzung, in denen es einer Marke gelang dennoch „berühmt“ zu werden. Soweit Autoren diese Situation jedoch erkannten, sehen sie gleichfalls einen erheblichen Unterschied in der Wirkung des alleinstehenden und des mehrfach benutzten Zeichens: So „erleiden berühmte Marken auch dann keinen Abbruch ihrer Kennzeichnungskraft, wenn der Verkehr sich infolge langen Nebeneinander-Bestehens daran gewöhnt hat, das gleiche Zeichen für mehrere Waren zu sehen. Das gleiche ist auch der Fall, wenn bei Häufigkeit des Zeichens die Berühmtheit sich auf bestimmte Waren beschränkt. Es kann also durch Verkehrsgeltung eine Verwässerungsgefahr auch schwinden. Allerdings wird nur eine längere Verkehrsgewöhnung einen solchen Tatbestand schaffen“[33].

Hiernach können also die Konsumenten tatsächlich die Unterschiede zwischen den Herstellern der „Anker“-Teppiche und der „Anker“-Polstermöbel, „Mercedes“-Autos und -Zigaretten erkennen lernen, ohne daß die Berühmtheit und die „Werbekraft“ des „Anker“-Teppich- und des „Mercedes“-Auto-Zeichens darunter leiden. Wenn diese Bewertung aber richtig ist, so ist es schwer vorstellbar, warum der gleiche Lernprozeß bei „Coca-Cola“-Limonade und z. B. „Coca-Cola“-Schuhsohlen oder -Zuckerwaren[34], bei „Persil“-Waschmittel und „Persil“-Juwelen zwangsläufig zu Werteinbußen für Getränke- und Waschpulvermarke führen muß. Einen Nachweis oder wenigstens einen Erklärungsversuch für die besonderen Gründe, deretwegen ausnahmsweise bei längerer Verkehrsgewöhnung durch „Verkehrsgeltung eine Verwässerungsgefahr auch schwinden“ könne[35], sucht man vergeblich. Auch in der werbepsychologischen Literatur findet man, soweit ersichtlich, keinen Hinweis auf diese besondere Erscheinung.

Der Abgrenzungsversuch kann nicht überzeugen. Angesichts der Erfolge der beschriebenen mehrfach verwendeten Zeichen ist jedenfalls widerlegt, daß die Doppelbenutzung *notwendig* zu *drastischen* Einbußen[36] für die Inhaber führen muß. Die Beobachtung *Wassermanns,* der Ruf einer Marke gleiche „der zarten Pflanze Noli me tangere, die

---

[33] So *Elsaesser,* S. 93.

[34] Hierzu s. ÖBl. 1953, 52.

[35] *Elsaesser,* a.a.O.

[36] Besonders plastisch z. B. *Middleton,* 42 T.M.R. 177: “Soon the bloom is off the peach, the dew is off the rose, the sales are off the ledger.“

durch jahrelange Mühe zur Blüte gebracht, von einem einzigen Nachtfrost vernichtet" werde[37], trifft für unseren Bereich nicht zu; eine größere Anzahl von Zeichen hat jedenfalls eine erstaunliche Frostresistenz entwickelt.

Damit ist aber noch nicht die Möglichkeit einer Werteinbuße schlechthin ausgeschlossen. Es wäre immerhin denkbar, daß die jeweiligen Inhaber der „Mercedes"-, „Lux"-, der „Opel"- und der „Henkel(l)"-Zeichen mehr Kapital in Reklame investieren mußten, um ihre Spitzenstellung zu wahren, als es bei „Alleinstellung" erforderlich gewesen wäre. Weder Anhaltspunkte für noch gegen eine solche Annahme lassen sich in der Literatur zur Werbepsychologie oder auch nur zur Werbepraxis[38] nachweisen. Die Frage muß vorerst unbeantwortet bleiben.

b) Oben[39] wurden Fälle beschrieben, in denen die Verwendung einer renommierten Marke für ein neues Produkt sogar für den Erstinhaber nachteilig war. Hier[40] wurde nun versucht zu zeigen, daß die Benutzung identischer Zeichen auf verschiedenen Märkten keinen schädlichen Einfluß auf die Reputation der unter ihnen vertriebenen Waren zu haben braucht. Die Ausführungen scheinen sich zu widersprechen. Müßten nicht auch „Henkell"-Sekt und „Lux"-Zigaretten nach Seife schmecken und damit die Zeichen für eine wirksame Werbung untauglich sein?

Dieser scheinbare Gegensatz besteht nur solange, wie man mit der juristischen Literatur der Meinung ist, der Name eines Unternehmens, eines Produktes, sei der alleinige Träger des „Good"- oder „Bad-Will", der sich quasi automatisch in der Verbrauchervorstellung auf alle gleichbenannten Produkte, sei es positiv oder negativ auswirke und mehr oder weniger selbstverständlich zum Kaufentschluß oder zur Kaufenthaltung führe[41]. Gerade diese Betrachtungsweise simplifiziert und verzerrt aber nach den wenigen empirischen Hinweisen, die wir besitzen, den Vorgang in der Publikumseinstellung in unerlaubter Weise.

Die Fragen, wie das Verhalten des Menschen determiniert wird, welche Mechanismen es steuern oder beeinflussen können und wie die Wirkung solcher Steuerungsmechanismen zu ermitteln sei, bildet bis heute eines der brennendsten ungelösten Probleme der Sozialwissenschaften[42]. Selbst

---

[37] JW 1924, 724.

[38] Es dürfte aber kaum anzunehmen sein, daß sich der Werbeetat für die „verwässerte" „Lux"-Filter-Zigarette erheblich von dem der „alleinstehenden" „Ernte 23" abhebt.

[39] Unter 1.

[40] Unter 2. a).

[41] s. z. B. *Middleton*, a.a.O. (Fn. 36), der zwischen Doppelbenutzung, Einbuße an „Werbekraft" und Käuferverhalten eine notwendige kausale Verknüpfung zu sehen scheint.

[42] Nicht zuletzt auch der Jurisprudenz. Es sei nur an die immer wieder aufbrechende Diskussion um die Möglichkeit menschlicher Willensfreiheit in

die grundlegendsten Methodenfragen sind so umstritten wie eh und je[43]. Die Schwierigkeiten der allgemeinen Verhaltenstheorie nehmen nicht ab, wenn man sich ein Teilgebiet menschlichen Lebensvollzugs, das Kaufverhalten, herausgreift. Wir sehen uns mit Problemen konfrontiert, die nicht völlig bewältigt werden können. Diese Ungewißheit soll und kann aber nicht dazu führen, juristische Lösungen sozialer Konflikte unter Hinweis auf mangelnde empirische Absicherung der Vorteile und Gefahren eines Phänomens auf die lange Bank zu schieben[44]. Daß wir nicht alles wissen, daß das Letztendliche uns verborgen ist, darf uns die Augen nicht völlig verschließen vor den Einzelergebnissen der Forschung, die Hinweise darauf geben könnten, wie nach derzeitigem Wissensstand eine soziale Erscheinung zu erklären sei. Erfahrungsgemäß bereitet dem Juristen die Auswertung derartiger Befunde Schwierigkeiten. Während der Universitätsausbildung wird er nahezu ausschließlich mit feststehenden, unumstößlichen Sachverhalten konfrontiert; in der Praxis halten ihn Beweisvorschriften an, Geschehensabläufe und deren kausale Verknüpfung nur dann als „richtig", als „nachgewiesen" zu akzeptieren, wenn jeglicher vernünftige Zweifel ausgeschlossen ist[45]. Diese Vorbildung mag auch ein Grund sein für die apodiktischen Behauptungen über soziale Vorgänge, die wir immer wieder in der juristischen Literatur zur Wirkung und Gefährdung der berühmten Marke finden können.

Sobald man sich mit empirischer Sozialforschung beschäftigt, muß man diese Denkschemata durchbrechen. Man muß bereit sein, die Anforderung an die Überzeugungskraft der Nachweise herabzuschrauben, das Wort „richtig" nicht mehr mit „unbezweifelbar" sondern vielmehr mit „nach dem jetzigen Stand der Forschung — bis zum Beweis des Gegenteils — als überwiegend wahrscheinlich" zu definieren. Vollzieht man diesen Schritt nach, so steht man in der Tat nicht mehr vor dem absoluten Vakuum; es läßt sich vielmehr eine Reihe von wertvollen

---

der strafrechtlichen und rechtsphilosophischen Literatur erinnert. Vgl. hierzu *Faber*, S. 118 ff. mit umfangreichen Nachw.

[43] s. hierzu die aufschlußreiche Gegenüberstellung der subjektiven Handlungstheorie und der objektiven Verhaltenstheorie bei *Hunziker*, Konsumhandlung, insbes. S. 2 ff., 28 ff., 116 ff., 184 ff.

[44] Wollte man nur das absolut Gesicherte regeln, so müßte z. B. unser Schuldstrafrecht angesichts der Ungewißheit, ob es Schuld überhaupt gibt, beseitigt werden.

Gegenbeispiele aus der politischen Praxis, in denen mit einer solchen Begründung gesetzgeberisches Handeln unterlassen wird, lassen sich jedoch auch zahlreich aufführen (z. B. die Fragen der Pressekonzentration; der Kontrolle gewalttätiger Darstellungen in den Massenmedien).

[45] Die zivilrechtlichen Beweisregeln (z. B. Nicht-Bestreiten einer Behauptung = Zugeständnis der Richtigkeit) widersprechen dem nicht. Denn hier ist sich der Richter bewußt, daß der Sachverhalt, den er als „richtig" unterstellen muß, durchaus vom tatsächlichen Geschehen abweichen kann; der „wahre" Vorgang ist für den Juristen dann irrelevant.

Ergebnissen aufzeigen, die den tatsächlichen Vorgang der „Verwässerung" wenigstens in einigen Details näher erhellen können.

Wenn in der werberechtlichen Literatur vom „guten Ruf" des Kennzeichens, des „Good Will", der sich in ihm verkörpere, die Rede ist, so umschreibt man mit diesen Begriffen das Vorstellungsbild, welches der Verbraucher vom Produkt (oder bei der Unternehmensbezeichnung: einer Reihe von Produkten) gewonnen hat, oder, wie man in der Motivforschung sagt, das „Image" des Produktes. Das Wort „Image", das erst im Jahre 1955 in das Vokabular der Absatzforschung und der Werbepsychologie eingegangen ist[46], hat einen derartig rapiden Siegeszug angetreten, daß es heute bereits zum festen Bestandteil der deutschen Umgangssprache geworden ist; der Begriff hat demgemäß an schillernden Konturen gewonnen und an Prägnanz verloren[47]. Auch die Motivforschung selbst ist, besonders wegen ihrer praktischen Aufgabenstellung und dem dadurch eingeengten Erkenntnisziel[48], vielfach kritisiert worden. Dennoch besitzt der Begriff Vorzüge gegenüber den herkömmlich in der juristischen Literatur benutzten Ausdrücken „Gütevorstellung", „Ruf", „Reputation", „Publikumseinschätzung" usw. All diese Bezeichnungen legen die Beurteilung nahe, die Beziehung des Verbrauchers zum Produkt, zum Herstellerunternehmen beruhe überwiegend auf rationalen Erwägungen über den Gebrauchsnutzen der gekennzeichneten Ware. Dagegen weist „Image" — bei allen Unterschieden in der genauen Definition — auf eine andere Komponente der Einstellungsbildung hin: auf die Bedeutung nicht im objektiven Gebrauchsnutzen, in der objektiven Warenqualität begründeter Faktoren.

Der gewöhnliche Verbraucher besitzt nicht die Fähigkeiten, die notwendig wären, die immer zunehmende Warenflut nach objektiven Kriterien zu beurteilen. Diese Hilflosigkeit tritt nicht nur bei technisch komplizierten Geräten zu Tage: genauso wenig, wie die Hausfrau die Qualität einer Waschmaschine erkennen kann, kann sie prüfen, ob ein Waschmittel X weißer als Y wäscht und dabei in gleicher Weise die Textilien schont. Aber nicht nur zunehmende Kompliziertheit der technischen Wirkungsweise ist es, die die Orientierung an objektiven Sach-

---

[46] Grundlegend *Gardner/Levy*, 33 Harvard Business Review 34 ff. (1955); vgl. dazu *Spiegel*, S. 33.

[47] Vgl. etwa die Kritik *Brückners* (S. 102): „Die Einführung des Kunstwortes Image in das werbewissenschaftliche Gespräch hat sich nicht nur als vorteilhaft erwiesen. Ein Begriff, der sich gar schon einmal mit dem Faktum zu decken schien, daß die dem Menschen zugängliche anschauliche Welt nicht mit der physikalischen Punkt für Punkt übereinstimmt, ..., leistet wissenschaftlich nichts mehr, weil er Phänomene nicht mehr differenziert und weil die Grenzen seiner Gültigkeit kaum noch zu ziehen sind."

[48] z. B. *Henry*, in: Konsum und Nachfrage, S. 260: „[Sie] befaßt ... sich nur mit Motiven, die *manipulierbar* (im Original kursiv) sind, Motiven, mit denen der Benutzer der Motivforschung etwas anfangen kann."

qualitäten unmöglich macht. Auch dort, wo der Verbraucher meint, Marktübersicht und Beurteilungsfähigkeit zu besitzen, zeigt sich vielfach, daß er einer Selbsttäuschung erliegt. Besonders eindrucksvoll wird diese Erscheinung durch das folgende Beispiel belegt[49]: Studenten, alle starke Raucher einer bestimmten Marke, wurden gebeten, mehrere neue Zigaretten zu testen. Sie erhielten jeweils ihre Lieblingszigaretten, jedoch ohne jegliche Kennzeichnung. Keine der Versuchspersonen bemerkte die Identität der Zigaretten. Die Beurteilung der angeblich neuen Mischung war durchweg schlecht und zwar je schlechter, desto mehr die Studenten geraucht hatten. Diese Ergebnisse mögen noch mit der Künstlichkeit der Untersuchungssituation und der dadurch erhöhten Kritikbereitschaft zu erklären sein. Frappierend jedoch war das Verhalten der Versuchspersonen, als sie in einem Nebenraum zur Erholung eine Kaffeepause einlegen durften. Dort lagen auch Zigaretten in Originalpackungen. Die meisten der Studenten griffen spontan zu ihrer Marke und erklärten unaufgefordert, wie gut doch *diese* Zigaretten im Vergleich zu den getesteten seien. Die gleiche Tabakmischung im gleichen Zigarettenpapier, die eben noch im Versuch Widerwillen erregte, entspannte und erquickte nun.

Selbst der eigene Geschmack, dessen wir uns so sicher zu sein glauben, ist also von Faktoren mitbeeinflußt, die wir nicht kontrollieren können. Das Individuum kann seine Kaufentscheidungen nicht danach richten, wie die Ware „*ist*[50], sondern danach, wie es glaubt, daß [sie] sei“[51]. Diesen „Glauben“, diese Vorstellung eines Verbrauchers von einer Ware, einem Unternehmen bezeichnen wir als Image[52]. Der Begriff beschreibt einen vielschichtigen Komplex von Ideen, Gefühlen und Haltungen gegenüber dem Meinungsgegenstand[53]. Dem Produkt wird ein wesenhafter Charakter beigelegt; ihm werden persönliche Eigenschaften zugeschrieben, die nicht in seiner objektiven Beschaffenheit zu begründen sind[54]. „Ein Produkt kann als elegant, vornehm, als gewöhnlich, kraftvoll, energisch erscheinen. Es kann sich damit die Vorstellung verbinden, daß es nur von den höheren Sozialschichten angehörenden Menschen verwendet wird. Es kann einen heiteren, freundlichen oder auch einen sportlichen, saloppen Anmutungscharakter haben[55].“

[49] Nach *Spiegel*, S. 40 f.

[50] Im Original kursiv.

[51] *Spiegel*, S. 29.

[52] Eine umfangreiche Liste der verschiedenen Definitionen des Image stellt *Johannsen*, S. 26 - 34, auf; s. ferner *v. Rosenstiel*, S. 158 ff.

[53] s. *Gardner/Levy*, 33 Harvard Business Review 34 ff.; *Lange*, MA 1958, 912 f.; *Berth*, S. 124 f.

[54] Derartige „rufartige Gebilde“ weisen nach *Hofstätter*, Gruppendynamik, S. 100 besondere „Plastizität“ auf: ihr Eigenleben ist nur geringfügig an objektive Beschaffenheit gebunden.

[55] *Lange*, a.a.O.

Die Definition stellt auf die Vorstellungswelt einer Einzelperson ab; der Begriff hat aber nur deshalb seine überragende Bedeutung erlangen können, weil die Ausbildung des Image im einzelnen Individuum nur scheinbar ein höchstpersönlicher Vorgang ist; Images sind vielmehr „interindividuell von bemerkenswerter Stabilität, d. h. recht einheitlich“[56]; zwar ist das Image einer bestimmten Ware nicht bei jedermann identisch[57], jedoch läßt sich deutlich die gruppenspezifische Prägung dieser angeblich individuellen Einstellungen nachweisen[58].

Wenn es richtig ist, daß nicht das Produkt selbst, seine Gebrauchsqualität, sein Preis, seine Verpackung, sein Name die Realität des Produkterlebnisses in der Verbraucherpsyche konstituieren, sondern vielmehr allein das Image des Produkts „*entscheidend*[59] für das Verhalten des Individuums im sozialen Raum ist“[60], so stellt sich für uns die Frage, in welcher Beziehung die Warenbezeichnung, der Firmenname zum „Produkt-“, zum „Firmen-Image“ stehen. Die häufig in der werbewissenschaftlichen Literatur verwendeten Begriffe „Image einer Marke“ und „Image einer Firma“ könnten zu der Ansicht verleiten, das Image sei eine Eigenschaft oder eine Funktion des Warenzeichens bzw. der Firma. Wäre dies der Fall, so würde der *Rosenthal*'sche Satz und die Besorgnis der h. L., eine zweite, identische Marke auf einem fremden Warengebiet beeinflusse das Erstzeichen negativ, neues Gewicht bekommen. Da aber dort — anders als im juristischen Sprachgebrauch — das Wort „Marke“ durchgehend mit gekennzeichnetem Produkt, das Wort „Firma“ mit „Unternehmen“ gleichgesetzt wird, beruhte eine solche Wertung auf einem Fehlschluß.

Marke und Firma — im juristischen Sinne — sind jedoch durchaus nicht bedeutungslos für das Vorstellungsbild des Verbrauchers. Sie *sind* zwar nicht das Image, sie sind auch nicht die alleinigen Symbole *für* das Image[61], sie tragen aber gemeinsam mit einer Vielzahl anderer Fak-

---

[56] So *Spiegel*, S. 31. Fehlte diese Gesetzmäßigkeit, so wäre das einzelne Vorstellungsbild des Konsumenten für die Produzenten belanglos und, da die Hersteller überwiegend die Forschung finanzieren, wahrscheinlich unerkannt.

[57] *Spiegel*, passim, betont deutlich die Unterschiede bei Anhängern, Ablehnern und Indifferenten; er weist ferner (S. 145 Anm. 59 unter Berufung auf *Martineau*, S. 135 f.) darauf hin, daß manche Images „janushaft“ seien; s. auch *Kropff*, S. 117.

[58] *Brückner*, S. 100; *v. Rosenstiel*, S. 160; vgl. auch *Lewin*, S. 239 und allg. die Lehre der „Social Perception“ (hierzu s. insbes. *Graumann*, Zeitschrift f. experimentelle und angewandte Psychologie 1955, 605).

[59] Hervorhebung im Original.

[60] *Spiegel*, S. 29.

[61] Dies scheint z. B. *Hubmann* anzunehmen, wenn er im Warenzeichen das „Symbol der Werbeleistung des Kaufmanns“ erblickt (S. 38); vgl. ferner nur: *Jaton*, S. 47 ff.; die amerikanische Literatur, in der die Marke durchgehend als Träger des „good will“ bezeichnet wird (z. B. *Callmann*, 44 T.M.R. 1135 [1954]; *Ladas*, P. I. 1948, 119; *ders.*, 41 T.M.R. 665 [1951]; *Lunsford*, 41 T.M.R. 924 f.

toren zur Formierung des Image bei. Um den Stellenwert der „Werbekraft" des Zeichens, der in der juristischen Literatur ständig so stark hervorgehoben wird, zu verdeutlichen, muß man sich auch die übrigen Einflußgrößen vor Augen führen. Aus der Masse der in der Werbeliteratur genannten seien nur die wichtigsten[62] herausgegriffen:

Unmittelbar einsichtig erscheint die Bedeutung der durch die Werbung vermittelten Anmutungsqualitäten. Aber auch der Preis kann entscheidende Wirkung auf die Vorstellung des Verbrauchers von der Exquisität bzw. der „Billigkeit", d. h. der hervorragenden bzw. der schlechten Qualität, des Produktes besitzen. Das scheinbare Paradoxon, daß entgegen aller in ökonomischen Modellen vorausgesetzten Rationalität eine Preissteigerung zu erhöhter Nachfrage führen kann[63], wird durch die in zahlreichen psychologischen Laboruntersuchungen nachgewiesene positive Beziehung von hohem Preis und der Verbrauchervorstellung von höherer Qualität bei sonst kaum unterscheidbaren Waren erklärt. Das Prestige eines Luxusartikels für die „höchsten Ansprüche" kann ohne vergleichsweise hohen Preis nicht überleben.

Die Ausstattung der Ware[64], ihre Farbe[65], die graphische Gestaltung des Schriftzuges und der figürlichen Abbildungen, Geruch[66], Geschmack[67], all sie können positiv oder negativ das Produkterlebnis beeinflussen, ebenso wie besondere Absatzwege, beispielsweise die Vertriebsbindung an gewisse exklusive Fachgeschäfte. Es hat sich ferner gezeigt, daß das Umfeld der Werbung und die Auswahl des Mediums nicht nur unterschiedliche Aufmerksamkeitswerte beim Betrachter zeitigen[68], sondern auch die Verbrauchereinstellungen mitprägen[69]. Schließlich aber spielen auch das Produkt selbst und seine objektiven Eigenschaften, seine Art, Größe, Qualität, Beschaffenheit, soweit sie vom Konsumenten erfaßt werden können, eine Rolle. Denn auch rationale Erkenntnisse können

[1951]); ebenso in Deutschland *Elsaesser:* „Das berühmte Zeichen ist die Verkörperung, zugleich Stütze und Motor des Goodwill eines Betriebes." (S. 114).

[62] Im Anschluß an *Johannsen,* S. 110 ff.

[63] Diese positive Korrelation von höherem Preis und erhöhter Nachfrage bezeichnet die ökonomische Verhaltensforschung nach ihrem Entdecker, dem um die Jahrhundertwende (!) lehrenden *Thorstein Veblen,* als „Veblen-Effekt". s. dazu *Leibenstein,* in: Konsum und Nachfrage, S. 230 ff., der jedoch Beschreibungen dieses Phänomens schon im 18. Jahrhundert nachweist.

[64] Zu dieser Kategorie zählt *Johannsen,* a.a.O. auch Warenzeichen und Firma.

[65] s. hierzu z. B. *v. Rosenstiel,* S. 110 ff. und dort S. 250 f. die Übersicht über die Ergebnisse der Farbassoziationsprüfungen von *Schaie, Wexner, Kouwer* und *Hofstätter.*

[66] *v. Rosenstiel,* S. 124 f.

[67] a.a.O., S. 126 ff.

[68] Zur nicht enden wollenden Kontroverse um Details der Plazierung von Werbebotschaften s. nur *Jacobi,* S. 108 ff. m. umfangreichen w. Nachw.

[69] *Johannsen,* S. 103.

sich mit Gefühlen zu Vorstellungsbildern verdichten[70]. Wäre nun die Summe der Wirkungen aller image-beeinflussenden Faktoren gleich dem Image, so würde zwar die *Rosenthal'sche* These abgeschwächt, da sie zu Unrecht den angeblich kaufentscheidenden „guten Ruf" ausschließlich an das Zeichen knüpft; jedoch bliebe ihr Kern mit einer Einschränkung wirksam: Nicht der „gute Ruf" schlechthin, aber wenigstens ein Teil des guten Rufes wäre in der Publikumsvorstellung untrennbar mit dem Kennzeichen verbunden.

Tatsächlich wurde eine derartige Ansicht in der Psychologie vertreten. Eines der Grundaxiome der heute überwundenen, von Werbepraktikern aber zum Teil noch vertretenen „Elementenpsychologie"[71] war die sogenannte Konstanzannahme. Danach ruft ein bestimmter, einzelner Reiz eine gesetzmäßige und berechenbare Folge im Erleben hervor[72]. Wäre diese Annahme zutreffend, so müßte auch eine bestimmte Marke — unter vergleichbaren Grundbedingungen wahrgenommen — beim Beobachter eine identische Wirkung hervorrufen. Diese Schule hat offenbar Rechtsprechung und juristische Lehre — soweit sie sich überhaupt bemühten, aus mehr als der eigenen Sachkenntnis zu schöpfen[73], — entscheidend geprägt.

Gerade diese Konstanzhypothese (gleicher Reiz = gleiche Wirkung) ist aber heute nach den Erkenntnissen der Gestalt- und der Ganzheitspsychologie[74] ungeeignet, menschliches Wahrnehmen korrekt zu erklären. Einzelne Reize lassen sich eben nicht — je nach ihrer Stärke verschiedenwertig — zu einem Gesamtbild vom Meinungsgegenstand summieren. Wie zuerst anhand des Phänomens der sogenannten optischen Täuschungen erkannt und dargestellt wurde, entspricht einerseits das Ergebnis des Wahrnehmungsprozesses nicht der Summe der Einzelreize und andererseits wird die Wahrnehmung der einzelnen Faktoren jeweils durch die anderen mitgeprägt: Nach elementenpsychologischer Sicht müßten z. B. zwei gleich lange Strecken stets als gleich lang erkannt werden. Die bekannte *Müller-Lyer*'sche Täuschung belegt das Gegenteil. Werden die Strecken in einer fortlaufenden Geraden dargestellt und die eine da-

---

[70] *Brückner*, S. 101.

[71] Instruktiv hierzu *v. Rosenstiel*, S. 54 ff.

[72] Eine für die Werbepraxis — oder vielmehr für den Empfänger der von dieser geschaffenen Werbemaßnahme — besonders folgenschwere dazugehörige Annahme besagte, daß die Wirkung mit der Stärke des Reizes wachse. Sie führte zur Inthronisierung des „Erinnerungswertes" als Erfolgsmaß für die Werbung und folglich zum Versuch, ständig sich wiederholende Werbebotschaften dem Publikum „einzutrommeln" (vgl. *Brückner*, S. 28 f.).

[73] Besonders hervorzuheben ist hier *Ulmer*, Warenzeichen, S. 23 ff. (1929), der sich anhand der werbepsychologischen Literatur der Zeit ein umfassendes Bild der Verbraucherpsyche zu schaffen suchte.

[74] s. *Hofstätter*, Psychologie, S. 142 ff.; *Jacobi*, S. 30 ff.; *v. Rosenstiel*, S. 71 ff., 94 ff.

bei mit spitzwinkligen, die andere aber mit stumpfwinkligen Pfeilen begrenzt, so werden sie als unterschiedlich lang empfunden[75]:

Angeregt von derartigen Einzelbeobachtungen gelangte die Psychologie zu der allgemeinen Erkenntnis, daß für die menschliche Psyche „das Ganze ... nicht nur mehr als die Summe seiner Teile [ist], d. h. es Eigenschaften [besitzt], die diesen nicht zukommen, sondern es ... auch früher als die Teile [ist], indem nämlich von ihm deren Erscheinungsweise abhängt“[76].

Wenn dies richtig ist[77], so werden die tatsächlichen Annahmen in der juristischen Literatur noch fragwürdiger. Ist das Image „früher“ als die zur Image-Bildung beitragende Marke und erhält ihr Charakter im Bewußtsein des Verbrauchers erst durch dieses Image seine Prägung[78], so können die Zeichen „Mercedes“ — in Verbindung mit Autos verwandt — und „Mercedes“ — in Verbindung mit Schuhen — folglich für den Verbraucher nicht nur nicht identisch sein, sie können auch nicht die gleichen Anmutungen auslösen. Ebenso wie danach die in der juristischen Literatur häufig behauptete reflexartige Übertragung diffuser, an das Zeichen gebundener Gütevorstellungen nicht richtig sein kann[79], muß dann auch die von der h. L. unterstellte automatische Verschlechterung des Produkt- und Firmenerlebnisses durch Doppelbenutzung falsch sein[80].

---

[75] Weitere — und, weil unbekannter, eindrucksvollere — Beispiele bei *Hofstätter*, S. 146 ff. und *Jacobi*, S. 73 ff.

[76] *Hofstätter*, S. 147.

[77] Und die gesamte wissenschaftlich ernstzunehmende werbepsychologische Literatur, soweit sie zugänglich war, geht hiervon aus. s. z. B. *Brückner*, S. 102; *Spiegel*, S. 36, 39; weitere Nachw. bei *Johannsen*, S. 66 f.

[78] Diese für den Warenzeichenrechtler auf den ersten Blick vielleicht befremdlich erscheinende Interdependenz zwischen Teil und Ganzem mag deutlicher werden, wenn man zur Illustration statt Image die verwandten Begriffe Stereotyp und Vorurteil verwendet: Die Begegnung mit einem Ausländer oder dem Angehörigen einer Minderheit wird geprägt durch die komplexen Vorstellungen, die wir von einem Angehörigen dieses Volkes, dieser Minderheit besitzen. Der Eindruck der persönlichen Begegnung mag wiederum die Gesamteinstellung prägen, die aber bereits durch Stereotyp und Vorurteil erheblich prädeterminiert ist. Dem psychisch zuvor klassifizierten Fremden kann nicht die gleiche Unbefangenheit entgegengebracht werden wie dem der eigenen Gruppe Zugehörigen. Die etablierten Wertvorstellungen fehlen, eine gemeinsame Kommunikationsebene muß erst erarbeitet werden, die Kritikbereitschaft ist erhöht. Und auch das so schon eingegrenzte, des Anspruchs auf absolute Objektivität entkleidete Erleben führt in der Regel nicht zur Revision des Stereotyps oder des Vorurteils. Erscheint der Fremde anders als er „eigentlich“ sein sollte, wird er leicht zur Ausnahme gestempelt.

[79] Die schon oben (Text bei Fn. 19 - 21) „prima facie“ getroffene Feststellung wird also durch die nähere Untersuchung bestätigt.

Die Erkenntnis, daß Image und Teilbeschaffenheit interdependent sind, das eine das andere formt und beeinflußt, hilft uns, die oben geschilderten sich scheinbar widersprechenden Fälle positiver bzw. negativer Imagebeeinflussungen durch die Mehrfachverwendung gleicher Kennzeichnungen sinnvoll zu differenzieren.

„Teilqualitäten“, wie etwa Farbe, Preis, Kennzeichen, Schrifttyp, Anhängerkreis und eine Vielzahl vergleichsweise peripherer Faktoren[81] „strahlen aus, färben ab mit ihrem Ausdrucks-, Stimmungs- oder Bedeutungsgehalt auf das Gesamterlebnis“[82] und damit auf andere Teilerlebnisse[83]. Ein positives Gesamterlebnis kann nur entstehen und erhalten bleiben, wenn die Teilbeschaffenheiten wechselseitig angemessen sind, miteinander harmonieren[84]. Die Bedeutung einer solchen „Kongruenz“[85] spiegelt sich wider in der Forderung der Werbepsychologie, sämtliche Maßnahmen der Werbung, der Produktgestaltung, der Verpackung müßten „produktangemessen“ sein[86]: Da auch Produkteigenschaften, soweit sie vom Verbraucher zu erfassen sind, derartige Teilbeschaffenheiten darstellen, dürfen sie nicht dem geweckten Erwartungsbild widersprechen; sie müssen vielmehr „auf der Folie der ursprünglichen Anmutungen nur zu einer Präzisierung ... des implizit in der Anmutung Gegebenen führen“[87].

Übertragen wir diese Befunde auf die Teilbeschaffenheit Marke. Jedes bereits in der Sprache vorgefundene Wort und selbst neu geschaffene Wortgebilde sind mit Wert- und Gefühlsvorstellungen beladen. Die Werbepsychologie empfiehlt deshalb sogar, um Kongruenz sicherzustellen, schon vor der Einführung eines Zeichens dessen „Bedeutungshof“ zu erkunden und seinen Inhalt mit den Anmutungen der anderen Teilbeschaffenheiten und dem angestrebten Image zu vergleichen[88]. Bereits erfolgreich am Markt verwendete Kennzeichnungen und ganz besonders solche von „überragender Verkehrsgeltung“ besitzen einen in weit stärkerem Maße durch die Werbung[89] verfestigten Bedeutungshof, der

[80] Diese Aussage, da sie sich auf Ergebnisse der Wahrnehmungspsychologie begründet, ist hier umfassender, als die Zweifel, die zuvor angesichts des Kupferberg-Urteils angemeldet wurden. Während dort nur eine statistisch zu vernachlässigende Zahl von Verbrauchern (etwa 1/200 000 der Bevölkerung der BRD) mit dem Gegenzeichen in Kontakt kam, gilt diese Aussage auch dann, wenn ein beträchtlicher Teil des Publikums mit dem Zeichen des Zweitbenutzers konfrontiert wird.

[81] *Spiegel*, S. 40.

[82] a.a.O., S. 38; *Wiswede*, S. 244.

[83] a.a.O., S. 39.

[84] *Brückner*, S. 127; *Jacobi*, S. 97 ff.; *v. Rosenstiel*, S. 84.

[85] Begriff nach *Spiegel*, Untersuchungsmethoden, S. 125 ff.

[86] *Brückner*, S. 129.

[87] *Spiegel*, Untersuchungsmethoden, S. 53.

[88] *Spiegel*, Untersuchungsmethoden, S. 117.

[89] Und die übrigen Teilbeschaffenheiten des Produktimage.

wiederum entscheidend durch das Produkt mitgeprägt wurde. Die Chance in völlig fremden Warenbereichen mit den übrigen Faktoren „kongruent“ zu sein, ist also geringer als für andere Worte. Der Hersteller sanitärer Artikel, der seine Badewannen und Klosette „Kodak“ nannte[90], die Zuckerwarenfirma, die in Japan den Namen „Sony“, der für elektronische Geräte berühmt ist[91], annahm, dürften in ihrer Hoffnung auf Absatzerfolge unangenehm enttäuscht worden sein. Denn die beiden kopierten Marken rufen Anmutungen an technische Präzision hervor[92], die keinem der Zweitprodukte förderlich sein dürften. Im Gegenteil: Das Gesamterlebnis wird gestört, wenn die andere Teilbeschaffenheit, nämlich das Produkt, Anmutungen auslöst, die außerhalb des Bedeutungs- und Gefühlshofes liegen. Dies kann zwei verschiedene Auswirkungen haben. Die für das Zweitprodukt negativen Vorstellungen können zum einen, wie wir schon mehrfach gesehen haben, die anderen — an sich positiven — Eigenschaften auf der Gefühlsebene negativ[93] beeinflussen. Zum anderen kann der Verbraucher aber, wenn seine Aufmerksamkeit auf ein störendes Teilerlebnis gelenkt wird, dieses aus dem Gesamtgefühlsprozeß ausgliedern und zum Gegenstand diskursiven Denkens und rationaler Erwägungen erheben[94]. Trifft der Verbraucher auf ein Produkt, welches nach seiner Vorstellung unmöglich mit dem Bereich des bekannten Zeichens verbunden sein kann[95], so dürfte angesichts der Dominanz des gefühlsmäßig gesättigten berühmten Zeichens gerade dieser zweite Prozeß häufig eintreten. Mit dieser Ausgliederung und mit der Erhebung der Gefühlswerte auf die Ebene der Reflexion ist der Einfluß auf das Gesamtgefühlserlebnis abgeschnitten[96]. Denn „Symbole, die einem Produkt bestimmte Bedeutungen verleihen, die vom Betrachter unthematisch[97] rezipiert werden, sollten besser nicht auf die Ebene des Bewußtseins erhoben werden“[98]. Geschieht dies dennoch, konzentriert sich das bisher allgemeine Mißbehagen jetzt auf die erkannte Ursache der Störung und wirkt dort um so stärker[99]. Die Kritikbereitschaft wird

---

[90] RG, MuW V, 73.

[91] Dieser japanische Fall (die berühmte Sony Corporation obsiegte) wird von *Ohara*, 1 Journal of World Trade Law 16 Fn. 52 (1967) berichtet.

[92] Diese Beispiele der Anmutungsqualitäten sind nicht psychologisch abgesichert. Sie dienen nur der Illustration.

[93] Zu diesem Prozeß der „Irradiation“ s. *Spiegel*, Untersuchungsmethoden, S. 132 ff. und *ders.*, Struktur der Meinungsverteilung, S. 38 ff.

[94] *Spiegel*, Struktur, 38 f.

[95] Nur diese Fälle sind hier von Belang, da bei möglicher Betriebsverbundenheit bei Unternehmenskennzeichen § 16 UWG, bei Warenzeichen „ohne Namensfunktion“ die mittelbare Verwechslungsgefahr eingreifen würde, somit kein Verwässerungsproblem entstünde.

[96] *Spiegel*, a.a.O.

[97] Dieser Terminus wird als „nicht reflektiert“, „gefühlsmäßig“ definiert.

[98] *Brückner*, S. 135.

[99] *Spiegel*, a.a.O.

geweckt, das neue Produkt wird ob seiner Anmaßung verlacht[100,100a]. Diese Kritikbereitschaft wirkt aber nicht zurück auf die Anmutungsqualitäten des berühmten Zeichens in seinem Primärbereich. „Rolls-Royce"-Klärgruben verstimmen den Adressaten der Werbung, da die Exklusivität, der Snobappeal, die Luxuriosität angesichts aller anderen Teilbeschaffenheiten des Zweitprodukts gerade nicht vorhanden sind. Für den Automobilbereich besteht aber weiterhin Kongruenz[101]. Die anderen Anmutungsqualitäten des Klärgrubenproduktes können, da das Zeichen aus dem Image der Klärgrube ausgegliedert ist, nicht den Begriff „Rolls-Royce" beeinflussen.

Was aber geschieht, wenn es dem Zweitbenutzer doch gelingt, die psychologischen Schwierigkeiten zu überwinden und sein Produkt, sei es wegen seiner hervorragenden Qualität, seines besonders günstigen Preises, seiner guten Serviceleistungen oder sei es auch nur aufgrund einer Monopolstellung in seinem Markt, weithin bekannt zu machen? Müßte nicht wenigstens dann „Verwässerung" zu befürchten sein?

Wir brauchen nicht mehr nur auf die „Mercedes" und „Henkel(l)"-Beispiele hinzuweisen, um Zweifel anzumelden, sondern können auf sozialpsychologische Erkenntnisse zurückgreifen, um die aufgeworfenen Fragen schlicht zu verneinen: Das Bedürfnis nach „Kongruenz", das Streben des Menschen nach in sich geschlossenen, nicht widersprüchlichen Vorstellungsbildern, führt zu einem Prozeß der „Harmonisierung"[102]. „Beschaffenheiten", also auch die Kennzeichnung, „die anfangs oft recht beziehungslos ohne Kongruenz nebeneinanderstehen, ja vielleicht sogar divergieren, [passen] sich im Erleben des potentiellen oder faktischen Anhängers im Laufe der langsam wachsenden Bekanntheit

---

[100] Diese Erscheinung wird z. B. auch von *Ulmer*, Warenzeichen, S. 25 f. und *Elsaesser*, S. 89 intuitiv erkannt.

[100a] So auch *Vuaridel*, Wirtschaft und Recht 1969, 102, 125. Ihm kommt das Verdienst zu, als erster die Bedeutung der Ganzheit des Verbrauchererlebens und des Phänomens des Begriffshofes (nach *Vuaridel:* „halo") für das Problem der „Verwässerung" erkannt und nutzbar gemacht zu haben. Sein Aufsatz wurde erst nach Fertigstellung des Manuskripts bekannt und konnte nur noch in den Fußnoten berücksichtigt werden. Bei V. finden sich auch eine Vielzahl plastischer Beispiele für die psychologischen Vorgänge, die ich in diesem Abschnitt darzustellen versuche.

[101] Gerade Rolls-Royce, eine vielfach nachgeahmte Marke, setzt diese Tatsache gezielt in ihrer Werbung ein, um die Exklusivität und überragende Qualität noch weiter hervorzuheben. Eine weit verbreitete Anzeige (Fundstelle z. B.: The Economist vom 4. September 1971) beginnt mit den Sätzen: "Some people have a tendency to use our name when they wish to advertise the opinion that their product is of the highest quality. We would find this practice flattering, except for the sad truth that the products which borrow our name are rarely of a standard that reflects our own." Sie kulminiert in den Worten: "The Rolls-Royce of cars. The best car in the world."

[102] Vgl. hierzu auch das von *Festinger* (passim) aufgezeigte Phänomen der „kognitiven Dissonanz"; s. dazu etwa die plastische Darstellung bei *v. Rosenstiel*, S. 179 ff.

immer mehr aneinander an und [verzahnen sich] schließlich gewissermaßen fein“[103]. Die Eingliederung in das Image formt das Zeichen um. Die Gemeinsamkeit der Marken von Erst- und Zweitbenutzer beschränkt sich nunmehr auf den Klang. Sie verfügen über keine identische Bedeutung mehr, sondern sind — wie „Henkel“ und „Henkell“, „Meisterbrand“(-Weinbrand) und „Meisterbrand“(-Herde) — lediglich Homophone geworden. Die Befürchtung, negative Wert- oder Gefühlsvorstellungen könnten vom einen zum anderen Image übertragen werden, ist, da die Zeichen psychisch nicht identisch sind, ungerechtfertigt. Auch in diesem Fall ist ein Verlust der „Werbekraft“, des Goodwill nicht festzustellen.

Ein „Schaden“ ist jedoch nicht zu verleugnen, nämlich der Verlust der „Alleinstellung“. „Wer sich daran gewöhnt hat, daß es zum Beispiel Coco-Cola Radios, Fahrräder, Bier und Nudeln gibt, der wird allmählich Coca-Cola nicht mehr ausschließlich dem Getränk zuordnen. Er stellt sich also die Frage des: Was Coco-Cola[104]?“ Dies ist in der Tat richtig. Nur die Folgerung, daß durch den Verlust der Alleinstellung die „Kennzeichnungskraft“ leide, gewinnt, ebenso wie die Behauptung des BGH, gerade auf der Einmaligkeit beruhe die besondere Werbekraft[105] des berühmten Zeichens, seine Überzeugungskraft allein aus seiner ständigen Wiederholung. Alle Ergebnisse werbepsychologischer Untersuchungen, soweit sie zugänglich waren, widerlegen die Ansichten der Rechtsprechung und der juristischen Literatur[105a]. Die Einmaligkeit, die Alleinstellung eines Zeichens und deren Auswirkungen kennt nur die juristische Literatur; dem Werbepsychologen sind sie unbekannt.

Nur wenn der „Bedeutungshof“ des Zeichens dem neuen Produkt adäquat, mit dessen übrigen Teilbeschaffenheiten „kongruent“ ist, kann die Mehrfachverwendung für den Absatz vorteilhaft sein. Verbindet der Verbraucher mit dem Namen „Nestlé“ Werte des „Warmen, Geborgenen, Kindlichen, Weiblichen, Runden, Weichen, Fröhlich-Beschwingten, des Häuslichen, von Ruhe und Harmonie, Güte und Qualität“[106], so wird eine Expansion auf den Markt für Babykleidung durch eine Verwendung des Firmenzeichens sicherlich gefördert. Auch ein Dritter könnte hieraus Nutzen ziehen. Wiese die Kleidung erhebliche vom Konsumenten erfaßbare Mängel auf, dann könnte in der Tat das Image der „Nestlé“-Babykleidung und, da es als Teil des „Nestlé“-Firmenimage empfunden wird, auch das Vorstellungsbild des Verbrauchers vom „Nestlé“-Unter-

[103] *Spiegel*, S. 70. Eine ausführliche Schilderung des „Harmonisierungsprozesses“ folgt ebenda S. 70 ff.

[104] So *Elsaesser*, S. 91.

[105] z. B. BGHZ 28, 327 — „Quick“.

[105a] s. auch *Vuaridel*, Wirtschaft und Recht 1969, 125 ff., der aufgrund französischer Quellen zu dem gleichen Ergebnis gelangt.

[106] So *Johannsen*, S. 232.

nehmen darunter leiden. Nur in diesem durch den Bedeutungshof enggrenzten Raum besteht die Gefahr der „Minderung der Werbekraft" durch eine Zweitbenutzung.

3. *Zusammenfassung*

Die h. L. und die Rechtsprechung vertreten die Ansicht, eine berühmte Kennzeichnung übertrage entweder die in ihr ruhenden Gütevorstellungen auf ein identisch gezeichnetes Produkt (so die ältere Lehre und Rechtsprechung) oder aber sie erleide durch die Doppelbenutzung eine Schwächung ihrer Assoziationswirkungen, verringere „mithin" ihre Absatzchancen. Diese Anschauung konnte sich auf die Lehre der heute überholten Elementenpsychologie berufen, daß ein bestimmter, isolierter Reiz stets gleiche Wirkungen zeitigte.

Nach den heute bekannten Ergebnissen der Werbepsychologie sind diese Annahmen ungerechtfertigt. Der Konsument erlebt nicht die Marke, die Firma oder sonstige Einzelteile einer Ware je für sich, sondern ein ganzheitliches, komplexes Produktbild, ein „Image". Dieses resultiert aus den Anmutungen einer Vielzahl von Teilbeschaffenheiten, zu denen insbesondere der Werbestil, die Verpackung der Ware, die erlebten Wareneigenschaften, die Ausstattung und auch, neben vielen anderen, das Kennzeichen zu rechnen sind. Diese Teilbeschaffenheiten stehen nicht isoliert nebeneinander. Der Gefühlswert, den sie besitzen, wird sowohl durch das Image als auch durch die Anmutungen anderer Teilbeschaffenheiten verändert. Positiv, d. h. „werbewirksam", ist ein Image nur dann, wenn die Teilbeschaffenheiten miteinander und dem Image harmonieren („Kongruenzgebot").

Eine berühmte Marke läßt sich, da sie mehr als ein unbekanntes Zeichen einen sowohl durch die Werbung als auch durch ihre Beziehung zum gekennzeichneten Produkt besonders gefestigten Bedeutungshof besitzt, nur schwerlich auf entfernten Warengebieten erfolgreich einsetzen. Das Zeichen „4711" mit seinen Anmutungen von Eleganz, Duft, Flüchtigkeit wird Messerwaren, von denen der Verbraucher auch Solidität und langen Gebrauch verlangt, nicht beliebter machen. Eine Teilbeschaffenheit, die nicht kongruent ist, stört vielmehr das Gesamterlebnis. Die Befürchtung der juristischen h. A., diese Unlustgefühle könnten sich auf das Erstprodukt rückübertragen, finden im psychologischen Schrifttum keine Stütze. Wird die mangelnde Harmonie im Image der Zweitware nur gefühlsmäßig erlebt (Irradiation), so kann diese Störung, da die Marke nicht als Störungsquelle bemerkt wird, nicht mit dem identisch lautenden Zeichen der Erstware verknüpft werden. Wird, was angesichts der Gefühlsbeladenheit des berühmten Zeichens wahrscheinlicher ist, vom Verbraucher bewußt erkannt, daß das Zeichen in seinen psychischen Qualitäten dem Gebotenen nicht entspricht, so bewirkt diese Thematisierung eine „Ausgliederung" aus dem Gesamtbild: Die übrigen Eigenschaften des Zweitprodukts können keinen Einfluß auf das Zeichen mehr gewinnen; das Image des Erstproduktes bleibt ungestört.

Erreicht aber dennoch — aus welchem Grunde auch immer — der Zweitbenutzer einen Erfolg in seinem Markt, so bewirkt der Prozeß der „Harmonisierung" eine Eingliederung des Zeichens in das Zweitimage. Die vormals identischen Zeichen verlieren ihre Identität; sie werden zu bloßen Homonymen und folglich füreinander belanglos.

Die Alleinstellung, so wichtig sie auf demselben Markt oder einem nahestehenden Markt sein mag, ist auf entfernten Gebieten — trotz aller gegenteiligen Beteuerungen der in- und ausländischen Literatur, für den Werbefachmann und den Markenartikler ohne Bedeutung. Anhaltspunkte für eine Minderung der „Werbekraft" eines bekannten Zeichens durch Zweitbenutzung auf fernen Warengebieten haben sich nicht ergeben. Eine Gefahr für das berühmte Zeichen, darauf deuten alle Ergebnisse hin, besteht nur dann, wenn die im Bedeutungshof enthaltenen Anmutungen sich grundsätzlich auch für das Image des Zweitproduktes positiv auswirken, dieses aber die Erwartungen enttäuscht. Nur in Warengebieten also, die gefühlsmäßig verwandte Merkmale aufweisen, kann es eine „Verwässerung" geben.

III. Ergebnis

Entgegen der Ansicht der überwältigenden Mehrheit in der juristischen Literatur und der Meinung des Bundesgerichtshofes bleibt festzuhalten, daß dem Erstbenutzer nur bei einer eng begrenzten Fallgruppe durch eine Mehrfachverwendung eines berühmten Zeichens Schaden entstehen kann.

Die beschworenen Gefahren — sie reichen von der Verwirrung des Publikums[107] und Schädigungen für den Erstinhaber[108] über unersetzliche Beeinträchtigungen der Allgemeinwirtschaft[109] bis hin zum Verstoß gegen metarechtliche, allgemein gültige Erkenntnisse[110] und zum Ende jeglichen Anstands und Stolzes im Wirtschaftsleben[111] —, so einleuchtend sie auch jeweils auf den ersten Blick erscheinen mögen, lassen sich, vorsichtig ausgedrückt, in der sozialen Wirklichkeit nicht verifizieren. Ein Bedürfnis des Inhabers eines berühmten Kennzeichens nach Sonderschutz läßt sich in der weit überwiegenden Zahl der Fälle nicht begründen.

[107] So überwiegend die RG-Rechtsprechung.
[108] So die BGH-Rechtsprechung und die h. L. in Deutschland.
[109] So z. B. das „Bayer-Kreuz"-Urteil.
[110] So z. B. *Troller*, in: Festschr. f. Möhring, S. 291 ff.
[111] *Lunsford*, 41 T.M.R. 942 (1951); vgl. auch *Rosenthal*, GRuR 1918, 108.

Selbst wenn ausnahmsweise das Produkt des Zweitbenutzers in den „Bedeutungshof" der berühmten Kennzeichnung fällt, bleibt das Interesse des Inhabers, Verwässerungsschutz zu erhalten, fragwürdig. Die Gefühlswerte, die „4711" ausstrahlt, dürften sich nur auf dem Kosmetikmarkt, jene von „Kupferberg" nur auf dem gehobenen Genußmittelmarkt, jene von „Rolls-Royce" auf dem Auto-, allenfalls auf dem allgemeinen Maschinensektor positiv[112] auswirken. Diesen jeweiligen Bereich können aber die Zeicheninhaber ohne einen speziellen Sonderschutz freihalten. § 16 UWG bietet, da diese Zeichen Unternehmenskennzeichnungen sind und Branchennähe besteht[113], hinreichend Schutz. Eine „Lücke" tut sich nur bei berühmten Zeichen ohne Namensfunktion auf. Solange der Bundesgerichtshof entgegen der reichsgerichtlichen Rechtsprechung[114] an der objektiven Bestimmung der Warengleichartigkeit festhält[115], die Verkehrsdurchsetzung und den Grad der Verwechslungsfähigkeit der Zeichen also außer Betracht läßt, mag es geschehen, daß Waren in den „Hof" des bekannten Zeichens fallen, ohne daß sie hinsichtlich „ihrer wirtschaftlichen Bedeutung und Verwendungsweise ..., insbesondere aber auch ... ihrer regelmäßigen Fabrikations- oder Verkaufsstätten so enge Berührungspunkte hätten, daß der Schluß naheliegt, die Waren entstammten dem gleichen Geschäftsbetrieb"[116]. Diese Gefahr darf allerdings nicht überschätzt werden, da auch berühmte Warenzeichen unter gewissen Umständen Schutz aus § 16 UWG erlangen können. Die Befürchtung von *Heydt*[117] z. B., die Daimler-Benz AG müsse tatenlos zusehen, wenn ein „Mercedes"-Benzin auf den Markt geworfen würde, erscheint ungerechtfertigt. Da § 16 UWG nach h. L. und Rechtsprechung auch dann anzuwenden ist, wenn ein Kennzeichen zwar juristisch nicht als Name des Unternehmens anzuerkennen ist aber vom Verkehr als solcher gewertet wird[118], „Mercedes-Benz" aber bekannter sein dürfte als „Daimler-Benz", müßte ein Prozeß für das Untertürkheimer Unternehmen erfolgreich enden.

Es bleibt jedoch eine kleine Restgruppe von Warenzeichen, bei denen sich ein nicht unbeträchtlicher Teil der Konsumenten bewußt ist, daß sie von einem andersnamigen Produzenten hergestellt werden. In der Bun-

---

[112] Und damit auch, wie wir gesehen haben, potentiell für den Erst-Benutzer schädlich.

[113] s. z. B. *Baumbach/Hefermehl*, Rdnr. 56 ff. zu § 16 UWG mit w. Nachw.

[114] RGZ 72, 148 — „Maizena"; RG GRuR 1940, 570 — „Anusol"; RGZ 171, 151 — „Salamander".

[115] St.Rspr. seit BGHZ 19, 25 f. — „Magirus"; vgl. aber auch BGHZ 52, 337 — „Dolan".

[116] So BGHZ 19, 25 f.

[117] GRuR 1959, 29; diese Bedenken teilt anscheinend auch *Beier*, GRuR 1966, 627.

[118] z. B. GRuR 1957, 87 — „Meisterbrand"; w. Nachw. bei *Baumbach/Hefermehl*, Rdnr. 145 f. zu § 16 UWG.

desrepublik dürfte die Firma Henkel & Cie. mit ihrer Palette bekannter Wasch- und Reinigungsmittel wohl das einzige Beispiel sein; die betonte Werbung mit dem Firmennamen bei einer Vielzahl von „berühmten“ Einzelprodukten („Persil — von Henkel!“) dürfte es verhindert haben, daß die große Mehrzahl von Verbrauchern an die Existenz der „Persilwerke“ glaubt[119, 120].

Nicht die Sorge um den Chemie-Konzern Henkel & Cie. und den ungestörten Glanz seiner Zeichen ist es jedoch, die mich veranlaßt, die Prüfung fortzusetzen. Obwohl es mir nach den verwerteten werbepsychologischen Untersuchungen richtig erscheint, daß die mehrfache Verwendung einer Kennzeichnung nur dann zur Schädigung eines bekannten Zeichens führen kann, wenn der Zweitbenutzer sich in einem verwandten Warenbereich bewegt[120a], ist es immerhin möglich, daß die Reichweite positiver — und die Rückkopplung negativer — Anmutungen weiter reicht, als ich es vermute[121]. Als sozialpsychologischer Laie mag ich auch Einzelheiten der fremden Wissenschaft falsch verstanden haben. Es bleibt folglich noch die Aufgabe, die h. L. aufgrund ihrer eigenen tatsächlichen — wie ich meine falschen — Prämissen, soweit sie nicht gegen die in der Sozialpsychologie allgemein vertretenen Grunderkenntnisse[122] verstoßen, wenigstens in Ansätzen zu überprüfen.

---

119 Vgl. aber LG Kiel GRuR 1951, 84 — „Persiel“.

120 Ob es einen vernünftigen Grund dafür gibt, dem „Weißen Riesen“ des gleichen Unternehmens Schutz aus § 16 UWG zu gewähren, weil die Werbung sich ausschließlich auf das Warenzeichen ausgerichtet hat und den Hersteller nicht erwähnt, „Persil“ dagegen den Kriterien der Warengleichartigkeit zu unterwerfen, sei, da es unser Thema nicht direkt betrifft, dahingestellt.

120a Und diese Überzeugung ist nach der Lektüre der Abhandlung von *Vuaridel*, a.a.O., der gleiche Ergebnisse aus anderen Quellen ableitet, gefestigt.

121 Die Untersuchung des Image und der Anmutungen der Teilbeschaffenheiten erfordert ein umfangreiches psychologisches Instrumentarium (s. dazu insbes. *Spiegel*, Untersuchungsmethoden), welches mir nicht zugänglich war.

122 Hierzu sind zu rechnen: Die Ganzheit des Image, die gegenseitige Beeinflussung der Teilbeschaffenheiten untereinander und deren Formung durch das Image.

Viertes Kapitel

Das Bedürfnis zur Rechtsfortbildung (2.)

Unterstellt man, wie es hier geschehen soll, eine Schädigung der Werbekraft eines berühmten Zeichens durch Zweitbenutzung auf völlig fremden Warengebieten, so muß — folgt man der h. L. — der Schluß fast zwingend erscheinen, das Interesse des Zeicheninhabers sei „berechtigt“[1]. Jedenfalls genügt es der Rechtsprechung und einem beträchtlichen Teil der Lehre, lediglich die Topoi von „Mühe und Kosten“, „errungenem Arbeitsergebnis“, „Besitzstand“[2], die „enormen wirtschaftlichen Werte“, die nicht schutzlos gelassen werden könnten[3], zu erwähnen, um die Notwendigkeit des Sonderschutzes darzulegen. Eingehendere Untersuchungen versuchen jedoch, sei es aus dem „Wesen“ des Zeichens, sei es aus der Summe der zeichenrechtlichen Vorschriften oder aus der Gesamtrechtsordnung eine festere Grundlage zu gewinnen. Sie verdienen nähere Beachtung.

I. Meta-rechtliche Begründungen

Troller, ein Anhänger *Husserls*, hat sich intensiv darum bemüht, „überall gültige“, also auch den Gesetzgeber und Richter bindende, Feststellungen über das Wesen der Marke zu treffen, das Phänomen Marke zu erkennen[4]. Die Marke könne — so *Troller*[5] — nicht mit dem bloßen Zeichen in seiner körperlichen Form gleichgesetzt werden. Sie sei vielmehr eine einheitliche Vorstellung von Bild und Ware im Bewußtsein des Verbrauchers, die ihn bei dem Auftreten eines Bedürfnisses zum Kauf der gekennzeichneten Ware veranlasse. Aus dem so bestimmten Sein der Marke ergäben sich verschiedene Aufgaben, unter anderem die Aufgabe zu werben[6].

---

[1] s. z. B. BGHZ 28, 320 ff. und o. S. 52 f.

[2] BGHZ a.a.O.

[3] Darauf allein stützt z. B. *Loewenheim*, S. 256, letztlich den Sonderschutz.

[4] *Troller*, in: Festschr. f. Möhring, 291, 300 ff. Zu den methodologischen Grundlagen s. *Trollers* Werk: Prinzipien einer überall gültigen Rechtswissenschaft; wiederum hierzu die in der Form zurückhaltende, in der Sache vernichtende Kritik von *Engisch*, ZStW 80, 676 ff. und *Canaris*, AcP 167, 282.

[5] S. 303.

[6] S. 307.

Folgt man *Troller* insoweit[7], so ist nur ein kleiner Schritt notwendig, um die berühmte Marke, dieses „hervorragende und überzeugende Warensymbol, ..., ungeschmälert zu bewahren, damit es an seiner warenzeichenmäßigen", also seinsgerechten, „Werbewirkung nicht einbüßt"[8]. Da *Troller* aber selbst einräumt, Gesetzgebung und Rechtsprechung könnten zwar nicht die seinsmäßige Existenz des Zeichens und seiner Aufgaben regeln, immerhin aber entscheiden, ob deren Wirkungen dem Markeninhaber entzogen[9] werden solle, führen uns die Ergebnisse seiner Forschung nicht weiter.

II. Rechtliche Begründungen

1. Die „Werbefunktion" des Zeichens

Wenn immer im Zeichenrecht Rechtsfortbildung diskutiert wird, wenn wieder einmal die freie, nicht an den Geschäftsbetrieb gebundene Übertragbarkeit, der Umfang des Zeichenschutzes und die zeichenrechtliche Zulässigkeit von Parallelimporten diskutiert werden, hat es sich im Schrifttum eingebürgert, nach dem Zweck und Ziel des Warenzeichens zu forschen, um anhand der so ermittelten „Funktionen" die vorgeschlagenen Regelungen entweder zu verwerfen oder als geboten darzustellen.

Die Funktionslehre füllt Bände. Aller Scharfsinn aber, der sich darin niedergeschlagen hat, konnte bisher keine klaren Ergebnisse zutagefördern. Im Gegenteil hat unterschiedliche Begriffsbildung zu unnötigen Mißverständnissen geführt. Zudem wurde häufig nicht hinreichend zwischen tatsächlichen Wirkungen des Zeichens im wirtschaftlichen und sozialen Leben einerseits und den rechtlich geschützten Funktionen andererseits unterschieden[10]. Es enstand ein Funktions-„Desperanto"[11, 12].

---

[7] Und nimmt man mit ihm an, „diese Wesensbestimmung" treffe „überall zu. Kein Gesetzgeber" vermöge „daran etwas zu ändern. Das so erkannte Wesen der Marke" sei „somit weltweit zwingend vorgegeben" (so *Troller* I, S. 254).

[8] *Troller* I, S. 402.

[9] Von „Entzug" einer Rechtsposition spricht *Troller* auch in GRuR Al 1967, 268.

[10] *Sack*, GRuR 1972, 402 ff. meint neuerdings, auch diese Differenzierung sei ungenügend. Er hofft — wohl vergeblich —, mit der Einführung weiterer Unterscheidungen („rechtlich garantiert" — „rechtlich geschützt" — „rechtlich anerkannt" — „rechtlich") zur Transparenz beizutragen.

[11] Der Begriff wurde — in anderem Zusammenhang — von *A. A. Ehrenzweig* geprägt.

[12] In der Literatur wurden bis heute z. B. Herkunfts-, Vertrauens-, Garantie-, Suggestions-, Monopol-, Unterscheidungs-, Werbe-, Schutz- und Sozialfunktion entdeckt. s. z. B. *Vanzetti*, GRuR Al 1965, 128, 185; *Schluep*, 67 ff.; *Hauser*, S. 55 ff.; weitere Nachw. bei *Sack*, a.a.O.

Die Begriffsverwirrung darf jedoch nicht die Frage verhindern, ob aus dem Gesamtzusammenhang der zeichenrechtlichen Normen ein Wille des Gesetzes zu entnehmen sei, die positiven faktischen Wirkungen des Zeichens für die Werbung in größtmöglichem Umfang zu sichern, ob dem Zeichen eine rechtlich geschützte „Werbe-" oder Suggestivfunktion" zukomme.

Einzelne Vorschriften des WZG, etwa § 8 Abs. 1, letztendlich auch § 31, ermöglichen es dem Inhaber erst, ein Zeichen als Werbemittel zu nutzen. Die Rechtsprechung des Bundesgerichtshofes, welche starken Zeichen einen erweiterten Schutzbereich einräumt[13], berücksichtigt auch Werbeerfolge des Zeichens. All diese Vorschriften zielen aber sowohl nach historischer Intention als auch nach der Auslegung, die ihnen die Rechtsprechung zuteil werden läßt, nicht auf den Schutz eines besonderen Werbeerfolges, sondern schützen ihn allenfalls reflexartig. Die h. L. lehnt deshalb zu Recht die rechtliche Anerkennung einer „Werbefunktion", des gesetzesimmanenten Ziels, erworbene Werbeleistungen in größtmöglichem Umfang dem Inhaber zu sichern, ab[14]. Gesichtspunkte, die eine Wertung des Gesetzgebers erkennen ließen, welche einen Schutz berühmter Kennzeichnungen nahelegten, lassen sich dem WZG nicht entnehmen.

Loewenheim[15] macht allerdings zu Recht darauf aufmerksam, daß außerzeichenrechtlich die „Werbefunktion" mehrfach geschützt werde. Da er als Hauptbeispiel aber gerade den Schutz der berühmten Marke vor Verwässerung anführt, dessen Berechtigung hier gerade überprüft werden soll, können seine Ausführungen uns nicht weiterhelfen[16].

Aus dem „normativen Begriff der Institution"[17] Warenzeichen schöpft auch die h. L. keine Erkenntnisse, die eine Rechtsfortbildung rechtfertigen könnten.

2. *Das absolute Recht, die Leistung, die Persönlichkeit, der Besitzstand, der Werbewert*

a) Überblicken wir das Feld der Begründungsversuche, so finden wir jedoch eine Reihe nicht spezifisch warenzeichenrechtlicher juristischer

[13] s. z. B. BGHZ 14, 17 — „Römer"; *Baumbach/Hefermehl*, Rdnr. 94 ff. zu § 31 WZG.

[14] Allein *Kunz*, S. 85, meint durch Auslegung des WZG und aus der Natur der Sache die Anerkennung einer Suggestivfunktion ermitteln zu können (dagegen mit treffenden Argumenten *Riehle*, S. 132 ff.; *Loewenheim*, S. 258 ff.); aus der älteren Literatur s. insbes. *H. Isay*, GRuR 1929, 23 ff.; unklar *Hubmann*, S. 39; für die h. L. s. z. B. *Baumbach/Hefermehl*, Rdnr. 14 Einl. zum WZG; *Loewenheim*, S. 263; *Beier*, GRuR Al 1968, 14; *Sack*, GRuR 1972, 451.

[15] S. 153 ff.; s. auch *Baumbach/Hefermehl*, a.a.O.; *Sack*, a.a.O.

[16] Auch *Loewenheim* selbst hält es für nötig, die Verwässerungsgefahr gesondert zu rechtfertigen.

[17] S. *Rüthers*, Institutionelles Rechtsdenken, S. 41.

Begriffe, die vom Schrifttum zur Absicherung des Sonderschutzes herangezogen werden.

Callmann[18] entnimmt dem Charakter des Warenzeichens als absolutem subjektiven Herrschaftsrecht[19], als „Eigentum", wie er es[20] bezeichnet, unmittelbar die Rechtsfolge, jedwede Interessen des „Eigentümers", folglich auch jene am „ungestörten Besitz" des berühmten Kennzeichens, seien zu schützen. Ähnlich sieht *Schramm*[21] in der Zweitbenutzung eine „Zerstörung" des Immaterialgutes „notorische Marke", einen unmittelbaren Angriff auf das absolute Recht.

Ist die Grundidee des Immaterialgüterrechts der Schutz der „schöpferischen Persönlichkeit" (*Troller*)[22], besitzt das Zeichen „Leistungscharakter"[23], so müßte es gar als grobe Ungerechtigkeit erscheinen, wollte man dem besonders Schöpferischen, dem hervorragend Leistungsfähigen nicht ausreichend Schutz gewähren. Der „Besitzstand" oder die „Verkehrsgeltung"[24] bietet für andere Autoren[25] den Ansatzpunkt, mittels einer nahezu arithmetischen Reihe die Notwendigkeit, wenigstens die Folgerichtigkeit des Sonderschutzes darzulegen: Verkehrsdurchsetzung ermöglicht die Eintragung gewöhnlich nicht registrierbarer Zeichen (§ 4 Abs. 2 S. 1 WZG); eine etwas höhere Verkehrsgeltung bewirkt Ausstattungsschutz und bei Zeichen mit Namensfunktion Schutz nach § 16 UWG; es scheint nur konsequent, überragender Verkehrsgeltung überragenden Schutz folgen zu lassen[26]. Der überragende Besitzstand ist wenigstens, wenn man, wie *Kraft*[27], nicht einen direkten Schluß auf den Schutzbereich ziehen möchte, der entscheidende Faktor bei der Interessenabwägung.

b) Alle diese Begründungsversuche müssen sich vorwerfen lassen, daß sie lediglich zuvor in die verwendeten Begriffe hineindefinierte Wertvorstellungen aus ihnen wiedergewinnen.

Selbst wenn man mit *Callmann* und *Schramm* ein absolutes Herrschaftsrecht an der Marke bejaht, läßt sich daraus noch nicht ein allum-

---

[18] z. B. GRuR 1960, 514 ff.; GRuR 1969, 29 ff.; GRuR 1972, 317 ff.

[19] Diese Charakterisierung ist allerdings alles andere als unbestritten; vgl. nur *Baumbach/Hefermehl*, Rdnr. 17 Einl. zum WZG („Zeichenschutz ist reiner Funktionsschutz") und *Raiser*, JZ 61, 469.

[20] Möglicherweise unter dem Einfluß seines langen Wirkens in den USA als — dann allerdings irreführende — Übertragung des amerikanischen Begriffs „property".

[21] Grundlagenforschung, S. 190 ff. i. V. m. S. 50 ff.

[22] II S. 701, der allerdings in Klammern hinzufügt: „Beim Warenzeichen wirkt das Wort ‚schöpferisch' etwas zu großartig; doch auch da entsteht ein Gut."

[23] *Hubmann*, GRuR Al 1969, 116.

[24] Ob diese Begriffe im einzelnen unterschiedlich zu definieren sind (so — wohl gegen die h. L. — *von der Osten*, S. 13 ff.) kann hier dahingestellt bleiben.

[25] Insbes. *von der Osten*, S. 20 - 105; *Harmsen*, GRuR 1968, 502 ff.

[26] Vgl. auch *Ulmer*, ZHR 114, 43 ff.

[27] Insbes. S. 222.

fassender Schutz vor jeglicher Gefährdung ableiten; auch wenn man der Verkehrsgeltung rechtliche Relevanz einräumt, wäre näher zu erläutern, warum diese Bedeutung nicht etwa auf die Ausstattung, die Probleme des § 4 Abs. 2 S. 1 WZG und der Verwirkung zu beschränken sei; bei aller Hochachtung vor dem Begriff und der gesellschaftlichen Bedeutung der „Leistung" kann seine Nennung allein nicht genügen, um die Gewährung materieller Vorteile zwingend zu fordern.

c) Bieten diese allgemeinen Rechtsbegriffe ebensowenig wie kennzeichenrechtliche Erwägungen sichere Leitlinien zur Begründung des Sonderschutzes, so mag dies daran liegen, daß wir das Schutzobjekt falsch dargestellt haben.

Elsaesser[28] sucht dem Dilemma, einerseits eine rechtlich geschützte „Werbefunktion" ablehnen zu müssen, andererseits aber doch einen Schutz vor Verwässerung gewähren zu wollen, zu entrinnen: Nicht das Kennzeichen als solches, sondern allein der in ihm „gestapelte Goodwill"[29], der seinerseits Teil des geschützten eingerichteten und ausgeübten Gewerbebetriebs sei, sei das wahre Schutzgut. Auch dies ist nur eine scheinbare Erklärung; die entscheidende Frage, warum dieser Goodwill zu schützen sei, warum er nur bei Marken von überragender Kennzeichnungskraft zum Immaterialgüterrecht aufsteige, während der in minder bekannten Marken verkörperte Werbewert nicht Bestandteil des nach § 823 Abs. 1 BGB geschützten Unternehmens wird, beantwortet *Elsaesser* (ebenso wie der BGH) nicht. An Unterschieden im Wert des Zeichens kann es nicht liegen. Denn auch das Zeichen eines Spezialartikels, welches sich in seinem — u. U. sehr engen — Abnehmerkreis zu einem festen Begriff entwickelt hat, will *Elsaesser* in den Sonderschutz einbeziehen[30]. Auch wenn man mit dem Bundesgerichtshof den absoluten Bekanntheitsgrad bei der Gesamtbevölkerung als Kriterium einsetzt, kann die Differenzierung anhand des Wertes nicht überzeugen. Da die Rechtsprechung die „Gütevorstellung" nie ernsthaft untersucht hat[31], setzt sie zu Unrecht Bekanntheit und Beliebtheit gleich[32]. Allein die Zahl der Anhänger kann aber sinnvollerweise den Wert bestimmen. Auch eine gegenüber normalen Zeichen erhöhte Verletzlichkeit läßt sich mit dem Hinweis auf „Whipp" widerlegen. Diese Unstimmigkeiten könnten allerdings möglicherweise durch eine Neudefinition der Berühmtheit gelöst werden, wenn Werte tatsächlich nur aus der Tatsache ihrer Werthaftig-

[28] S. 113 ff.; vgl. auch *Becher*, NJW 1951, 541.

[29] a.a.O., S. 115.

[30] a.a.O., S. 145.

[31] s. o. 2. Kap. II. 1. d).

[32] Gegen die Fixierung auf Aufmerksamkeits- und Bekanntheitswerte in der Werbung, die in der älteren Werbelehre bestand, richtet sich die einhellige Meinung im modernen werbepsychologischen Schrifttum (s. *Brückner*, S. 27 ff.; *Johannsen*, S. 102; *Jacobi*, S. 52; *v. Rosenstiel*, S. 137).

keit oder aus ihrer Zugehörigkeit zu einem Unternehmen heraus nach anerkannten rechtlichen Prinzipien Schutz verlangen könnten. Ein solcher Wertschutz aber ist bisher dem deutschen Recht fremd.

d) Wenn die vorgetragenen Lösungsversuche auch in sich unschlüssig sind, wenn sie auch die festen rechtlichen Kriterien, die sie festzustellen vorgeben, nicht liefern, so geben sie doch Aufschluß über das Vorstellungsbild, das Rechtsprechung und ein Teil der Literatur von der richtigen Ordnung des Wirtschaftslebens, über die Bewertung der Werbung und das Verhältnis der Wirtschaft zum Staat besitzen.

Ausgangspunkt und Mittelpunkt aller Überlegungen ist das wirtschaftende Individuum. Ihm steht es frei, sich unter Einsatz seiner persönlichen und materiellen Leistungsfähigkeit im Kampf mit den Konkurrenten frei zu entfalten und dem Publikum die Früchte seines Schaffens zum Kauf anzudienen. Erringt der Unternehmer dabei, ohne sich unlauterer Mittel zu bedienen, kraft der Qualität seiner Leistung Erfolg beim Publikum und erwirbt er für sich und seine Waren einen guten Ruf, so ist ihm der darin liegende wirtschaftliche Wert, soweit er auch reichen mag, kraft Legitimation durch den Markt zugeordnet. Die Werbung für Unternehmen und Produkt ist ein Teil des Angebots, integraler Bestandteil des wirtschaftlichen Prozesses, der Abnehmer und Unternehmer verbindet, also in sich selbst eine positive wirtschaftliche Leistung[33]. Mithin sind auch die positiven Assoziationen, die die Konsumenten dem Zeichen entgegenbringen, dem Zeicheninhaber zuzuordnen. Erst wenn ein Dritter in den natürlichen Zuordnungsprozeß einzugreifen droht, muß das Recht auf den Plan treten, um die Misappropriation der kraft Leistung errungenen Position im Herzen der Verbraucher zu verhindern. Der Staat kann nicht dulden, daß geschaffene Werte vernichtet werden, da damit die Triebfeder allen Wirtschaftens beseitigt würde. Ob man dies farbig und drastisch ausdrückt wie *Rosenthal*, der 1918 befürchtete, dem Unternehmensgeist werde die Schwungkraft gebrochen, der tüchtige, arbeitende und investierende Gewerbetreibende werde förmlich bestraft, verhindere man nicht die Zweitbenutzung[34], oder ob man nüchterner, wie der Bundesgerichtshof im Jahre 1965, feststellt, der leitende Gedanke des Sonderschutzes sei vielmehr, „daß niemand die Gefahr zugemutet werden kann, in Zukunft unter Umständen von dem Verhalten des anderen Teils in Mitleidenschaft gezogen zu werden“[35], ist eine Frage des Stils. Die grundlegenden Wertungen sind seit den Zeiten *Kohlers* und *Rosenthals* in frappierendem Maße konstant geblieben.

---

[33] Vgl. dazu z. B. *Ulmer*, Warenzeichen, S. 28.

[34] GRuR 1918, 108.

[35] BGH GRuR 1966, 624 — „Kupferberg“.

Wären die Bewertungen richtig, so müßten zwar noch einige Unstimmigkeiten beseitigt werden; im Grundsatz wäre der von der Rechtsprechung gewährte Sonderschutz in der Tat zu begrüßen; zu bedauern wäre allenfalls der restriktive Kurs, den der Bundesgerichtshof in der Nachkriegszeit eingeschlagen hat.

III. Versuch einer Bewertung

1. *Zur ideologischen Grundlage der h. M.*

Das Denkmodell, welches teils offen, teils verdeckt, die Wertungen der h. L. und der Rechtsprechung bestimmt, kann heute nicht mehr als Begründung für eine Zuweisung individueller rechtlicher Herrschaftsbereiche dienen.

Solange das emanzipierte Bürgertum des 19. Jahrhunderts gegen den politischen Staat um die Erhaltung seiner neu errungenen Rechte zu kämpfen hatte, mußten subjektive Rechte als Instrument zur Sicherung der individuellen Freiheit erscheinen. Bürgerliches Recht bedeutete „die Herrschaft des Gesetzes und der Richtermacht, ... öffentliches Recht dagegen das Ermessen, ja die Willkür einer ungezügelten Exekutive“[36]. Es ging nicht um die Privilegierung einzelner Privater und ihre Beleihung mit Machtpositionen. Die angestrebte Ordnung war vielmehr gerecht und notwendig: gerecht, indem sie tendenziell jedem Bürger, je nach Tüchtigkeit und Glück, Chancengleichheit bei der Teilhabe am wirtschaftlichen Erfolg garantierte; notwendig, da der zu optimaler Güterallokation führende, durch die Summe der rationalen Einzelentscheidungen der Bürger harmonisch gelenkte naturhafte Prozeß des Wettbewerbs durch unvorhersehbare Staatseingriffe funktionsunfähig würde. Machtbildungen waren ausgeschlossen; bei einem freien Wettbewerb zwischen einer Vielzahl etwa gleich starker Kleinwarenproduzenten sorgte allein der Marktmechanismus für unabhängige Preisbildung[37].

Falls dieses Modell überhaupt jemals der politisch-gesellschaftlichen Wirklichkeit entsprochen haben sollte[38], so sind jedenfalls heute seine Grundlagen entfallen. Der liberale Harmonieoptimismus konnte seine Versprechungen, gesamtwirtschaftliches Gleichgewicht zu garantieren und jedem Warenbesitzer — auch dem, der allein auf die „Ware“ seiner Arbeitskraft angewiesen war — Chancengleichheit zu gewähren, offensichtlich nicht einlösen. Die Grenzen zwischen Staat und Gesellschaft,

---

[36] *Zacher,* in: Festschr. f. Böhm, S. 108.

[37] s. hierzu und zum Folgenden *Habermas,* S. 101 ff., 264 ff.

[38] Vgl. *Ehmke,* S. 54.

Wirtschaft und Staat haben sich verflüssigt. Angesichts der massiven — zum Teil sogar gesetzlich verankerten[39] — Mitwirkung wirtschaftlicher Interessengruppen[40] an der „staatlichen" Normsetzung und Planung, der „privaten" Verbänden überlassenen Tarifhoheit auf der einen und der wirtschaftslenkenden Maßnahmen von Regierung, Parlament und Behörden[41] auf der anderen Seite, läßt sich staatliches Eingreifen in Wirtschaftsprozesse auch nicht mehr als bloße Krisenregulierung verstehen, die nur im Interesse des wirtschaftenden privaten Individuums systemwidrige Störungen zu kompensieren sucht. Wie „die Wirtschaft" den Staat in Dienst gestellt hat, hat „der Staat" die Wirtschaft in Dienst genommen. Wie die Grenzen von Privatem und Öffentlichem sind diejenigen zwischen Privatrecht und Öffentlichem Recht zunehmend fragwürdig geworden. Überordnung und Gleichordnung bieten keine überzeugenden Abgrenzungskriterien mehr in einer Welt, in der der Verbraucher sich beim Einkauf ihm ungünstigen Vertragsbedingungen unterwerfen muß, wenn er überhaupt kontrahieren möchte, und andererseits Großunternehmen mit Rücksicht auf ihre Wirtschaftskraft mit Kommunen günstige Grundstückspreise, Gebühren- und gar Steuersätze aushandeln können[42]. Das wichtigste Ergebnis des Wandels für uns ist, daß sich damit auch die Bedeutung des absoluten Rechts für den Einzelnen gewandelt hat. Für die breite Masse der lohnabhängigen Arbeitnehmer gewähren nicht das Eigentum am produktiven Kapital und die Privatautonomie Freiheit, Entfaltung und Menschenwürde[43]; Macht, sofern sie den Arbeitnehmer bedrohte, war in aller Regel nicht jene des Staates sondern die des Unternehmers, ein Zustand, der, soweit er nicht durch die Gegenmacht der Gewerkschaften kompensiert werden konnte, der Korrektur durch intensive staatliche Schutzgesetze bedurfte; es dürfte auch kein Zufall sein, daß es das Bundesarbeitsgericht war, welches sich als bisher einziges Bundesgericht uneingeschränkt zur Drittwirkungslehre bekannte[44]; die existenzielle Sicherung der Mehrheit unseres Volkes, diese Grundvoraussetzung für jegliche Freiheit und Entfaltung, bedurfte staatlicher Veranstaltungen: z. B. der Sozialversicherungen, um in Krankheit, Arbeitslosigkeit und Alter zu helfen[45], einer staatlichen Woh-

---

[39] s. etwa § 3 Stabilitätsgesetz.

[40] s. dazu insbes. *Offe*, in: Politikwissenschaft, S. 135 ff.

[41] Hierzu gehören nicht nur das Instrumentarium, welches das Stabilitätsgesetz bereitstellt (s. Materialien zur Lage der Nation, S. 134 f.) und die Geldpolitik; weite Teile der Gesamtwirtschaft, wie z. B. die Verkehrs-, Energie- und Landwirtschaft sind weitgehend aus der Marktwirtschaft ausgegliedert; Subventionen sind zum politischen Planungsinstrument geworden.

[42] Das Beispiel wurde in Anlehnung an *Kübler*, Rechtsfähigkeit, S. 5 gebildet.

[43] *Wiethölter*, in: Festschr. f. Böhm, S. 46.

[44] Grundlegend BAG 1, 258 (zu Art. 3 GG); 1, 185 (zu Art. 5 GG); seither st. Rspr.

[45] Daß die Bismarckschen Sozialgesetzebungen wohl überwiegend nicht auf sozial-, sondern auf militärpolitischen Motivationen beruhten und zugleich

nungsbausubventionierung und eines sozialen Mietrechts, um der Familie ein gewisses Maß an Sicherheit in gemieteten vier Wänden zu gewährleisten.

Diese Entwicklung ist oftmals ausführlich dargestellt worden[46]. Die wenigen, unzulässig verkürzenden Stichworte mögen daher genügen um darzulegen, daß die Gleichsetzung von subjektiven Privatrechtspositionen wirtschaftender Privatunternehmer mit der Garantie der menschlichen Freiheit ihre Berechtigung verloren hat.

Es geht hier nicht darum, etwa den Begriff des subjektiven Rechts neu zu definieren oder die verfassungsmäßige Garantie des Eigentums — auch dessen an Produktionsmitteln — leugnen zu wollen. Wir müssen uns nur bewußt werden, daß die Fixierung des Privatrechts auf individuelle, angeblich herrschaftsneutrale und freiheitsgewährende apolitische Freiräume den Blick auf einen Teil der gesellschaftlichen Realität versperrt[47]. Die Rechte auf körperliche Integrität, auf Gesundheit, auf freie Religionsausübung und das Elternrecht haben seit der Verfassung des liberalen Gesellschaftsmodells nichts an ihrer Bedeutung verloren; im engsten Privatbereich des Menschen kann und muß sich das Recht darauf beschränken, individuelle Rechtssphären auszugrenzen und zu schützen und im übrigen auf die Selbstverantwortung des Privatmanns zu vertrauen[48]. Im Bereich der Wirtschaft dagegen gibt es nach heutigem Erkenntnisstand keine autonomen Sphären, deren Beherrschung gesellschaftlich neutral sein könnte. Die Ausübung individuellen Rechts bedeutet hier immer gleichzeitig eine Beeinflussung der Position eines anderen Individuums oder einer Gruppe anderer Einzelner. Die anscheinend naturgegebene positive Wertigkeit der Zuordnung aller subjektiv günstigen Auswirkungen unternehmerischer Tätigkeit, von der die h. M. ausgeht, kann, da sich die der Wertung zugrundegelegten Prämissen als falsch erwiesen haben, einen Sonderschutz berühmter Kennzeichen nicht rechtfertigen.

2. *Eigene Wertungsgrundlage*

Wirtschaftsrecht ist politisches Recht. Da weder das WZG noch das UWG noch § 823 BGB — Recht am Gewerbebetrieb — eine verbindliche Vorentscheidung für oder gegen einen Sonderschutz berühmter Kennzeichen getroffen haben, bedarf es eines bewußt wertenden, volitiven

---

die aufkommende politische Arbeiterbewegung hemmen sollten, ändert, wie ein Blick auf die uns umgebenden Industrieländer zeigt, nichts an der Gültigkeit der Aussage.

[46] Grundlegend *Habermas*, S. 101 ff., 264 ff. Aus dem juristischen Bereich s. insbes. *Ehmke*, S. 7 ff.; *Kübler*, Wirtschaftsordnung, S. 4 ff.; *Raiser*, Grundgesetz, S. 35 ff.; *Wiethölter*, in: Festschr. f. Böhm, S. 41 ff. und neuestens *Walz*, S. 215 ff.; s. ferner *Bullinger*, S. 75 ff.; *Kübler*, Rechtsfähigkeit, S. 5 f.

[47] *Raiser*, in: summum ius summa iniuria, S. 146 f.

[48] *Wiethölter*, KJ 1970, 127.

Aktes der Rechtssetzung, wenn man analog § 12 BGB oder gemäß § 823 Abs. 1 BGB einen solchen Schutz einräumen will. Damit wird auch deutlich, daß eine Entscheidung nur aufgrund einer rechtspolitischen Wertung getroffen werden kann.

Diese Ortsbestimmung bedeutet aber nicht, daß wir uns unmittelbar in Bereiche freier, nicht nachprüfbarer politischer Präferenzen flüchten könnten. Es gilt vielmehr zunächst, das durch die Fixierung auf die Privatheit subjektiver Rechte verlorengegangene Gefühl dafür zurückzugewinnen, daß das Recht mit der Einräumung privater Herrschaftssphären gleichzeitig die durch die Ausübung dieser privaten Rechtsmacht beeinflußten sozialen Bereiche geprägt hat[49, 50]. So fremd diese Erkenntnis auch klingen mag, so altbekannt ist sie gerade in unserem Teilbereich des Wirtschaftsrechts. Im Immaterialgüterrecht wurden — trotz der naturrechtlichen Verbrämungen — absolute Rechte nicht an sich und für sich eingeräumt. Sie wurden dem Privatmann in der Hoffnung zugewiesen, ihre Gewährleistung führe zur Optimierung nicht nur des privaten, sondern auch des allgemeinen Nutzens. Erinnern wir uns: die Eingliederung des Warenzeichenrechts in das Privatrecht war nicht eine vorgegebene Tatsache; erst der liberale Harmonieoptimismus konnte die öffentlich-rechtliche Konstruktion des Zeichenrechts verdrängen[51].

Wenn wir uns der Frage zuwenden, ob es einen vernünftigen, von der Rechtsordnung gebilligten oder gar angestrebten Zweck gebe, die rechtliche Herrschaft über die mit berühmten Kennzeichen verbundenen Assoziationen einem privaten Unternehmen zuzuordnen, aus welchem Grund das Instrument des Verwässerungsschutzes möglicherweise eingesetzt werden solle, so befinden wir uns also auf traditionell durchaus gesichertem Grund. Soweit sich in der Rechtsordnung, insbesondere im Grundgesetz, bestimmte Wertentscheidungen[52] niedergeschlagen haben,

---

[49] s. *Raiser*, a.a.O.

[50] Diese Fixierung auf Individualpositionen dürfte es auch sein, die über Jahrzehnte das Vordringen von Allgemeininteressen in das UWG und das WZG (dazu *Schricker*, GRuR 1967, 634) verhinderte. Sie erklärt auch den Befund *Möllers* (S. 34) über die rechtliche Behandlung der Werbung im Zivilrecht:

„Als ‚wesentliche Belange des Verbrauchers', die ihm schaden könnten, werden nur der Ware ... direkt anhängende Mängel bezeichnet. Sowohl die Werbenden als auch die Verbraucherverbände unterstellen hier dem Konsumenten volle Souveränität bei seinen Marktentscheidungen. Nachteilige Beeinflussungsmöglichkeiten durch Werbung, die außerhalb der direkten Wareneigenschaften liegen, und daraus möglicherweise entstehende soziale Konfliktfälle sind nicht im Bewußtsein, ihre rechtliche Regelung wird gar nicht erst erwogen."

[51] s. o. 1. Kap. I. 1., 3.

[52] *Gebote* des Grundgesetzes, einen Schutz des berühmten Kennzeichens zu gewährleisten, lassen sich offensichtlich nicht finden: Zwar können Kennzeichen nur dann zu einem — wie auch immer definierten — Grad der Berühmtheit aufsteigen, wenn für sie ständig mit großem Kapitaleinsatz intensiv geworben wird; das Verhältnis von „Werbung und Verfassung" bildete auch

sind wir an sie gebunden. Erst wenn sich solche rechtlichen Anknüpfungspunkte nicht aufzeigen ließen, bliebe nur noch die eigene politische Anschauung, das eigene „Vorverständnis“[53], um das Ergebnis zu legitimieren. Sollte es notwendig werden, hierauf zurückzugreifen, verlören wir zwar den Schein der Unangreifbarkeit, des Gesicherten, relativierten die „Richtigkeit“ des gefundenen Ergebnisses und setzten uns von vornherein den Angriffen des anders Wertenden aus. Der Gewinn erscheint aber größer: erst die Offenlegung der Wertungsgesichtspunkte gewährleistet eine rationale Auseinandersetzung und ermöglicht so eine Konsensbildung.

Um die für unseren Problemkreis relevanten Wertungen der Rechtsordnung überhaupt erkennen zu können und um eine feste Grundlage für eine rechtspolitische Entscheidung zu gewinnen, müssen wir den gesellschaftlichen Auswirkungen des Instrumentes „Verwässerungsschutz“ nachgehen und versuchen, Indikationen und Kontraindikationen herauszuarbeiten. Hierzu wollen wir uns der im gewerblichen Rechtsschutz üblichen Methode bedienen, die beteiligten „Interessen“ einander gegenüberzustellen.

3. *Die Interessen*

a) Daß für das Unternehmen ein Zeichen, welches sich am Markt durchgesetzt hat, einen bedeutenden Aktivposten darstellt, kann kaum bezweifelt werden. Das vielzitierte Beispiel „Sunkist“ — $ 1 250 000 waren für die Alleinbenutzung dieser Marke geboten[54] — stellt dies plastisch dar. Auch die Steuergesetzgebung und die Steuerbehörden haben den wirtschaftlichen Wert nicht nur der berühmten Zeichen erkannt[55]. Daß schließlich auch bei sogenannten Abgrenzungsvereinbarungen gelegentlich vom schwächeren Partner geldliche oder sonstige Gegenleistungen für die Zusicherung des Nichtangriffs erbracht werden, ist auch kein Geheimnis.

---

vor einigen Jahren den Gegenstand einer heftigen Kontroverse (s. *Jürgens*, VerwArch. 53, 105; gegen diesen *Lerche*, passim; gegen *Lerche* wiederum *Faber* mit überzeugenden Argumenten); diese jedoch befaßte sich mit dem Problem, ob sich aus dem Grundgesetz ein Schutz des Publikums vor gewissen Werbemethoden ableiten lasse. Selbst wenn man mit *Lerche*, die Freiheit zu werben, in Art. 12, 14, 2 Abs. 1 und 5 GG abgesichert sieht, ließe sich hieraus kein Gebot an Gesetzgeber oder Richter entnehmen, das überragend bekannte Zeichen vor einer Verwässerungsgefahr zu bewahren.

Daß die Anerkennung des „Rechts am eingerichteten und ausgeübten Gewerbebetrieb“ im Rahmen des Art. 14 GG das Privatrecht nicht der Aufgabe enthebt, autonom dessen Anerkennung und Anwendungsbereich im Deliktsrecht zu prüfen, hat *Raiser* (Grundgesetz, S. B 26 f.) überzeugend dargelegt.

[53] Im Sinne *Essers*.

[54] *Lunsford*, 41 T.M.R. 935.

[55] Zur steuerlichen Behandlung s. z. B. nur —, BB 1971, 1644 und aus der amerikanischen Praxis etwa *Kragen/Pearce*, 44 Calif. L. Rev. 511 (1956).

Wenn, was wir für dieses Kapitel unterstellt haben[56], dieser erhebliche Wert durch Doppelverwendung geschmälert wird, ist das Interesse des Unternehmers am Sonderschutz offenkundig.

b) Der potentielle Zweitbenutzer erleidet durch einen Sonderschutz eine Einschränkung der ihm vom WZG und von firmenrechtlichen Vorschriften gewährten Freiheit der Zeichenwahl. Sie läßt sich angesichts der Verstopfung der Warenzeichenrolle auch nicht, wie es früher üblich war[57], mit dem Hinweis auf die praktisch unbegrenzte Auswahl an Kennzeichen bagatellisieren. Gerade die Knappheit an möglichen Kennzeichen war es, die den Gesetzgeber veranlaßte, im „Vorabgesetz" den Benutzungszwang für Warenzeichen einzuführen, um durch die Einschränkung der überhand nehmenden Vorratszeichen wenigstens eine gewisse Wahlmöglichkeit wiederherzustellen. Auch der Schutz berühmter Marken innerhalb des patentamtlichen Eintragungsverfahrens wurde auf den Bereich der Täuschung, also der erweiterten Verwechslungsgefahr begrenzt[58]. Vergegenwärtigt man sich noch dazu, daß die Berühmtheit letztlich nur mit kostspieligen demoskopischen Untersuchungen zu ermitteln ist[59], so wird deutlich, daß der potentielle Zweitbenutzer nicht nur von der Verwendung einiger weniger wahrhaft berühmter Zeichen abgeschreckt wird, sondern auch, um kein unnötiges Kostenrisiko einzugehen, diejenigen Zeichen meiden muß, die möglicherweise berühmt sein könnten. Angesichts der Unbeständigkeit der Rechtsprechung hinsichtlich der Voraussetzungen der Berühmtheit und des Sonderschutzes allgemein, erhöht sich dieser Abschreckungsfaktor noch beträchtlich.

Die Interessen potentieller Zweitbenutzer an der ihnen auch nach h. M. grundsätzlich zustehenden freien Zeichenwahl sprechen gegen einen Sonderschutz.

c) Für den Verbraucher bietet das Zeichen zwar keine rechtliche, immerhin aber in der Regel eine tatsächliche Gewähr, ein als positiv empfundenes Konsumerlebnis wiederholen zu können. Ob Marke oder Firma aber berühmt sind, ist für ihn insoweit belanglos. Nur seine persönliche Kenntnis ist relevant. Überträgt er unbewußt die Gütevorstellungen, die er vom berühmten Produkt, der berühmten Firma erworben hat, auf Waren eines Zweitbenutzers[60] und entsprechen diese seinen Erwar-

[56] Obwohl die Erkenntnisse der Werbepsychologie dagegensprechen.

[57] s. aber noch *Schluep*, S. 375; dagegen zu Recht *Keinath*, AcP 166, 379 f.

[58] Nähere Nachweise bei *Miosga*, MA 1972, 305 und *ders.*, Benutzungszwang, S. 55 f.

[59] *Schwenzner*, (—, GRuR 1965, 662) schlägt sogar laufende Erhebungen vor, da rückwirkende Feststellungen (vgl. „Magirus", o. 1. Kap. III. 1. a) erforderlich werden können.

[60] Immer nach der herrschenden juristischen Lehre.

tungen, so ist ihm kein Tort angetan. Für den Inhaber des Erstzeichens ergäbe sich sogar ein Vorteil: Die positive Einstellung des Verbrauchers wird durch die neue, angenehme Begegnung mit dem Zeichen verstärkt; die Wirkungen der beiderseitigen Werbemaßnahmen müßten sich zudem summieren.

Ein Schaden für den Verbraucher ist allerdings denkbar, wenn das Zweitzeichen seine „Gütevorstellungen" enttäuscht. Diese Gefahr beschränkt sich aber wiederum nicht auf berühmte Marken oder Firmen. Für den einzelnen Abnehmer kann eine weithin unbekannte Marke aufgrund persönlicher Erfahrung gleichermaßen zum „Zauberwort" geworden sein wie ein allbekanntes Zeichen. Kauft er, unbewußt durch die Wertschätzung für „Fürstenberg"-Porzellan beeinflußt, „Fürstenberg"-Bier[61], welches ihm jedoch wässrig und fade schmeckt, so ist der Nachteil derselbe, wie wenn er ihn enttäuschende „4711"-Limonade erworben hätte. Vom Verbraucherstandpunkt ist insoweit eine Differenzierung nach Bekanntheitsgraden nicht schlüssig.

Um die Auswirkungen der von der h. M. angenommenen Rückkoppelung negativer Erfahrungen mit dem Zweitprodukt auf die Waren des Erstinhabers für Verbraucher und Gesamtwirtschaft beurteilen zu können, müssen wir wieder die Wirklichkeit der überragenden Zeichen näher betrachten.

Berühmte Marken, soweit sie in Deutschland diesen Rang in Anspruch nahmen oder in der Literatur als Beispiele genannt wurden, finden sich nahezu ausnahmslos auf den oligopolistischen Märkten der Konsumgüterindustrie; sie bezeichnen Waschmittel[62], Zigaretten[63], Getränke[64], Treibstoffe[65], Kosmetikartikel[66] und Kraftfahrzeuge[67]. Charakteristikum dieser Märkte ist das Fehlen nahezu jeden Preiswettbewerbs[68]. Da die

[61] Beide Zeichen dürften klar unterhalb der Berühmtheitsgrenze, wo immer man sie ziehen mag, liegen.

[62] Persil, Perwoll.

[63] Peter Stuyvesant, HB.

[64] Coca-Cola, Asbach-Uralt, Scharlachberg Meisterbrand, Kupferberg.

[65] Aral, Esso.

[66] Odol, 4711, Tosca, Nivea.

[67] Opel, Mercedes.

[68] Man mag einwenden, daß gerade Waschmittel auf dem Preissektor stark variieren. Die Vielzahl der Packungsgrößen, die unterschiedlichen Gebrauchsmengen, die von der Werbung geschaffenen Produktdifferenzierungen (sei es der Wunderfaktor X-Y, sei es die „Aprilfrische", die ein Produkt aus der Menge der Waschmittel hervorheben) lassen einen — ökonomisch allein sinnvollen — Vergleich zwischen verschiedenen Waren nach dem Verhältnis von Gebrauchsnutzen zum Preis für den Durchschnittsverbraucher nicht mehr zu. Kurzfristige Aktionen — „Glückspreise", „Treueprämie" und „Doppeltsparen" — dienen allein als Aufhänger für Werbeaktionen; der Preisvorteil der — vorübergehend — gewährt wird, besteht nur in der Verminderung gegenüber dem eigenen Preis, nicht, was allein dem klassischen Begriff des Preiswett-

Produkte entweder aufgrund des im wesentlichen identischen know-how der Hersteller homogen oder aber angesichts ihrer technischen Kompliziertheit für den Verbraucher nicht durchschaubar sind, herrscht auch nur ein begrenzter Qualitätswettbewerb.

Um Mißverständnisse zu vermeiden, soll ausdrücklich darauf hingewiesen werden, daß damit kein moralischer Vorwurf gegen die Unternehmer im Oligopol erhoben werden soll. Sicherlich liegt die Vermutung nahe, daß es alle Beteiligten danach drängt, ausdrücklich oder konkludent Preiswettbewerb auszuschalten[69]. Aber auch wenn man unterstellt, solche — nach §§ 1, 38 GWB ordnungswidrigen — Absprachen unterblieben, handelt ein Unternehmen nur dann wirtschaftlich vernünftig, d. h. profitmaximierend, wenn es seine Wettbewerbshandlungen auf andere Bereiche als Preis und Qualität verlegt. Senkte Aral seinen Benzinpreis um einen Pfennig pro Liter — dies dürfte wohl der Mindestbetrag sein, der Verbraucher von ihrer gewohnten Tankstelle an der Ecke fortlocken könnte — so wüßten Esso, Shell und BP dies innerhalb weniger Stunden und würden, wie die Erfahrung der letzten zehn Jahre des öfteren deutlich gezeigt hat, am nächsten Tage gleichfalls ihre Preise um einen identischen Betrag senken[70]. Der zusätzliche Gewinn, der Aral während des einen Tages zugeflossen wäre, könnte die Gewinnminderung, die Aral, wie alle Konkurrenten, durch den Verlust von einem Pfennig pro Liter auf nur Monatsdauer hinnehmen müßte, nicht annähernd wettmachen[71]. Während Preiswettbewerb sinnlos erscheinen muß, bietet sich Werbungswettbewerb geradezu an. Eine neue Werbekampagne besitzt das Potential zur Erhöhung des Marktanteils über einen Zeitraum, der lange genug andauert, um gewinnbringend zu sein. Ein bedeutender Unterschied zwischen Preiswettbewerb und Werbungswettbewerb besteht in der Reaktionszeit des Konkurrenten: Überrascht Oligopolist X seinen Konkurrenten Y mit einem neuen Werbungswettbewerb besteht in der Reaktionszeit des Konkurrenten: Die Erstellung einer neuen Strategie erfordert ihre Zeit; die Medien, insbesondere das immer wichtigere Fernsehen, stellen nicht von heute auf morgen Raum für Abwehrwerbung zur Verfügung. Zudem muß

---

bewerbs entspricht, dem allgemeinen Marktpreis. Auch die regelmäßig aufflackernden Benzinpreiskämpfe bieten keinen Beweis für die Existenz eines Preiswettbewerbs im Oligopol. Hier wird gemeinsam von dem Oligopolisten durch Verdrängungswettbewerb versucht, die Ausweitung des Oligopols zum örtlichen Polypol durch „freie“ Händler zu vermeiden, den eigenen Kundenstamm zu binden. Die Feststellung, im Oligopol fehle es am Preiswettbewerb, bleibt zutreffend.

[69] *Bain*, S. 311 m. w. Nachw.

[70] Dieselbe Abhängigkeit hat sich bei Preiserhöhungen auf diesem Sektor gezeigt.

[71] Ein vergleichbares Beispiel führt *Gieseler*, S. 188, Fn. 19, an.

[72] Zu Ausnahmen s. z. B. *Kotler*, S. 316.

Y besorgt sein, sein Geld vergeblich einzusetzen; die Frage, ob ein Werbefeldzug der Konkurrenz wirklich erfolgreich ist, läßt sich oft erst dann beantworten, wenn dieser Erfolg sich bereits sichtbar abgezeichnet hat.

Ziel einer vernünftig handelnden Unternehmensleitung kann es in diesen für den Verbraucher intransparenten Märkten daher nur sein, durch intensive Werbemaßnahmen ihrem Produkt psychischen Zusatznutzen zu verleihen, der es aus der Palette der im wesentlichen homogenen Konkurrenzwaren heraushebt, es für die Verbraucher schlechthin oder eine gewisse Zielgruppe unter ihnen einmalig und unvertretbar macht. Der ständig wiederholte Appell an die Werbungstreibenden, mehr zu informieren anstatt zu suggerieren, sachlich und wahrhaftig zu sein, muß bei Massenkonsumgütern ungehört verhallen[73]. Wenn sämtliche auf dem deutschen Markt vertriebenen Waschmittel dieselbe Qualität aufweisen[74], wenn Zigaretten überhaupt erst durch Form, Packung und Werbung ihren spezifischen Geschmack gewinnen[75], so bleibt praktisch kein Raum für sachliche Unterrichtung. Um seinen Marktanteil zu bewahren oder gar zu erhöhen, *muß* der Waschmittelhersteller „unsachlich" und „suggestiv" künstlich unverbrüchliche Kundentreue beschwören[76], der Hausfrau die Liebe und Achtung ihres Mannes garantieren[77] oder ihr bei Nichtverwendung Liebesentzug androhen[78]; Zigaretten müssen den „Duft der großen weiten Welt", Lebenshilfe, besondere Exklusivität oder Nonkonformismus[79], Getränke jugendlichen Schwung und Frohsinn bieten; ohne Tiger im Tank ist Esso eben nur Benzin, mit der gleichen Oktanzahl und den gleichen luftverschmutzenden Anteilen wie jedes andere.

Erst der geschaffene Zusatznutzen ermöglicht es dem Verbraucher mangels anderer für ihn durchschaubarer Eigenschaften, sich durch sein Kaufverhalten sozial zu identifizieren, sich gegenüber sich selbst

---

[73] Zu Recht weisen *Nieschlag/Dichtl/Hörschgen* (S. 300) darauf hin, daß man den Werbenden überfordert, verlangte man von ihm, „die Expertise eines Warentestinstituts ... zu ersetzen".

[74] Vgl. die Testergebnisse im DM-Jahrbuch '72, S. 286. Die Werbesprüche von OMO („Keiner wäscht reiner") oder „Dash" („so weiß — weißer geht's nicht") sind also durchaus sachlich richtig.

[75] s. o. 3. Kapitel Text nach Fn. 49.

[76] Vgl. etwa das Angebot, die doppelte Menge eines anderen Waschmittels gegen „Dash" einzutauschen.

[77] s. die „Ariel"-Funkwerbung, die stereotyp mit der Frage an einen Ehemann: „Was schätzen Sie besonders an Ihrer Frau?" beginnt.

[78] s. etwa das „schlechte Gewissen", welches die Hausfrau, die „Lenor" vergaß, quält.

[79] s. hierzu die Stuyvesant-Werbung, den „HB"-Slogan („Greife lieber zur HB, dann geht alles wie von selbst"), den „Atika"-Spruch („Es war schon immer etwas teurer, einen besonderen Geschmack zu haben") und die „Gauloise"-Anzeigen.

und der Umwelt zu definieren und zusätzliche — zum Teil erst durch die Werbung neu geschaffene — Bedürfnisse zu befriedigen, die mit dem Grundnutzen des Produkts in keinem Zusammenhang stehen. Der Unternehmer kann so ein — wie es gemeinhin, wenn auch etwas unglücklich, genannt wird — „Meinungsmonopol“[80] erringen.

Dieser Sachverhalt offenbart erneut den nicht zu überwindenden Widerspruch zwischen dem Marktmodell der h. M.[81] und der Realität. Nicht der umfassend informierte Verbraucher hat sich aufgrund rationalen Wägens und Erprobens der Grundnutzenqualitäten aus einer tendenziell unbegrenzten Auswahl von Waren für ein ihm angedientes Produkt eines bestimmten Herstellers entschieden; die Werbung hat ihm nicht Existenz und objektive Eigenschaften bekanntgemacht und damit zur Markttransparenz beigetragen; sie hat vielmehr erst das Produkt, wie es vom Verbraucher dem Markt entnommen wird, endgültig geformt und mitgeschaffen. Es waren auch nicht die besondere Tüchtigkeit des Unternehmers und die besondere Qualität seiner Ware, die zu der allumfassenden Bekanntheit des Kennzeichens führten; allein die allen konkurrierenden Unternehmen vorgegebene besondere Marktsituation auf diesen intransparenten oligopolistischen Konsumgütermärkten resultierte jeweils in einer besonderen Werbeanstrengung, deren Intensität durch die Bemühungen der Mitbewerber stetig eskaliert wurde und schließlich zu dem Bekanntheitsgrad führte, den die h. M. Berühmtheit nennt.

Rechtsprechung und Literatur haben in einem Teilbereich diesen Wandel erkannt und verarbeitet. Sie haben die liberale Prämisse aufgegeben, der Verbraucher erwerbe dasjenige Produkt, welches ihm ökonomisch zum größten Nutzen diene: Nicht die Güte der Ware sondern allein eine vage „Gütevorstellung“ des Konsumenten wurde zur Voraussetzung des Sonderschutzes. Sie übersehen jedoch dabei, daß mit der Aufgabe dieser Prämisse das gesamte Modell, welches den Werturteilen zugrunde liegt, brüchig wird. Wenn das individuelle Profitstreben des wirtschaftenden Unternehmers nicht mehr zum optimalen Nutzen aller führt, die Kaufentscheidung keinen unfehlbaren Indikator der Qualität

---

[80] Gegen diesen Begriff z. B. *Mellerowicz*, S. 103 ff. m. w. Nachw. Insbesondere wird immer wieder eingewandt, es sei unmöglich, den Verbraucher durch Werbung davon abzuhalten, ein besseres Produkt zu wählen. Die Tatsache der Kundentreue könne daher nur auf der hohen Qualität der Ware beruhen. Dies mag richtig sein auf Märkten, in denen Waren miteinander konkurrieren, die nach ihren vom Verbraucher erfaßbaren Grundnutzenqualitäten heterogen sind. Da in den von uns allein zu betrachtenden Konsumgüterbereichen die Grundnutzenqualitäten aber entweder gleich oder aber für den Verbraucher nicht erlebbar sind, läuft das Argument wenigstens hier ins Leere.

Zum ganzen Problemkreis s. insbes. die differenzierte Darstellung von *Papandreou*, 44 Calif. L. Rev. 503 ff. (1956).

[81] s. o. 4. Kap. II. 2. d)

— bzw. der optimalen Relation von Preis und Qualität — mehr darstellt, so kann auch kein Anlaß mehr bestehen, den ökonomisch unfundierten besonders guten Ruf durch Staatseingriff dem Privaten zur alleinigen Ausbeutung zuzuweisen. Der Ausspruch: „Wohl dem, der ein Meinungsmonopol durch Leistung erringen kann[82]!" bekommt einen zynischen Beiklang, wenn die gepriesene Leistung gegen ein Grundprinzip der Marktwirtschaft gerichtet ist.

Projiziert nun der Verbraucher, wie es die h. A. annimmt, negative Erfahrungen mit der Ware des Zweitbenutzers auf das Erstprodukt, wird z. B. die Exotik der „großen weiten Welt" zweifelhaft für ihn, die Zugehörigkeit zur „upper class" durch „Atika" nicht mehr gewährleistet, das Familienglück nicht mehr durch „Lenor" und „Ariel" gesichert, schenkt ihm „Vionell" nicht sexuelle Freiheit und Attraktivität sondern bedeutet dessen Verwendung eher eine Einschränkung natürlicher Sexualität[83], setzt er Zellstoff-Taschentücher nicht mehr automatisch mit „Tempo-Taschentüchern" gleich, so hat er dadurch keine Nachteile erlitten. Im Gegenteil, er hat sich die ihm von der Werbung aufgesetzte rosarote Brille von den Augen gerissen, eine schillernde Seifenblase zerplatzen lassen. Wenigstens in einem Teilbereich hat er sich der Rolle des homo oeconomicus[84] angenähert.

Gerade um dieses Ziel zu erreichen, die „Zauberworte" zu entzaubern, die durch Werbung geschaffene Einmaligkeit des berühmten Artikels, des berühmten Unternehmens in der Vorstellung des Verbrauchers einzureißen und dadurch das Preisbewußtsein des Konsumenten zu neuem Leben zu erwecken, sollte man — mit einem Teil der amerikanischen Lehre[85] — konsequent die „Verwässerung" besonders bekannter Zeichen als förderlich für den Verbraucher begrüßen, anstatt sie durch Richterspruch zu unterdrücken.

---

[82] So der damalige Wirtschaftsminister *Erhard*, MA 1954, 797; vgl. auch *dens.*, MA 1950, 83, 84, 88.

[83] Wenn man den Berichten der älteren schönen Literatur Glauben schenken darf, wirkte der Geruch des Körpers des geliebten Menschen nicht nur nicht abstoßend sondern geradezu erregend.

[84] Zur Realität der Konsumentensouveränität heute s. z. B. *Meyer-Dohm*, S. 62 ff. mit umfangreichem w. Nachw. und *Galbraith*, S. 238.

[85] Grundlegend war die Abhandlung von *Brown*, 57 Yale L. J. 1187 ff., 1194, 1204 (1948); vgl. ferner *Alexander*, 39 S. Cal. L. Rev. 1 ff. (1966); *Livermore*, 59 T.M.R. 30 ff. (1969). Nach den im vorigen Kapitel dargestellten Ergebnissen der Werbepsychologie erscheinen diese in die „Verwässerung" gesetzten Hoffnungen allerdings nicht gerechtfertigt. Selbst wenn man aber die Möglichkeit einer „Verwässerung" unterstellt, mag der Käufer sich darauf beschränken, statt Stuyvesant nun HB, statt Persil jetzt OMO zu erwerben und somit vom Regen in die Traufe zu geraten, anstatt sich zum kritischen Konsumenten zu emanzipieren. Geht man jedoch von den tatsächlichen Annahmen der h. L. aus, so sind die Folgerungen *Browns* (a.a.O.) nur konsequent.

d) Setzt man, wie das Marktmodell der h. M., ein System vollständiger Konkurrenz voraus[86], so muß das Urteil über das berühmte Kennzeichen noch negativer ausfallen. Der intensive Werbungswettbewerb, der auf den uns interessierenden Märkten zu beobachten ist, fügt den ohnehin schon bestehenden Eintrittsschranken für mögliche neue Mitbewerber[87] eine weitere hinzu[88]. Neue Produkte müssen durch ein hohes Werbebudget, welches in manchen Bereichen sogar die Aufwendungen für die Errichtung der Produktionsanlagen übersteigt[89], unterstützt werden, um überhaupt eine Chance zu haben, erfolgreich „gegen das Trommelfeuer der Intensivreklame für die ‚alten Markenartikel' anzukämpfen"[90]. Da das Resultat eines solchen Werbeeinsatzes ohnedies noch ungewiß ist, wird der Zugang zum Markt praktisch verschlossen.

Die positiven gesamtwirtschaftlichen Wirkungen der Konsumgüterwerbung, die stets ins Feld geführt werden, lassen sich dagegen in unserem Teilbereich gerade nicht nachweisen. Die — kaum zu bezweifelnde — förderliche Funktion der Werbung als Mittel zur Einführung und Bekanntmachung neuartiger Güter und somit für technischen Fortschritt und Wachstum[91] kann nicht zugunsten der längst etablierten „berühmten" Zeichen ins Gewicht fallen. Die konjunkturstabilisierende, konstanten Absatz garantierende und damit die Vollbeschäftigung sichernde, somit gesamtwirtschaftlich wertvolle Wirkung der Konsumgüterwerbung, die auch gerade *Galbraith*[92] hervorhebt, entspricht — wenigstens in der Bundesrepublik — nicht der wirtschaftlichen Wirklichkeit. Die Ausgaben für Werbung haben sich bisher stets genau der konjunkturellen Entwicklung angepaßt[93]; statt antizyklisch zu wirken, haben sie in Phasen der überhitzten Hochkonjunktur weiter den Verbrauch an-

---

[86] Oder strebt man, wie unsere Rechtsordnung im GWB, auch nur ein System der „workable competition" an.

[87] *Bain*, Barriers, S. 15 f.

[88] *Bain*, Barriers, S. 216; selbst *Nieschlag/Dichtl/Hörschgen* (S. 303), die durchgehend die positiven oder aber wenigstens neutralen Wirkungen der Werbung hervorheben, erkennen an: „Dabei handelt es sich ... um ein durchaus ernst zu nehmendes Argument, das aber nicht nur für die Werbung, sondern auch für andere Faktoren gilt."

[89] *Borden*, S. 555.

[90] *Sohmen*, S. 18.

[91] Wirtschaftliches Wachstum hat ohnedies seine absolute Spitzenposition unter den anzustrebenden gesamtwirtschaftlichen Zielen eingebüßt. Diese Einschätzung läßt sich nicht nur allgemein durch die pessimistisch stimmenden Ergebnisse der derzeit so populären — und umstrittenen — M.I.T.-Studie (*Meadows/Meadows/Randers/Behrens*) belegen, sondern durch den Hinweis auf § 1 Stabilitätsgesetz auch rechtlich absichern.

[92] S. 225 ff., 274.

[93] s. hierzu nur *Jonas*, ZV+ZV 1971, 826 f.; *Teckentrup*, ZV+ZV 1971, 854, 856; —, ZV+ZV 1971, 1050; *Beckmann*, ZV+ZV 1971, 964; *Rehnelt*, ZV+ZV 1971, 506 ff.

geheizt, bei Depressionen durch drastische Einschränkung der Werbung den Anreiz zum Konsum vermindert; die zyklischen Schwankungen wurden geradezu verstärkt.

Gesamtwirtschaftliche Interessen am ungestörten Bestand des berühmten Kennzeichens lassen sich nicht nachweisen. „Höchstempfindliche Auswirkungen auf den Wirtschaftsprozeß", die *Loewenheim*[94] „bei Schutzloslassung solcher Werte" befürchtet, aber nicht näher spezifiziert, sind nicht ersichtlich. Auch sind bisher aus solchen hochindustrialisierten Ländern wie der Schweiz und den USA, deren Gerichte keinen Verwässerungsschutz gewähren[95], derartige Folgen nicht vermeldet worden.

e) Eine andere Bewertung rechtfertigte sich nur, wenn man bereit wäre, radikal umzudenken und die Orientierung des Verbrauchers am Grundnutzen als Leitbild über Bord zu werfen. Wenn man die psychologische Produktdifferenzierung als Lebenshilfe ansähe, wären die Werbeanstrengungen der Konsumgüterindustrie in der Tat als im Verbraucherinteresse und zum allgemeinen Nutzen erbrachte Leistungen zu bewerten. Das Modell der h. M. gewönne dann — wenn auch mit drastisch verändertem Inhalt — plötzlich wieder an Plausibilität.

Brückner[96] z. B. meint, daß sich bei objektiv homogenen Produkten sachliche Informationen geradezu als nachteilig auswirke. Werde dem Konsumenten bewußt gemacht, daß etwa die — im Preis stark variierenden — Dosenmilchprodukte keine Unterschiede aufwiesen, so werde er in seiner Entfaltung beeinträchtigt: „Anstelle von fünf oder mehr ‚psychologisch' unterschiedenen (Image-)Marken, die gegenwärtig zur Befriedigung von Wünschen zur Verfügung stehen, träte ein Produkt, das ohne zwingenden oder ersichtlichen Grund von verschiedenen Herstellern nur auch verschieden abgepackt und etikettiert wird. Dem Grundsatz der ‚Wahrheit' wäre damit freilich energisch Rechnung getragen, aber durchaus auf Kosten des Konsumenten und des Produzenten[97]." Es könne kein Zweifel bestehen, daß die Masse der Verbraucher anderes von der Werbung erwarte als sachliche Information über Gebrauchsvorzüge. „Seitdem der Konsum für die überwiegende Mehrzahl der Bevölkerung die Partizipation an einer Gesellschaft regelt und ausmacht, deren Prinzip die Arbeit und deren Ziel die Erzeugung von Wohlstand sein mag (und nicht mehr die Partizipation an ‚der' Gesellschaft den Konsum regelt) und die Konsumgüter zu einem Mittel wurden, mit denen man die gegenseitigen Ranganspruche für alle erkennbar anmelden und abgrenzen konnte, fordert der Verbraucher Informationen über die Möglichkeit einer sozialen Differenzierung durch

[94] S. 256.
[95] Für die Schweiz s. BGE 87/II, 40; für die USA *Callmann*, WuW 1970, 419.
[96] S. 37.
[97] a.a.O.

den Kauf und die Verwendung besonderer Arten eines bereits allgemein verbreiteten Produkts"[98], eben gerade das, was die heutige Konsumgüterwerbung zur Verfügung stellt.

Diese Bemerkungen lassen sich nicht leichthin vom Tisch wischen. Von der Werbelehre wird uns versichert, daß angesichts der immer zunehmenden Entfremdung des Menschen von seiner Arbeitswelt als gesellschaftlich relevant empfundenes Verhalten sich zu einem großen Maße auf das Konsumerlebnis beschränkt, mag man in dieser Tatsache ein Armutszeugnis für unsere Gesellschaft sehen oder nicht. Muß es dann nicht geradezu grausam anmuten, dem Menschen diese Möglichkeit zur Selbstverwirklichung durch Desillusionierung zu rauben, ohne ihm einen anderen Lebensbereich anbieten zu können? Wer dürfte sich zum Hüter allgemein verbindlicher Wertmaßstäbe aufschwingen, anhand derer sich Bedürfnisse als „echt" oder „falsch" klassifizieren ließen[99]? Wollen wir nicht gerade manipuliert werden, um „die Möglichkeiten differenzierten Verhaltens und der Identifikation mit Leitbildern"[100] zu erlangen?

Selbst wenn die vorstehende tatsächliche Beschreibung richtig ist[101], so zeigt sie doch nur einen Teilbereich der Wirkungen der Werbung. Durch die Konzentration des Interesses auf einen bestimmten Markt wird übersehen, daß auf anderen Märkten der Konsument den gleichen Spannungen ausgesetzt ist. Mag die Werbung von Glücksklee, Bärenmarke und anderen Dosenmilchprodukten auch für den Verbraucher konfliktmindernd wirken, so schafft sie doch zugleich neue Konfliktsituationen. Nur wenn man die Tatsache, daß der gewöhnliche Haushalt auch in unserer sogenannten Überflußgesellschaft über begrenzte Geldmittel verfügt, bewußt ignoriert, könnte die psychologische Differenzierung die ihr zugeschriebenen positiven Wirkungen auf die Verbraucherpsyche entfalten. In der Realität aber muß der mit dem Erwerb der teuren „Qualitätsmarke" in einem Warensektor gewonnene Zusatznutzen an Prestige, Glück und Erfolg mit Disharmonien und Frustrationen in anderen gleichermaßen psychologisch differenzierten Bereichen

[98] a.a.O., S. 35.

[99] s. aber *Marcuse*, S. 25, der Bedürfnisse als „falsch" bezeichnet, „die dem Individuum durch partikulare geschäftliche Mächte, die an seiner Unterdrückung interessiert sind, auferlegt werden: diejenigen Bedürfnisse, die harte Arbeit, Aggressivität, Elend und Ungerechtigkeit verewigen". Ähnlich *Haug*, S. 132 ff.

[100] *Nieschlag/Dichtl/Hörschgen*, S. 54.

[101] Wollte man sie zur Grundlage rechtlicher Wertungen machen, so wäre in der Tat das Mißtrauen gegen vergleichende Werbung, Warentests, öffentliche Kritik an gewerblichen Leistungen und auch gegen die Zweitbenutzung von Kennzeichen gerechtfertigt. Nicht um des beeinträchtigten Unternehmers willen sondern aus Gründen des „Verbraucherschutzes" müßten sie unterdrückt werden. Konsequent in dieser Richtung BGH GRuR 1966, 45 — „Markenbenzin"; vgl. aber auch LG Rottweil NJW 1960, 1063.

erkauft werden, da dort aus finanziellen Gründen entweder das „weniger gute“ Produkt genügen muß oder aber völliger Verzicht notwendig wird.

Auch das Bemühen, dem Verbraucher einen möglichst großen Freiraum zur Erfüllung seiner sozialen Ranganspruche und privaten Bedürfnisse in psychisch harmonischer Weise zu sichern, wird durch einen Verwässerungsschutz nicht gefördert.

e) Um die Rechtswirklichkeit der berühmten Marke voll erfassen zu können, müssen wir auch auf die gesamtgesellschaftlichen Wirkungen der Konsumgüterwerbung eingehen. Der objektive Zugang zu diesem Thema ist schwierig. Emotionen, aufgeschreckt durch Schlagworte von „geheimen Verführern“[102] und „verkauften Käufern“[103], mischen sich mit dem Unmut über Holzhammermethoden, mit denen uns die Konsumgüterwerbung in mit Gefühlen beladener Sprache[104] immer wieder Slogans eintrommelt, und widersprechen zugleich dem Gefühl, daß wir selbst wenigstens doch eigentlich frei und unbeeinflußt entscheiden. Es liegt nahe, sich allein schon aus dem Angstgefühl heraus, die eigene, selbst als so sicher empfundene Autonomie anderenfalls aufgeben zu müssen, in kulturkritische Positionen zu flüchten, die böse, manipulierende Werbung zu verdammen und ihr, deren Muster sich „längst bis in die Veranstaltungen der Konventikel“[105] durchgesetzt haben, dennoch unterworfen zu bleiben. Eine realistische Einschätzung der Einflüsse der Werbung auf unsere Gesellschaft wird auch nicht gerade erleichtert, wenn man einerseits erfährt, daß das Ziel der Werbung die „Harmonisierung des menschlichen Zusammenlebens in gesellschaftlicher, wirtschaftlicher und politischer Hinsicht“[105a] und der Markenartikel ein höchst segensreicher kulturprägender Faktor sei[106], und andererseits hören muß, Reklame diene geradezu als Instrument kapitalistischer Unterdrückung und menschlicher Versklavung[107].

Es gibt aber wenigstens einige Ergebnisse der Wirkungsforschung, die entweder als gesichert oder aber als so überwiegend wahrscheinlich

---

[102] *Packard.*

[103] *Menge.*

[104] Treffend bringt dies *Galbraith* (S. 235) mit der ihm eigenen satirischen Schärfe zum Ausdruck: „Sogar nebensächliche Eigenschaften unwichtiger Waren werden mit einer Ernsthaftigkeit herausgestrichen, die der Verkündung einer Wiederkehr des Herrn mitsamt allen seinen Jüngern wohl anstehen würde. Wichtigeren Eigenschaften, z. B. den Vorzügen noch weißerer Wäsche, wird natürlich entsprechend mehr Gewicht beigemessen.“ Zur Sprache der Anzeigenwerbung allgemein s. *Römer*, passim; zur emotionalen Befrachtung dort S. 226 ff.

[105] *Enzensberger*, S. 15.

[105a] So *Hundhausen*, S. 259.

[106] *Meier-Obrist*, MA 1951, 558.

[107] *Marcuse*, S. 25; *Haug*, S. 132 ff.

gelten müssen, daß sie einer wirklichkeitsnahen Beurteilung zugrunde gelegt werden können. Die allgemeine Erfahrung lehrt, daß nicht jeder Werbefeldzug erfolgreich ist. Der Konsument ist sicher nicht jeglichem Versuch werblicher Manipulation hilflos ausgesetzt, wie bisweilen befürchtet wird. Von vielen Hunderten an ihn adressierten Werbebotschaften, denen er täglich begegnet, nimmt er überhaupt nur einen Bruchteil wahr[108]. Konkurrenzwerbung mag durch Gegensuggestion einen Teil der Werbeanstrengungen des einzelnen Unternehmers neutralisieren. Zudem erreichen Werbeappelle den Empfänger häufig erst, nachdem sie durch gesellschaftliche Institutionen, insbesondere die Familie, gefiltert wurden[109]. Vergegenwärtigt man sich noch dazu, daß gerade die Wunschvorstellungen des Konsumenten erforscht werden, bevor eine Werbestrategie entwickelt wird[110], daß sich zudem Werbewirkungen überwiegend auf die Bedürfnisbildung und nicht auf den Akt der Bedürfniserfüllung erstrecken[111], so scheint die Immunität des Verbrauchers gegen Manipulation doch beträchtlich zu sein.

Wendet man sich jedoch der Wirkung aller Werbemaßnahmen auf unsere Gesellschaft zu, so ändert sich das Bild erheblich. Ziel jeder Wirtschaftswerbung ist die Erzielung eines höchstmöglichen Absatzes. Um es zu erreichen, nutzt die weite Überzahl[112] aller Unternehmen und ihrer Werbeagenturen die Erkenntnisse, die die Sozialpsychologie und die Massenkommunikationsforschung hervorgebracht haben. Nach der dort vorherrschenden „Verstärkungstheorie“[113] kann der Verbraucher nur dann aktiviert werden, wenn seine schon wenigstens latent vorhandenen Wünsche und Einstellungen der Werbung zugrundegelegt werden. Angesichts der hieraus folgenden Gleichförmigkeit der von der Industrie entwickelten Leitbilder verlieren alle oben erwähnten Abwehrmechanismen ihre Wirkung. Wenn die überwiegende Mehrzahl aller Ehefrauen ihre Idealrolle als treu pflegende und hegende Hausfrau sieht, so paßt sich die Werbung für Gegenstände, die an alle Frauen verkauft werden sollen, diesem Ideal an. Die ständige Präsenz des Leit-

---

[108] Nach *Wärneryd/Nowak* (S. 11) ist z. B. der US-Bürger täglich mit rund 1500 Werbebotschaften konfrontiert und schenkt lediglich 76 Beachtung.

[109] s. *Lazarsfeld/Menzel*, in: *Schramm*, S. 117 ff.

[110] *Nieschlag/Dichtl/Hörschgen*, S. 34 f.

[111] *Wilhelm*, S. 46.

[112] Der Rest verläßt sich auf Kreativität und den Versuch, „Trends“ zu erkennen und auszunutzen.

[113] Umfassende Nachweise bei *Berelson/Steiner*, S. 527 ff.; s. auch *Noelle-Neumann*, in: Publizistik, S. 316 ff. Die Verstärkungstheorie, die sich vorwiegend auf empirische Untersuchungen über die Änderung politischer Einstellungen durch den Einfluß von Massenmedien stützt, hebt hervor, daß bereits vorhandene Einstellungen durch die Medien zwar verfestigt, in aller Regel aber nicht grundlegend verändert werden könnten. Ob angesichts der verschiedenen Wertigkeit des Konsums und der Politik im menschlichen Leben (dazu *Möller*, S. 111) eine solche Parallelisierung zulässig ist, sei dahingestellt.

bildes der Hausfrau und Mutter in der Werbung aber verstärkt wiederum die vorherrschende Auffassung. Gleiches gilt für die Bedeutung des „Jungseins", das von der Werbung als Grundvoraussetzung des Frohsinns, des Erfolgs und des „guten Lebens" dargestellt wird. Diese einzelnen Beispiele ließen sich beliebig vermehren. Grundsätzlich wirkt eine solche Werbung systemstabilisierend, indem sie derzeit geltende soziale Wertmuster aufgreift und verfestigt. Gemindert wird dieser Effekt allerdings in geringem Maße durch „Trend-Werbung", die neu aufkommende gesellschaftliche Strömungen bei der Werbung, die an eine bestimmte engere Zielgruppe gerichtet ist, für sich nutzbar macht.

Noch wichtiger aber erscheint, daß jeder Werbebotschaft, die den Verbraucher erreicht, eine Aussage gemein ist: die soziale Wertigkeit und Notwendigkeit des Kaufens und des Besitzens. Jegliche Werbung bietet dem Verbraucher, „der einen Bereich der Selbstverwirklichung braucht, ihn aber im Bereich der Arbeit nicht findet, einen Ersatzbereich an, nämlich den Konsum. Je mehr dieser Bereich des Konsums in den Mittelpunkt rückt, desto eher wiederum ist der Bürger zu vermehrter entfremdeter Arbeit bereit, weil nur sie ihm ermöglicht, den für notwendig erklärten Lebensstandard aufrechtzuerhalten und zu verbessern"[114]. Diese gesellschaftlichen Wirkungen wird man je nach der eigenen politischen Grundeinstellung unterschiedlich bewerten können. Entscheidend aber ist, daß wir hier den Bereich, den man generell mit dem Begriff „Wirtschaft" umschreibt, verlassen haben. Es geht nicht mehr um den Absatz bestimmter Produkte und deren Abnahme durch den Verbraucher, sondern um die eminent politische Frage, welche Grundmuster wir unserem Zusammenleben zugrundelegen wollen. Nicht mehr der Verbraucher sondern der Bürger[115] wird durch die Werbung geformt. Man kann legitimerweise unterschiedlicher Ansicht darüber sein, ob die Rolle der Frau diejenige der Hausfrau und Mutter oder die der emanzipierten, arbeitsteilig mit dem Manne zusammenarbeitenden Partnerin sei; man kann ernsthaft darüber diskutieren, ob es allein der Würde des Menschen entspreche, wenn er arbeite, um zu leben, und nicht, wenn er lebe, um zu arbeiten[116]; die Entscheidung mag, soweit sie allein die Privatsphäre prägt, ein jeder treffen, wie es ihm beliebt. Grundeinstellungen beeinflussen aber zugleich die öffentliche Meinung[117], die sich in Gesetzen

[114] *Möller*, S. 134. Diese Autorin, eine Schülerin *René Königs*, dürfte — ihre Untersuchung war eine Auftragsarbeit für den Zentralausschuß für Werbewirtschaft — hinreichend gegen den Vorwurf gefeit sein, unreflektiert unternehmerfeindliche Zweckpropaganda zu verbreiten.

[115] Zu Recht verwendet *Möller*, a.a.O., diesen Begriff.

[116] So OVG Münster, OVGE 14, 355, 361. Noch ernsthafter würde man allerdings zu fragen haben, ob die Gegenüberstellung, die das OVG vornimmt, sinnvoll sei.

[117] Vgl. hierzu und zum folgenden *Kübler*, Wirtschaftsordnung, S. 18 ff. und *dens.*, AcP 172, 189 ff.

und politischen Aktionen niederschlägt. Je nach dem Leitbild, welches z. B. von der Rolle der Ehefrau vorherrscht, ist nicht nur das eheliche Unterhalts- und Namensrecht unterschiedlich zu regeln; die Auswirkungen reichen bis hin in das Sozialversicherungsrecht und die Lehrpläne der allgemeinbildenden Schulen. Dem geistigen Kampf und der Auseinandersetzung der Meinungen, die das Bundesverfassungsgericht als Grundlage unseres demokratischen Gemeinwesens, ja, als sein „Lebenselement"[118] ansieht, läuft die Ausbildung stereotyper Leitbilder, wie sie die Konsumgüterwerbung durch Appelle an nicht-rationale Bewußtseinsschichten formt und verfestigt, zuwider.

Es darf allerdings nicht übersehen werden, daß die Werbung nur einer unter vielen die öffentliche Meinung prägenden Faktoren ist. Neben ihr sind insbesondere die Presse, Rundfunk und Fernsehen, die Kirchen, die Parteien und die Interessengruppen unserer „pluralistischen Gesellschaft" zu nennen. Von diesen Institutionen unterscheidet sich die Werbung jedoch wesentlich. Appelle einer Partei oder Interessengruppe an die Öffentlichkeit lösen mit Sicherheit den Gegenappell des politischen Gegners und des Gegenverbandes aus. Auch die Kirchen können bei politischen Stellungnahmen einer Reaktion von Parteien und Presse gewiß sein. Die Garantie der Pressefreiheit beruht gerade auf der Vorstellung, der Kampf von Meinung und Gegenmeinung sei durch ein hinreichend breites Spektrum verschieden engagierter Zeitschriften und Zeitungen gewährleistet. Die Monopolunternehmen von Rundfunk und Fernsehen sind zwar in ihrem Bereich nicht in gleichem Maße öffentlicher Meinungskonkurrenz ausgesetzt; sie bedürfen deshalb aber einer Organisationsform, die gewährleistet, „daß alle in Betracht kommenden Kräfte in ihren Organen Einfluß haben und im Gesamtprogramm zu Wort kommen"[119].

Die Werbung und die für den Firmen-Goodwill zunehmend an Bedeutung gewinnenden „Public relations" sehen sich angesichts der Gleichförmigkeit der Leitbilder, die die überwiegende Mehrheit der Werbungstreibenden aufnimmt und damit zugleich zementiert, keiner nennenswerten werbungsinternen[120] Konkurrenz ausgesetzt. Da die politisch-gesellschaftlichen Wirkungen der Werbung als solche nicht erkannt werden, fehlt auch die externe Kritik durch andere meinungsbildende Gruppen oder Medien[121]. Gesellschaftliche Kontrollen und Einwirkungs-

[118] BVerfGE 7, 208; s. auch 5, 205; 10, 121; 12, 125.

[119] BVerfGE 12, 262 f.

[120] Der *internen* Konkurrenz aber mißt das Bundesverfassungsgericht im Fernsehurteil (BVerfGE, a.a.O.) die entscheidende Bedeutung bei. s. dazu *Faber*, S. 148 ff.

[121] Gelegentliche Unmutsäußerungen über „die Werbung" beziehen sich in aller Regel nur auf die mangelnde Sachlichkeit und fehlende Informationen über den Gebrauchsnutzen. Dies gilt auch gerade für die Stellungnahmen der Verbraucherverbände (s. *Möller*, S. 34 f.).

möglichkeiten wie bei Rundfunk und Fernsehen gibt es ebenfalls nicht. Wenn man sich zudem vergegenwärtigt, daß die Leitbilder und Verhaltensmuster, deren Gültigkeit propagiert wird, allein deswegen verwendet werden, weil sie nach der Erkenntnis der Meinungsforscher des Unternehmens derzeit dem Absatz am dienlichsten sind, dann wird die Gefahr für ein Gesellschaftssystem, welches wie das unsere politische Fragen einer Sphäre tendenziell freier Auseinandersetzung der Meinungen oder wenigstens dem Kampf von Suggestion und Kontrasuggestion[122] zuweist, erschreckend deutlich. Eine gesellschaftlich nicht legitimierte und kontrollierte Gruppe formt und prägt unsere Gesellschaft entscheidend, und diese Prägung ist quasi Abfallprodukt von an Gemüt und Gefühl, Statusbewußtsein und Ängste gerichteten Appellen. Man mag dieses Ergebnis in unserem Wirtschaftssystem für unvermeidlich halten[123]; angesichts der verfassungsrechtlichen Wertentscheidung aber müssen die Wirkungen einer Zweitbenutzung, wie sie die h. M. bei berühmten Zeichen unterstellt[124], auf den öffentlichen Meinungsbildungsprozeß gerade als positiv bewertet werden. Der Verlust des Glaubens an die Güte und Verläßlichkeit von Ware oder Firma und die Richtigkeit der in der Werbung postulierten sozialen Normen und Werte schaffte Freiräume für die autonome politische Entscheidung des Bürgers. Dem durch die Werbung geschaffenen oder verstärkten Vorstellungsbild einer Marke oder einer Firma dem Inhaber des Kennzeichens zur individuellen, unantastbaren Verfügung zuzuweisen, mutet nicht nur inhuman an, es bedeutete zugleich, die tatsächliche „Refeudalisierung“[125] der Öffentlichkeit rechtlich zu sanktionieren.

4. *Die Bewertung der Interessen*

a) Nachdem wir anhand der „Interessen“ versucht haben, den gesellschaftlichen Auswirkungen des Sonderschutzes für berühmte Kennzeichen nachzugehen, können wir uns der „Schicksalsfrage“ stellen, die *Troller*[126] aufgeworfen hat: „Bekennen wir uns zum Vorrang des Individuums und der Gesellschaft als Vereinigung freier Personen oder verehren wir Industrie, Handel, Güterumsatz, ökonomische Entwicklung als autonome Werte, denen sich die Entfaltung der Persönlichkeit unterordnen soll?“ Wenn wir uns mit *Troller* zum Vorrang der Persönlichkeit

---

[122] Für ein verfassungsrechtlich gebotenes „Recht auf Kontrasuggestion“ spricht sich *Faber*, S. 142 ff. mit überzeugenden Gründen aus.

[123] *Möller*, S. 43; ich halte es nicht für unvermeidbar; eine intensive Aufklärungs- und Erziehungsarbeit (s. insbes. *Hunziker*, Erziehung, S. 109 ff.) könnten das Problem bewußt und damit zum Gegenstand diskursiven Denkens machen.

[124] Meine Zweifel an einer solchen Wirkung habe ich schon oben (Fn. 85 bei c) a. E.) geschildert.

[125] *Habermas*, S. 233.

[126] *Troller* II, S. 201 ff.

und der Gesellschaft bekennen, kann uns die Entscheidung nicht schwerfallen. Nur um der Industrie, des Handels, des Güterumsatzes und ihrer ökonomischen Entwicklung willen setzen Großunternehmen, in denen angesichts der zunehmend gestiegenen Komplexität industrieller Fertigungsprozesse eine Technostruktur auswechselbarer Spezialisten den persönlich tätigen Eigentümer-Unternehmer längst verdrängt hat[127], beträchtliche Geldsummen für Werbung und „public relations" ein, die ihren Kennzeichen schließlich das Prädikat der Berühmtheit eintragen; wollte man mit der h. M. — und mit *Troller* — einen Sonderschutz gewähren, so engte man die den anderen Gewerbetreibenden gesetzlich zugesicherte freie Zeichenwahl ein; die vom Standpunkt des Unternehmens aus vernünftigen Werbeanstrengungen beeinträchtigen die vom Modell der h. M. vorausgesetzte optimale ökonomische Entscheidung des Abnehmers; sie erschweren außerdem den freien Marktzutritt potentieller Mitbewerber; indem sie insgesamt eine Lebenshaltung des „consumo, ergo sum"[128] propagieren, bieten sie dem einzelnen Menschen nicht nur Ausweichmöglichkeiten zur Selbstverwirklichung, die in einer entfremdeten Arbeitswelt nicht mehr vorhanden sind, sondern stürzen ihn zugleich in neue seelische Konfliktsituationen; die Ausbildung stereotyper Leitbilder, deren Wirkung sich nicht auf den Markt beschränkt, sondern sich auch auf den Bereich der politischen öffentlichen Meinung erstreckt, widerspricht nicht nur der Idee „der Gesellschaft als Vereinigung freier Personen", sondern sogar den Wertentscheidungen, die dem Grundgesetz zu entnehmen sind.

Ein rechtlich gebotener oder aus Billigkeitsgründen plausibler Anlaß für die Einräumung eines Sonderschutzes für berühmte Marken besteht nicht, auch wenn man die tatsächlichen Annahmen der h. M. über den Vorgang der Verwässerung als richtig unterstellt.

b) Ob der Schutz des Rechtes am ausgeübten und eingerichteten Gewerbebetrieb im allgemeinen richtig ist, kann und soll hier nicht geprüft werden. Die Bedenken, die generell gegen dieses Rechtsinstitut vorgebracht werden, lassen sich aber für den Teilbereich des Schutzes vor Verwässerungsgefahr nur unterstreichen. *Raiser*[129] geht — wenigstens insoweit — nicht, wie *Buchner*[130] ihm vorwirft, von einem zu weiten Schutzbereich des Unternehmensrechts aus, wenn er beklagt, dem Unternehmer werde im Widerspruch zur Wettbewerbsordnung ein abgegrenzter Herrschaftsbereich zum ausschließlichen Gebrauchen und Nutzen zugewiesen. Wenn man die „Werbekraft" und den „Besitz-

---

[127] s. *Galbraith*, S. 76 ff.

[128] *Möller*, S. 43.

[129] JZ 1961, 469 f.

[130] S. 245; *Buchner* sei hier und im folgenden stellvertretend für die h. L. und die Rechtsprechung genannt, da er deren Anschauungen wohl am vollständigsten zusammengefaßt und sich zu eigen gemacht hat.

stand" an den berühmten Zeichen in dem Ausmaß wie die h. M. schützte, so würde dies „allein auf einen Schutz der Werbeinvestitionen hinauslaufen, die für die Marke" oder Firma „gemacht wurden"[131]. „Ein neues monopolartiges Ausschlußrecht würde geschaffen", ein Bestandsschutz, „der der Wettbewerbsordnung grundsätzlich fremd ist"[132].

Hier geht es nicht mehr, wie *Buchner*[133] allgemein für alle „gefestigten" Tatbestände des Unternehmensschutzes behauptet, um ein bloßes Abwehrrecht, welches den Inhaber vor einer Behinderung seiner Tätigkeit schützte und Betriebs- und Vertriebshandlungen Dritter nicht beeinträchtigte. Durch den Sonderschutz werden Dritte gehindert, ein Kennzeichen zur Warenmarkierung und zur Werbung, also zu Vertriebshandlungen einzusetzen. Durch eine Zweitbenutzung eines Kennzeichens wird der Erstbenutzer auch nicht in seiner Tätigkeit behindert, da es ihm freisteht, sein Zeichen wie zuvor weiterzuverwenden. Verwässerungsschutz sichert ihm allein die ungestörte kommerzielle Ausnutzung des im Zeichen verkörperten Wertes. Aber auch falls die wirtschaftliche Aktionsfreiheit eines Dritten durch das Verbot „herabsetzender Werturteile, ..., unberechtigter Schutzrechtsverwarnungen usw."[134] beschränkt werde, so meint *Buchner* weiter, sei dies durch das berechtigte Anliegen des Schutzes der Unternehmenswerte gerechtfertigt und stehe nicht im Widerspruch zur Wirtschaftsverfassung. Diese ließe nämlich, wie sich an UWG, den gewerblichen Schutzrechten und den §§ 2 ff. GWB zeigen lasse, durchaus Einschränkungen wirtschaftlicher Freiheit zu[135]. Soweit durch UWG und gewerblichen Rechtsschutz aber individuelle Vorzugspositionen geschaffen werden, sind diese nie allein um des Wertschutzes für Einzelne willen gerechtfertigt. Geht man konsequent mit der neueren Lehre davon aus, daß GWB und UWG ein einheitliches Rechtsgebiet bilden, dessen gemeinsames Schutzgut der Wettbewerb als „eine selbständige Ordnungseinheit des sozialen Lebens"[136] ist, wirkt also die Wertentscheidung des GWB zugunsten einer Wettbewerbsfreiheit unmittelbar auf die Auslegung des UWG ein, so kann begriffsnotwendig eine *richtige* Entscheidung[137] aufgrund der Vorschriften des UWG nicht gegen die im GWB vorgegebenen Ordnungsprinzi-

---

[131] So *Loewenheim* (S. 266) zur rechtlichen Anerkennung einer „Werbefunktion" der Marke allgemein; s. auch *Riehle*, S. 128 und — speziell zur Verwässerung — S. 130 f.

[132] *Loewenheim*, a.a.O.

[133] S. 240.

[134] *Buchner*, a.a.O. Im „usw." dürfte auch die „Verwässerung" zu suchen sein.

[135] *Buchner*, S. 242 ff.

[136] So *Baumbach/Hefermehl*, Rdnr. 88, Allg. Grundlagen des Wettbewerbsrechts; grundlegend *Raiser*, in: summum ius summum iniuria, S. 145 ff.; s. auch *Ulmer/Ulmer*, S. 56 f.

[137] Daß es auch hiernach „falsche", d. h. die Wettbewerbsordnung nicht hinreichend beachtende, Entscheidungen gibt, sieht auch *Buchner* (S. 244).

pien verstoßen. Die subjektiven Rechte des gewerblichen Rechtsschutzes finden ihre Berechtigung in dem Nutzen, welchen nicht nur der Inhaber sondern auch die Wirtschaft insgesamt zu ziehen hofft: Patent-[138] und Musterschutz sollen den technischen Fortschritt sichern, indem sie Erfindern und Personen, die technische Neuerungen schaffen, für Forschungs- und Entwicklungsinvestitionen bei Erfolg ihrer Bemühungen eine materielle Belohnung in Aussicht stellen. Das Zeichenrecht empfängt seine Legitimation auch aus dem Vorteil, den der Verbraucher aus ihm zieht; dieser reicht aber gerade nicht über den Schutz der „Herkunfts"- und allenfalls der „Qualitätsfunktion" hinaus. Die §§ 2 ff. GWB beruhen gleichfalls, wie *Buchner*[139] auch erkennt, auf einer Abwägung des Prinzips der Wettbewerbsfreiheit mit den Interessen des Allgemeinwohls und mit sonstigen „anerkannten Rechtswerten". Gerade die angeführten Beispiele zeigen also deutlich jeweils eine sorgfältige Prüfung und Berücksichtigung der Auswirkungen, die ein Individualschutz auf die Wirtschaftsordnung ausübt; sie könnten allenfalls Anlaß sein, dem Vorbild nachzueifern und so, wie wir es oben[140] versuchten, die wirtschaftlichen und gesellschaftlichen Bezüge herauszuarbeiten und einer Wertung zugänglich zu machen.

Wenn der Hinweis auf diese Einschränkungen des Wettbewerbs nur dazu dient, den Primat der Freiheit der wirtschaftenden Persönlichkeit[141] und der Erhaltung wirtschaftlicher Werte wiederherzustellen und sonstige Bezüge zu ignorieren[142], dann sind in der Tat die Bedenken *Raisers*[143] in unserem Bereich nicht nur nicht widerlegt sondern in erschreckender Weise bestätigt. Zu Recht befürchtet *Meyer-Cording*[144] einen Widerspruch zwischen den Anschauungen der h. M. und den Grundsätzen der Wirtschaftsordnung, und *Deutsch*[145] kann man nur zustimmen, wenn er darauf hinweist, das Regel-Ausnahmeverhältnis von erlaubter zu verbotener geschäftlicher Tätigkeit werde durch den

[138] Umfassend hierzu: *Walz*, S. 175 ff.

[139] S. 244.

[140] Unter 3.

[141] Vgl. *Buchner*, S. 243, 128 f.

[142] Trotz seiner Beteuerungen (S. 250 o. unter c; u. unter 3.a), er habe bei den einzelnen Fallgruppen jeweils die kollidierenden Interessen gegeneinander abgewogen, findet *Buchner* bei der Prüfung des Verwässerungsschutzes kein „Interesse", welches berührt sein könnte, außer dem des Inhabers (s. S. 181 f., 236); das Recht am Unternehmen insgesamt wird mit „Billigkeitserwägungen" begründet; „die ganze Rechtsprechung dient dem Anliegen, dem Unternehmer dann Ausgleich zu gewähren, wenn es unangemessen erschiene, ihn auf den Nachteilen gewerbeschädigender Handlungsweisen Dritter sitzen zu lassen" (S. 252). Der „Ausgleichsgedanke" schließlich soll als „rechtsethisches Prinzip" die Rechtsfortbildung tragen (a.a.O.).

[143] a.a.O. (Fn. 129).

[144] JZ 1964, 311.

[145] JuS 1967, 153.

Verwässerungsschutz geradezu auf den Kopf gestellt; und *Wiethölter*[146] muß man zugeben, daß das Denken in individuellen Rechtspositionen hier tatsächlich dazu geführt hat, die allgemeinen politischen Bezüge zu verschleiern, um private Vermögensvorteile zu sichern.

Ein Sonderschutz berühmter Kennzeichen ist abzulehnen.

---

[146] KJ 1970, 121 ff.

Ergebnis

Ein Sonderschutz berühmter Kennzeichen vor einer „Verwässerungsgefahr“, so gesichert er auch nach den Ausführungen in der Kommentarliteratur erscheinen mag, ist abzulehnen.

Er beruht auf Anschauungen über psychologische Vorgänge im Verbraucherbewußtsein, die zwar in den zwanziger Jahren in der Psychologie allgemein anerkannt waren, heute aber überwunden sind.

Selbst wenn man mit der juristischen h. M. unterstellt, es gebe den tatsächlichen Vorgang der „Verwässerung“ eines Kennzeichens, ist der Rechtsschutz nicht zu begründen. Er entsprach zwar den in Industrie, Bevölkerung und Rechtsprechung herrschenden Wertungen in der Zeit zwischen den Weltkriegen, wonach unternehmerische Leistungen um ihrer selbst willen rechtlich zu privilegieren waren; eine solche Betrachtungsweise kann aber heute keine Legitimation für eine Rechtsfortbildung mehr bieten. Vernünftige Gründe, die einen Sonderschutz rechtfertigen könnten, insbesondere positive gesellschaftliche oder gesamtwirtschaftliche Wirkungen der berühmten Kennzeichen, lassen sich nicht aufzeigen. Der Rechtsschutz, wie ihn die h. L. und der Bundesgerichtshof gewähren, privilegiert vielmehr unternehmerische „Leistungen“, die den Grundprinzipien unserer Wirtschaftsordnung zuwiderlaufen und den verfassungsrechtlich garantierten Prozeß der freien Bildung der öffentlichen Meinung beeinträchtigen.

Eine „Lücke“ im Gesetz ist nicht vorhanden; ein Bedürfnis zur Rechtsfortbildung fehlt.

Literaturverzeichnis

Alexander-Katz: Die Ersetzung der Warenzeicheneintragung, BB 1947, 293.

Aracama-Zorraquin: Das System des gewerblichen Rechtsschutzes in Argentinien, GRuR Al 1968, 351 und 391.

Arquint: Der Schutz des Slogans, Basel 1958.

Bain: Barriers to New Competition, Cambridge 1956 (zit.: Barriers).

— Price Theory, New York 1966.

Baumbach/Hefermehl: Wettbewerbs- und Warenzeichenrecht, 10. Aufl. München. Band I, Wettbewerbsrecht, 1971. Band II, Warenzeichenrecht und Internationales Wettbewerbs- und Zeichenrecht, 1969.

Bäumer: La protection de la marque de haute renommée en droit français et en droit allemand, Revue internationale de droit comparé, 1962, 549.

Becher: Der Schutz der berühmten Marke, GRuR 1951, 489.

— Das Recht am Good will, NJW 1951, 540.

Becker: Wettbewerbsgesetz und Firmenbildung, MuW 1927/8, 88.

Beckmann: Sinn und Unsinn antizyklischer Werbung, ZV + ZV 1971, 964.

Beier: Territorialität des Markenrechts und internationaler Wirtschaftsverkehr, GRuRAl 1968, 8.

Benkhard: Der Einfluß der Zwangsenteignung auf juristische Personen des Handelsrechts mit Betrieben in verschiedenen Zonen, DRZ 1947, 356.

Berelson/Steiner: Human Behaviour, New York 1964.

Bernhard: Wettbewerb, Monopole und öffentliches Interesse, Stuttgart 1963.

Berth: Marktforschung zwischen Zahl und Psyche, Stuttgart 1959.

— Wähler- und Verbraucherbeeinflussung, Stuttgart 1963.

Blasendorff: Betrachtungen zum Markenschutz, MA 1951, 367.

Blum: La marque de „haute renommée“ (Une réponse), P.I. 1954, 110.

Bodenhausen: Problèmes actuels du droit international de la propriété industrielle, littéraire et artistique, Paris 1949.

Bolla: Sulla protezione dei marchi „slogan“ in diritto svizzero, Schw. Mitt. 1957, 47.

Borden: The Economic Effects of Advertising, Chicago 1944.

Braun: Précis des marques de produits, Brüssel 1971.

Brown: Advertising and the Public Interest: Legal Protection of Trade Symbols, 57 Yale L.J. 1165 (1948).

Brückner: Die informierende Funktion der Wirtschaftswerbung, Berlin 1967.

Buchner: Die Bedeutung des Rechts am eingerichteten und ausgeübten Gewerbebetrieb für den deliktsrechtlichen Unternehmensschutz, München 1971.

Bullinger: Öffentliches Recht und Privatrecht, Stuttgart 1968.

Busse: Warenzeichengesetz, 4. Aufl., Berlin 1970.

Bussmann/Pietzker/Kleine: Gewerblicher Rechtsschutz und Urheberrecht, Berlin 1962.

Bussmann: Urteilsanmerkung, JZ 1955, 333.

— Güteschutz als Individualleistung oder Gemeinschaftsaufgabe, MA 1950, 33.

— Internationale Behandlung von Namen und Marken mit Weltgeltung, GRuR 1929, 992.

— Name, Firma, Marke, Berlin 1937.

von Caemmerer: Wandlungen des Deliktsrechts, in: Hundert Jahre deutsches Rechtsleben, Band II (1960), S. 49.

Callmann: Das Warenzeichen als Mittel der Wettbewerbsbeschränkung, GRuR 1972, 317.

— Der unlautere Wettbewerb, 2. Aufl., Mannheim 1932.

— Letzte Entwicklungen im amerikanischen Antitrust-, Wettbewerbs- und Warenzeichenrecht, WuW 1970, 410.

— Thoughts on the Protection of World Marks, 44 T.M.R. 1134.

— Vorschläge für eine EWG-Marke unter Berücksichtigung der Markenprobleme der USA, GRuR 1960, 514.

— Zu den Grundlagen des Markenschutzes in den USA, GRuRAl 1969, 29.

Canaris: Besprechung von Troller, Überall gültige Prinzipien ..., AcP 167, 282 (1967).

— Die Feststellung von Lücken im Gesetz, Berlin 1964.

Daffis: Wandlungen im Wettbewerbsrecht, GRuR 1931, 801.

Dawson: The Oracles of the Law, Michigan 1968.

Derenberg: The Problem of Trademark Dilution and the Antidilution Statutes, 44 Calif. L. Rev., 439 (1956).

Desbois: Urteilsanmerkung, D. 1963, 409.

Deutsch: Entwicklungstendenzen des Schadensrechts in Rechtsprechung und Wissenschaft, JuS 1967, 152.

Dichter: Strategie im Reich der Wünsche, Düsseldorf 1961.

Dietze: Zum Begriff der Verwechslungsgefahr, GRuR 1949, 321.

Doi: The Protection of Well-Known Foreign Trademarks in Japan: A Review of Recent Cases, 3 Law in Japan 104 (1969).

Dusolier: Urteilsanmerkung, Annales de la propriété industrielle, artistique et littéraire, 1963, 152.

Ehmke: Wirtschaft und Verfassung, Karlsruhe 1961.

Enzensberger: Einzelheiten, Frankfurt 1952.

Erhard: Markenwesen und Wettbewerb, MA 1954, 797.

— Markenwesen und Wirtschaftspolitik, MA 1950, 83.

Elsaesser: Der Rechtsschutz berühmter Marken, Weinheim 1959.

Engisch: Besprechung von Troller, Überall gültige Prinzipien ..., ZStW 80, 676 (1968).

Erman: Handkommentar zum Bürgerlichen Gesetzbuch, 4. Aufl., 1. Band, Münster 1967.

Esser: Grundsatz und Norm in der richterlichen Rechtsfortbildung, 2. Aufl., Tübingen 1964 (zit.: Grundsatz und Norm).

— Richterrecht, Gerichtsgebrauch und Gewohnheitsrecht, in: Festschr. f. Fritz von Hippel, S. 95 (1967).

— Schuldrecht, 4. Aufl., Band I, Allgemeiner Teil, Karlsruhe 1970; Band II, Besonderer Teil, Karlsruhe 1971 (zit.: Schuldrecht I bzw. Schuldrecht II).

— Vorverständnis und Methodenwahl in der Rechtsfindung, Frankfurt 1970 (zit.: Vorverständnis).

Eyer: Warenzeichenrecht, München 1970.

Faber: Innere Geistesfreiheit und suggestive Beeinflussung, Berlin 1968.

Fabricius: Extensive Anwendung des § 12 BGB?, JR 1972, 15.

Fernand-Jacq: Réflexions sur les marques dites „notoires", P.I. 1952, 189.

Festinger: A Theory of Cognitive Dissonance, Evanston 1957.

Fikentscher: Das Recht am Gewerbebetrieb (Unternehmen) als „sonstiges Recht" im Sinne des § 823 Abs. 1 BGB in der Rechtsprechung des Reichsgerichts und des Bundesgerichtshofs, in: Festschr. f. Kronstein, S. 261.

— Schuldrecht, 4. Aufl., Berlin/New York 1973.

— Wettbewerb und gewerblicher Rechtsschutz, München und Berlin 1958 (zit.: Wettbewerb).

Finger: Das Reichsgesetz zum Schutze der Warenbezeichnungen, 3. Aufl., Berlin 1926.

Franceschelli: Dei marchi notori, del modo come si costruiscono i principi guiridici consolidati, e della fortuna delle sentenze, Riv. Dir. Ind. 1961 II, 396.

Franceschelli/Chavanne: Révision de la convention d'union de Paris, R.I.P.I.A. 1968, 209.

Friedrich: Verwechslung oder Verwässerung?, JR 1951, 314.

– Besonders bekannte Marken, MA 1953, 316.

Galbraith: Die moderne Industriegesellschaft, München/Zürich 1968.

v. Gamm: Der Verwässerungsschutz der berühmten Marke, WRP 1957, 149.

— Warenzeichengesetz, München/Berlin 1965.

Gardner/Levy: The Product and the Brand, 33 Harvard Business Review 34 (1955).

Gieseler: Konsumgüterwerbung und Marktstruktur, Freiburg 1971.

Goldbaum: Das Rechtsgefühl als Entscheidungsgrund, GRuR 1929, 781.

— Der neue Formalismus der Rechtsprechung über den unlauteren Wettbewerb, GRuR 1927, 781.

— Unlauterer Wettbewerb zum Wohle der Allgemeinheit, LZ 1927, 723.

Graumann: Social-Perception — Die Motivation der Wahrnehmung in neuen amerikanischen Untersuchungen, Zeitschrift für experimentelle und angewandte Psychologie 1955/6, 605.

Gugliemetti: Uso di marchio notariamente conosciuto per prodotti di natura differente, Mon. Trib. 1950, 169.

Habermas: Strukturwandel der Öffentlichkeit, 5. Aufl., Neuwied und Berlin 1971.

Harmsen: Der Besitzstand im Wettbewerbs- und Warenzeichenrecht in seinen verschiedenen Erscheinungsformen und Anforderungen an den Bekanntheitsgrad, GRuR 1968, 503.

Hatzius: Deliktschutz gegen unlauteren Wettbewerb, JurA 1970, 570.

Haug: Kritik der Warenästhetik, Frankfurt a. M. 1971.

Hauser: Die Inzidenz des Publikumsinteresses, Zürich 1966.

Hauss: Anm. zu BGH LM Nr. 16 zu § 823 BGB (Ai).

van Hees: Der internationale Schutz berühmter Marken, Diss. iur. Hamburg 1961.

Hefermehl: Der namensrechtliche Schutz geschäftlicher Kennzeichen, in: Festschr. f. Hueck (1959), S. 519.

Henry: Was ist Motivforschung?, in: Konsum und Nachfrage (hrsg. v. E. und M. Streissler, 1966), S. 256.

Heydt: Urteilsanmerkung, GRuR 1959, 29.

— Verwechslungsgefahr und Warennähe im Warenzeichenrecht, in: Festschr. f. Wilde (1970), S. 67.

— Zum Begriff der Weltmarke, GRuR 1952, 321.

Hofstätter: Gruppendynamik, Hamburg 1957 (zit.: Gruppendynamik).

— Psychologie, Frankfurt 1957.

Hogens: Die Verwechslungsgefahr bei Namen und Firmen nach § 16 UWG, MuW 1927/8, 289.

Hörstel: Kollision von Familiennamen im geschäftlichen Verkehr, GRuR 1965, 408.

Hubmann: Besprechung von Schluep, Das Markenrecht ..., GRuRAl 1969, 116.

— Das Persönlichkeitsrecht, Köln/Graz 1967 (zit.: Persönlichkeitsrecht).

— Gewerblicher Rechtsschutz, 2. Aufl., München 1969.

Hueck: Unkörperliche Geschäftswerte, Diss. iur. Münster 1913.

Hundhausen: Wirtschaftswerbung, Essen 1963.

Hunziker: Die Konsumhandlung, Diss. pol. Bern 1971 (zit.: Konsumhandlung).

— Erziehung zum Überfluß, Stuttgart/Berlin/Köln/Mainz 1972 (zit.: Erziehung).

Isay, H.: Die Selbständigkeit des Rechts an der Marke, GRuR 1929, 23.

— Formalismus in der Rechtsprechung über den unlauteren Wettbewerb, GRuR 1927, 863.

Isay, R.: Das Recht am Unternehmen, Berlin 1910.

— Die Geschichte der Kartellgesetzgebungen, Berlin 1955.

Jacobi: Werbepsychologie, Wiesbaden 1963.

Jaton: La protection des marques de haute renommée au regard du droit suisse, Diss. iur. Lausanne 1961.

Johannsen: Das Marken- und Firmenimage, Theorie, Methodik, Praxis, Berlin 1971.

Jonas: Das Werbejahr 1970 im Spiegel der Zahlen, ZV+ZV 1971, 826.

Jungbäck: Die vergleichende Werbung als Problem der Wettbewerbsordnung, Bad Homburg v. d. H./Berlin/Zürich 1970.

Jürgens: Verfassungsmäßige Grenzen der Wirtschaftswerbung, VerwArch. 53 (1962), 105.

Katzenberger: Das Recht am Unternehmen und unlauterer Wettbewerb, o. O. (Heymanns) 1967.

Keinath: Besprechung von Schluep, Das Markenrecht ..., AcP 166 (1966), 379.

Kiantou-Pampuki: La marque notoirement connue, Revue hellenique de droit international, 1966, 279.

Kirchberger: Die Enteignung des Familiennamens und das englische Recht, MuW 1928, 8, 118.

Koch: Die Grenzen des rechtmäßigen Gebrauchs des eigenen Namens im Geschäftsverkehr, MuW 1927/8, 299.

— Die Grenzen des rechtmäßigen Gebrauchs des eigenen Namens im Geschäftsverkehr nach englischem Recht, MuW 1927/8, 42.

Kohler: Die Idee des geistigen Eigentums, AcP 82, 141.

— Das Recht des Markenschutzes, Würzburg 1884 (zit.: Markenschutz).

— Der unlautere Wettbewerb, Berlin/Leipzig 1914 (zit.: Wettbewerb).

— Die Ideale im Recht, Arch. f. Bürgl. R. 5 (1891), 161.

— Urteilsanmerkung, JW 1916, 1952.

— Zwölf Studien aus dem Bürgerlichen Gesetzbuch, X. Bezugsverträge und § 138, Arch. f. Bürgl. R. 31 (1908), 237.

Kotler: Marketing Management: Analysis, Planning and Control, Englewood Cliffs 1967.

Kraft: Interessenabwägung und gute Sitten im Wettbewerbsrecht, München/Berlin 1963.

Kragen/Pearce: Tax Problems in the Trademark and Trade Name Field, 44 Calif. L. Rev. 511 (1956).

Kriele: Theorie der Rechtsgewinnung, Berlin 1967.

Kropff: Motivforschung, Methoden und Grenzen, Essen 1960.

Krüger-Nieland: Gleichartigkeitsbereich von Kunststoffmarken unter Berücksichtigung der sog. begleitenden Marke, in: Festschr. f. Wilde (1970), S. 83.

Kübler: Kodifikation und Demokratie, JZ 1969, 645.

— Öffentliche Kritik an gewerblichen Erzeugnissen und beruflichen Leistungen, AcP 172 (1972), 177.

— Rechtsfähigkeit und Verbandsverfassung, Berlin/New York 1971 (zit.: Rechtsfähigkeit).

— Wirtschaftsordnung und Meinungsfreiheit, Tübingen 1966 (zit.: Wirtschaftsordnung).

Kummer: Anwendungsbereich und Schutzgut der privatrechtlichen Rechtssätze gegen unlauteren und gegen freiheitsbeschränkenden Wettbewerb, Bern 1960.

Kunz: Die Verletzung des Markenrechts durch unerwünschte Importe von Originalware, Diss. iur. Tübingen 1966.

Ladas: International Protection of Well-Known Trade-Marks, 41 T.M.R. 661 (1951).

— Lettre des Etats-Unis, P.I. 1948, 119.

Lang: Der Schutz der notorischen Marken im deutschen und internationalen Warenzeichenrecht, Diss. Mainz 1953

Lange: Psychologische Probleme des „Markenbildes", MA 1958, 912.

Larenz: Kennzeichen geglückter richterlicher Rechtsfortbildungen, Karlsruhe 1965.

— Methodenlehre der Rechtswissenschaft, 2. Aufl., Berlin/Heidelberg/New York 1969 (zit.: Methodenlehre).

— Über die Bindungswirkung von Präjudizien, in: Festschr. f. Schima, S. 247.

Lazarsfeld/Menzel: Massenmedien und personaler Einfluß, in: Schramm (Hrsg.), Grundfragen der Kommunikationsforschung (4. Aufl., München 1971), 117.

Leibenstein: Mitläufer-, Snob- und Veblen-Effekte in der Theorie der Konsumentennachfrage, in: Konsum und Nachfrage (hrsg. v. Streissler-Streissler 1966), S. 230.

Lerche: Werbung und Verfassung, München und Berlin 1967.

Lewin: Field Theory in Social Science, New York 1951.

Lifschütz: Familienmarke als Schutzpreis, MuW 1927/8, 330.

Livermore: On Uses of a Competitor's Trademark, 59 T.M.R. 30 (1969).

Lobe: Die Bekämpfung des unlauteren Wettbewerbs, Bd. I: Der unlautere Wettbewerb als Rechtsverletzung, Leipzig 1907.

— Der Hinweis auf fremde gewerbliche Leistung als Mittel zur Reklame, MuW 1916, 129.

Loewenheim: Warenzeichen und Wettbewerbsbeschränkung, Bad Homburg v. d. H. 1970.

Lunsford: Trade Morals and Famous Brand Names, 41 T.M.R. 923 (1951).

Luzatto: Considerazioni sui marchi di alta notorietà e la loro tutela, Rivista della Proprietà Industriale e della Concorrenza 1968, 1.

Meadows, D.-H., *Meadows,* D. L., *Randers, Behrens* (MIT-Project Team): The Limits to Growth, A Report for the Club of Rome's Project on the Predicament of Mankind, N. Y. 1972.

Magnin: Protection internationale des marques de fabrique, Brochure no. 138 der IHK, Paris 1949 (zit.: Protection).

Magnus: Die handelspolitische Bedeutung der Qualitätsmarke, MA 1950, 91.

Marcuse: Der eindimensionale Mensch, Neuwied und Berlin 1967.

Martin-Achard: La Protection des Marques notoirement connues, Schweizerische Juristen-Zeitung 1950, 117.

Martineau: Kaufmotive, Düsseldorf 1959.

Mayer, Otto: Die concurrence déloyale. Ein Beitrag aus dem französischen Rechte zur Lehre vom geistigen Eigentum, Zeitschr. f. d. ges. H. 26, 363 (1881).

Mayer: Marken von Rang, GRuR 1953, 277.

Mediger: Gedanken zum patentamtlichen Verfahren in Zeichensachen, GRuR 1956, 303.

Meier-Obrist: Der Kulturwert des Markenartikels, MA 1951, 558.

Mellerowicz: Markenartikel, 2. Aufl., München und Berlin 1963.

Menge: Der verkaufte Käufer — Die Manipulation der Konsumgesellschaft, Wien/München und Zürich 1971.

Meyer-Cording: Gute Sitten und ethischer Gehalt des Wettbewerbsrechtes, JZ 1964, Teil I S. 273; Teil II S. 310.

Meyer-Dohm: Sozialökonomische Aspekte der Konsumfreiheit, Freiburg 1965.

Middleton: Some Reflections on Dilution, 42 T.M.R. 175 (1952).

Miosga: Internationaler Marken- und Herkunftsschutz, München 1967 (zit.: Markenschutz).

— Schutz der berühmten Marke nach Einführung des Benutzungszwanges, MA 1972, 303.

— Warenzeichenrecht in neuerer Sicht, München 1962.

— Benutzungszwang für Warenzeichen, München 1972 (zit.: Benutzungszwang).

Mittelstaedt: Der unlautere Wettbewerb im Zeichenrecht, GRuR 1927, 137.

Möller: Gesellschaftliche Funktionen der Konsumwerbung, Stuttgart 1970.

Moser v. Filseck: Urteilsanmerkung, GRuR 1960, 553.

— Werbung „cum laude" und ihr Rechtsschutz, GRuR 1950, 18.

Moser v. Filseck und *Schreiber:* Der Schutz notorisch bekannter Marken, GRuR 1952, 70.

Munzinger: Die subjektiven Grundlagen des Gleichartigkeitsbegriffes, GRuR 1964, 186 ff.

Niebour: Urteilsanmerkung, MuW XVII, 149.

Nieschlag/Dichtl/Hörschgen: Marketing, Berlin 1971.

Noelle-Neumann: Wirkung der Massenmedien, in: Publizistik (Fischer Lexikon 1971; hrsg. v. Noelle-Neumann und Schwarz), S. 316.

Noelle-Neumann/Schramm: Höhe der Verkehrsgeltung, Bewertung und Bedeutung, GRuR 1966, 70.

— Umfrageforschung in der Rechtspraxis, Weinheim 1961 (zit.: Umfrageforschung).

Offe: Politische Herrschaft und Klassenstruktur, in: Politikwissenschaft (hrsg. v. Kress-Senghaas, überarb. Taschenbuchausg. 1972), S. 135.

Ohara: Legal Aspects of Japan's Foreign Trade, 1 Journal of World Trade Law, 1 (1967).

von der Osten: Die Verkehrsgeltung im Warenzeichen- und Wettbewerbsrecht, München/Köln/Berlin/Bonn 1960.

Osterrieth: Urteilsanmerkung, GRuR 1918, 29.

Packard: Die geheimen Verführer, Düsseldorf/Wien 1958.

Palandt: Bürgerliches Gesetzbuch, 31. Aufl., München 1972.

Papandreou: The Economic Effect of Trademarks, 44 Calif. L. Rev. 503 (1956).

Pehle/Stimpel: Richterliche Rechtsfortbildung unter besonderer Berücksichtigung des gewerblichen Rechtsschutzes und des Personalgesellschaftsrechts, Karlsruhe 1969.

Pérot-Morel: L'extension de la protection des marques notoires, Rev. Trim. Dr. Comm. 29 (1966), 9.

Pointet: Der internationale Schutz des berühmten Handelsnamens, GRuRAl 1961, 393.

— La protection de la marque, ZSR 82/2, 87 (1963).

Prettenhofer: Zur Frage des Schutzes der „berühmten Marke", in: 60 Jahre Österreichisches Patentamt, S. 113 (1959).

Rabel: Rechtsvergleichung und internationale Rechtsprechung, RabelsZ 1927, 5.

Raiser: Der Stand der Lehre vom subjektiven Recht im deutschen Zivilrecht, JZ 1961, 465.

— Grundgesetz und Privatrechtsordnung, 46. DJT Bd. II, S. B 5 (zit.: Grundgesetz).

— Rechtsschutz und Institutionenschutz im Privatrecht, in: summum ius summum iniuria (1963), S. 145.

— Vertragsfunktion und Vertragsfreiheit, in: Hundert Jahre Deutsches Rechtsleben (1960) Bd. 1, S. 101.

Rehnelt: Werbung und Konjunkturentwicklung, ZV+ZV 1971, 506.

Reimer, Eduard: Wettbewerbs- und Warenzeichenrecht, Bd. 1, Warenzeichen und Ausstattung, 4. Aufl., Köln 1966.

Reimer, Ernst: Urteilsanmerkung, JR 1955, 220.

— Firmenschutz und Warengleichartigkeit, GRuR 1951, 222.

— Vorschläge zur Behandlung der Frage des Namensrechts unter Berücksichtigung der englischen Rechtsprechung, MuW 1927/8, 294.

Richter: Warengleichartigkeit, 4. Aufl., München/Stuttgart 1968.

Riehle: Markenrecht und Parallelimport, Stuttgart 1968.

Römer: Die Sprache der Anzeigenwerbung, Düsseldorf 1968.

Rørdam: Das neue dänische Warenzeichengesetz, GRuRAl 1960, 295.

v. Rosenstiel: Psychologie der Werbung, Rosenheim 1969.

Rosenthal: Der Namensschutz der Firma, GRuR 1918, 106.

— Reichsgesetz gegen den unlauteren Wettbewerb, 5. Aufl., Berlin/Leipzig 1922; 9. Aufl., bearb. v. Leffmann, Berlin/Frankfurt a. M. 1969 (zit.: Rosenthal-Leffmann).

Rüthers: Die unbegrenzte Auslegung, Tübingen 1968.

— Institutionelles Rechtsdenken im Wandel der Verfassungsepochen, Bad Homburg v. d. H./Berlin/Zürich 1970 (zit.: Institutionelles Rechtsdenken).

Sack: Die rechtlichen Funktionen des Warenzeichens, GRuR 1972, 402, 445.

Saint/Gal: Unlauterer und parasitärer Wettbewerb, GRuRAl 1956, 202; 1957, 7 und 410; 1958, 399.

Sauberschwarz: Gutachten von Markt- und Meinungsforschungsinstituten als Beweismittel im Wettbewerbs- und Warenzeichenprozeß, Tübingen 1969.

Schechter: The Rational Basis of Trademark Protection, 40 Harv. L. Rev. 813 (1927).

Schippel: Das Recht am eingerichteten und ausgeübten Gewerbebetrieb, München/Köln/Berlin 1956.

Schluep: Das Markenrecht als subjektives Recht, Basel 1964.

Schramm: Grundlagenforschung auf dem Gebiete des gewerblichen Rechtsschutzes und Urheberrechts, Berlin/Köln 1954 (zit.: Schramm, Grundlagenforschung).

Schrauder: Wettbewerbsverstöße als Eingriffe in das Recht am Gewerbebetrieb, Bielefeld 1970.

Schricker: Schutz des Allgemeininteresses im Markenrecht und Koexistenz verwechselbarer Marken verschiedener Inhaber, GRuR 1967, 634 ff.

Seligsohn: Streitfragen des Zeichenrechts und die Stetigkeit der Rechtsprechung, GRuR 1927, 636.

Sher: The Protection of Notorious Marks, in: Israeli Reports to the 7th International Congress of Comparative Law (1966), S. 34 ff.

Siebert: Das Namensrecht im Verhältnis zum Firmen-, Warenzeichen- und Wettbewerbsrecht, BB 1959, 641.

Soergel/Siebert: Bürgerliches Gesetzbuch Band 1, Einleitung, Allgemeiner Teil, Stuttgart/Berlin/Köln/Mainz 1967, Band 3, Schuldrecht II, ebenda, 1969.

Sohmen: Marktwirtschaft, Presse, Werbung, Tübingen 1971.

Spiegel: Die Struktur der Meinungsverteilung im sozialen Feld, Bern und Stuttgart 1961.

— Werbepsychologische Untersuchungsmethoden, Berlin 1958 (zit.: Spiegel, Untersuchungsmethoden).

Staudinger: Kommentar zum Bürgerlichen Gesetzbuch mit Einführungsgesetz und Nebengesetzen, 1. Band, Allgemeiner Teil, 1957.

Storkebaum/Kraft: Warenzeichengesetz, Berlin/Heidelberg/New York 1967.

Teckentrup: Die konjunkturelle Entwicklung und das Text-Anzeigen-Verhältnis bei Tageszeitungen in den Jahren 1965 bis 1970, ZV+ZV 1971, 854.

Tetzner: Kommentar zum Warenzeichengesetz, Heidelberg 1958.

Teubner: Standards und Direktiven in Generalklauseln, Frankfurt a. M. 1971.

Traumann: Grenzziehung zwischen berechtigter Namensführung und Wettbewerbsschutz, MuW 1927/8, 121.

Troller: Die berühmte Marke, in: Festgabe des Luzernischen Anwaltsverbandes (1953), S. 54 (zit.: Marke) (in französischer Sprache erschienen unter dem Titel: La marque de la haute renommée, P.I. 1953, 73).

— Immaterialgüterrecht, 2. Aufl., Basel/Stuttgart, Band I 1968, Band II 1971 (zit.: Troller I bzw. Troller II).

— Markenrecht und Landesgrenzen, GRuRAl 1967, 261.

— Überall gültige Prinzipien der Rechtswissenschaft, Frankfurt a. M./Berlin 1965.

— Wesen und Unwesen der Marke, in: Festschr. f. Möhring (1965), S. 291.

Ulmer: Aus dem Wettbewerbs- und Warenzeichenrecht — Rechtsfragen der Nachkriegszeit, GRuR 1951, 355.

— Wandlungen und Aufgaben im Wettbewerbsrecht, GRuR 1937, 769.

— Verkehrsgeltung und Besitzstand im Wettbewerbs- und Warenzeichenrecht, ZHR 114 (1951), 42.

— Warenzeichen und unlauterer Wettbewerb in ihrer Fortbildung durch die Rechtsprechung, Berlin 1929 (zit.: Ulmer, Warenzeichen).

— (Hrsg.): Das Recht des unlauteren Wettbewerbs in den Mitgliedstaaten der Europäischen Wirtschaftsgemeinschaft, München und Köln, 1965 - 68; Band I: Vergleichende Darstellung von Ulmer (zit.: Ulmer-Ulmer); Band

II/1: Belgien-Luxemburg von Schricker und Wunderlich (zit.: Ulmer-Schricker); Band II/2: Niederlande von Baeumer (zit.: Ulmer-Baeumer); Band III: Deutschland von Dietrich Reimer (zit.: Ulmer-Reimer); Band IV: Frankreich von Krasser (zit.: Ulmer-Krasser); Band V: Italien von Schricker (zit.: Ulmer-Schricker-Italien).

Utescher: Urteilsanmerkung, JW 1924, 722.

van Bunnen: La protection des marques de haute renommée dans le droit interne des pays de la C.E.E., in: Rapports Belges au VIIe Congrès international de droit comparé, Uppsala, 6 - 13 août 1966 (Brüssel 1966), S. 182.

Vanzetti: Funktion und Rechtsnatur der Marke, GRuR Al 1964, 128, 185.

Völp: Begleitende Marken, WRP 1970, 85.

Vuaridel: Les marques de haute renommée et l'effet de halo, Wirtschaft und Recht 1969, 102.

Walz: Der Schutzinhalt des Patentrechts im Recht der Wettbewerbsbeschränkungen, Tübingen 1973.

Wärneryd/Nowak: Mass Communication and Advertising, 2. Aufl., Stockholm 1968.

Wassermann: Urteilsanmerkung, JW 1924, 724.

— Zeichen, die sich im Verkehr durchgesetzt haben, GRuR 1929, 1.

Weinmann: Geltung des Warenzeichens für Waren aller Art?, GRuR 1931, 119.

Wichers Hoeth: Étude comparative de quelques aspects de l'usage de la marque, Diss. Leiden 1963.

Wieacker: Privatrechtsgeschichte der Neuzeit, 2. Aufl., Göttingen 1967.

Wiethölter: Die Position des Wirtschaftsrechts im sozialen Rechtsstaat, in: Festschr. f. Böhm (1965), S. 41.

— Zur politischen Funktion des Rechts am eingerichteten und ausgeübten Gewerbebetrieb, Kritische Justiz 1970, 121.

Wilhelm: Werbung als wirtschaftstheoretisches Problem, Berlin 1961.

Winter: Tatsachenurteile im Prozeß richterlicher Rechtssetzung, Rechtstheorie 2 (1971), 171.

Wipprecht: „Tosca" und die Folgen, WRP 1961, 145.

Wiswede: Motivation und Verbraucherverhalten, München/Basel 1965.

Woesler: Warengleichartigkeit, Wandlungen — Leitlinien — Aspekte der warenzeichenrechtlichen Spruchübung, GRuR 1971, 287.

Zacher: Aufgaben einer Theorie der Wirtschaftsverfassung, in: Festschr. f. Böhm, S. 63.

ohne Verfasser: Actes de Lisbonne: Actes de la Conférence réunie à Lisbonne du 6 au 31 Octobre 1958, Genf 1963.

— Arbeitssitzung für Wettbewerbs- und Warenzeichenrecht am 24. September 1965 in Hamburg, GRuR 1965, 662.

— Bericht der Bundesregierung und Materialien zur Lage der Nation 1972 (Hrsg. Bundesministerium für innerdeutsche Beziehungen), Bonn 1972.

— Bewertung von Warenzeichen und Know-how, BB 1971, 1644.

— DM-Jahrbuch des Verbrauchers '72, Frankfurt a. M. 1971.

— Olympia behauptet seinen Platz, MA 1972, 204.

— Rekordumsätze mit Sekt, MA 1972, 202.
— Förderung antizyklischer Werbung durch steuerfreie Rücklagen?, ZV+ZV 1971, 1050.
— Verhandlungen des 27. Deutschen Juristentages, Band I.

FSC
www.fsc.org
MIX
Papier | Fördert
gute Waldnutzung
FSC® C083411

Kolibri 360 GmbH
Ferdinand-Jühlke-Straße 7
99095 Erfurt, Deutschland
produktsicherheit@kolibri360.de

Druck:
CPI Druckdienstleistungen GmbH
im Auftrag der
Kolibri 360 GmbH
Ferdinand-Jühlke-Str. 7
99095 Erfurt